中学生认知与学习

范庭卫　周成军　主编

苏州大学出版社
Soochow University Press

图书在版编目(CIP)数据

中学生认知与学习 / 范庭卫，周成军主编. -- 苏州：苏州大学出版社，2023. 12
ISBN 978-7-5672-4618-8

Ⅰ. ①中… Ⅱ. ①范… ②周… Ⅲ. ①中学生—认知心理学—高等学校—教材②中学生—学习心理学—高等学校—教材 Ⅳ. ①B844.2

中国国家版本馆 CIP 数据核字(2023)第 240173 号

书　　名：中学生认知与学习
zhongxuesheng renzhi yu xuexi

主　　编：范庭卫　周成军
责任编辑：刘　俊
助理编辑：闫莹莹
封面设计：吴　钰

出版发行：苏州大学出版社(Soochow University Press)
社　　址：苏州市十梓街 1 号　邮编：215006
网　　址：www. sudapress. com
邮　　箱：sdcbs@ suda. edu. cn
天 猫 店：https://szdxcbs. tmall. com
印　　装：苏州市越洋印刷有限公司
邮购热线：0512-67480030
销售热线：0512-67481020

开　　本：787 mm×1 092 mm　1/16　印张：16.5　字数：352 千
版　　次：2023 年 12 月第 1 版
印　　次：2023 年 12 月第 1 次印刷
书　　号：ISBN 978-7-5672-4618-8
定　　价：42.00 元

PREFACE 前言

党的十八大以来，党中央坚持把教育作为国之大计、党之大计，做出加快教育现代化、建设教育强国的重大决策，推动新时代教育事业取得历史性成就，发生格局性变化。习近平在中共中央政治局第五次集体学习时强调，加快建设教育强国，为中华民族伟大复兴提供有力支撑。高质量教师是高质量教育发展的中坚力量，强教必先强师。

2011 年 10 月，《教师教育课程标准（试行）》颁布实施。该标准明确提出，中学职前教师教育课程要“理解中学生的认知特点与学习方式，学会创建学习环境，鼓励独立思考，指导他们用多种方式探究学科知识”。在课程设计中，把《中学生认知与学习》作为重要的学习模块。

苏州大学高度重视师范生公共课心理学教学和改革。在学校的关心和支持下，我们根据《教师教育课程标准（试行）》编写了这本《中学生认知与学习》。在编写过程中，我们学习了兄弟院校编写的教材。在实际教学中，我们选用了东北师范大学路海东教授带队编写的《中学生认知与学习》，该教材是国家级教师教育精品课程教材。我们结合在教学中发现的问题以及积累的经验，形成了自己的编写思路和编写框架。这本《中学生认知与学习》是我们这几年边学习、边探索、边总结的成果。

经过几年的探索和实践，我们编写的这本教材着力于以下方面：

1. 基础性。在内容编排上，浅显生动，着力于提升初学者的学习兴趣。在内容选择上，一方面较为系统地反映认知与学习的理论，另一方面也针对学生初次接触心理学的情况，对普通心理学的基本内容有较全面的反映。

2. 研究性。2021 年教育部印发的《中学教育专业师范生教师职业能力标准（试行）》和《小学教育专业师范生教师职业能力标准（试行）》指出，师范生要学会研究，初步掌握教育教学科研的基本方法，具有撰写教育教学研究论文的基本能力。根据这一精神，教材每章辟“一线研究”专栏，反映有关中小学教学领域前沿研究成果，不仅概括呈现最新研究，而且在学习研究方法和撰写研究论文方面为未来教师提供指导。

3. 实践性。针对以往教材中理论概念枯燥，脱离教学实践的问题，教材每章辟“一线课堂”专栏，提供既有理论又有操作性的教学实例，不仅深化对理论和概念的理解，而且对于“如何做”提供具体指导。

这本教材是编者的一次探索和尝试，编写过程中存在着疏漏和不足，恳请读者批评指正。

CONTENTS 目录

第一章

脑与心理

“惟人，万物之灵。”

——《尚书·泰誓》

“人类的本质特征就在于具有能够高度发展的智能。”

——潘　菽

第一节　脑

人的一切心理活动，都要通过神经系统的活动来实现，神经系统是人的心理活动的主要物质基础。按其功能及部位的不同，神经系统分为中枢神经系统和周围神经系统（图 1-1）。其中，大脑在整个神经系统中具有最高级的加工和组织机能。脑是学习的主要生理结构，教学要取得成效必须认识脑，遵循大脑活动规律。认识大脑活动规律，可以从基本的神经元开始。

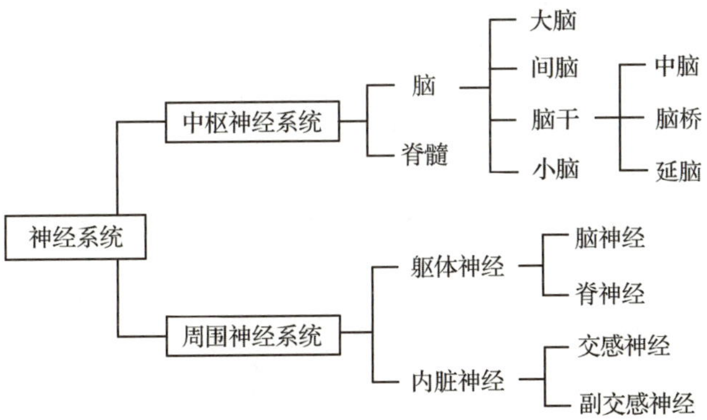

图 1-1　神经系统的构成

一、神经元

神经元是神经系统的基本结构和功能单位，是存储和传递信息的神经细胞。神经元是具有长突触（轴突）的细胞，它由细胞体和细胞突起构成（图 1-2）。细胞突起包括树突和轴突，其中树突是从细胞体周围发出的分支，多而短，呈树枝状；轴突是从细胞体发出的一根较长的分支。这两种分支，通常被统称为神经纤维。由神经元的细胞体构成的神经组织，称为灰质，它呈现灰色；由神经元的神经纤维聚集而成的神经组织，称为白质，它呈现白色。

树突的主要功能是接收其他神经细胞传递来的信息，轴突负责将信息传递给肌肉、腺体或其他神经细胞。神经冲动是指由刺激引起，并在神经系统中传导的电位活动。神经冲动的产生遵循一种“全或无律”，即当刺激的强度未达到某一强度时，就没有神经冲动产生；但当刺激强度达到某种程度，能够引起冲动时，神经冲动立即达到最大强度，即使刺激强度再继续增加或减弱，对引起的冲动的强度不会再产生影响。轴突的周围包有髓鞘，髓鞘具有绝缘作用，以防止被传导的神经冲动向周围扩散，并且提高神经冲动传递的速度。轴突的末端有分支状的小突起，称为神经末梢。神经末梢的功能是将神经冲动从一个神经元传向另一个神经元。

突触在神经冲动的传导上发挥着极为重要的作用。突触包括三个部分，即突触前部分、突触间隙和突触后部分。突触前部分是轴突末端的球形小体，也就是突触扣，它里面包含许多突触小泡。突触小泡中包含的化学物质为神经递质。球形小体前方的膜为突触前膜，通过它释放出神经递质。突触间隙就是狭义上的突触。突触后部分指邻近神经元的树突末梢或胞体的一定部位，它通过突触后膜与外界发生关系。突触后部分含有特殊的分子受体。突触的这种结构保证了神经冲动从一个神经元向另一个神经元的传导。这种以化学物质为中介的突触传递，是脑内神经元信号的主要传递方式。除了这种化学性突触以外，另一种是电性突触，这种突触虽也有突触前部分、突触间隙和突触后部分，但这种突触的突触间隙很窄，两个神经元的突触膜相贴很紧，一个神经元的电位变化可以直接引起另外一个神经元的电位变化。

纪录片《大脑深处》第 1 集中将神经元比作一个个“小人”对神经元信号的传递，这一集是如何说明神经冲动传导的？

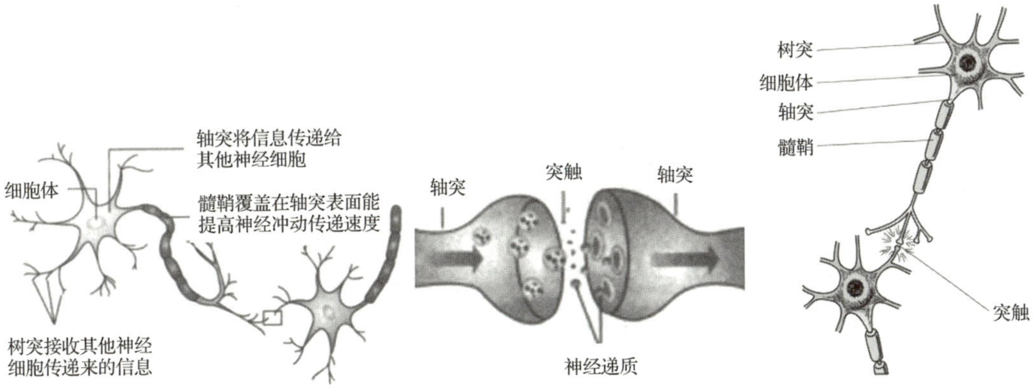

图 1-2 神经元与突触[①]

神经元的神经纤维长短不一，视与其邻近的神经元之间的距离而定。脑中的神经元比较密集，神经纤维较短，长度大约为几千分之一英寸[②]；肢体部位的神经元比较稀疏，其纤维长度能长达二至三英尺[③]。神经元按其性质或功能的不同分为三类：第一类是感觉神经元，其功能是将感受器接受刺激后所引起的神经冲动，传入中枢神经系统。感受器是指各种感觉器官，如眼、耳、鼻、舌等。第二类是运动神经元，其功能是将中枢神经系统所发出的神经冲动，传至反应器。反应器是指肌肉与腺体，负责动作反应的器官。第三类是中间神经元，介于感觉神经元与运动神经元之间的一种神经元，其功能是在感觉神经元与运动神经元之间传导神经冲动。中间神经元只存在于脑与脊髓中，又称为联结神经元。

新生儿的大脑约重 0.45 千克，虽然重量只有成人大脑重量的 1/3，但是已拥有大约 1 000 亿—2 000 亿个神经元。每个神经元有 2 500 个左右的突触。这些神经元伸长出的纤维以及纤维间的突触在出生后一年内会大量增长，并且这种增长可能会持续到青春期或青春期以后。到了 2—3 岁，每个神经元大约有 15 000 个突触。这一年龄阶段，儿童拥有突触的数量远远多于他们成年时期拥有的数量。事实上，儿童拥有神经元和突触的数量超过了他们将来适应环境所需要的数量。那些被使用的神经元会被保留下来，其他未使用的会被进行必要的“修剪”。

神经元这种过度生产和“修剪”的过程分为两种类型。一种是经验预期型，主要是指在某一特定时期内，特定脑区的突触因为等待刺激的出现而产生过度生长的现象。例如，在出生后的几个月内，大脑期望视觉和听觉的刺激。如果正常范围内的景象和声音出现，那么大脑的视觉区和听觉区就会随之发展。那些先天性耳聋的儿童，由于接受不到任何听觉刺激，他们脑中的听觉加工区域就转化成视觉加工区域。大部分脑

---

① 伍尔福克. 教育心理学［M］. 12 版. 伍新春，等译. 北京：机械工业出版社，2015：23.
② 1 英寸等于 2.54 厘米。
③ 1 英尺约等于 30.48 厘米。

区的一般发展都是由经验预期型的过度生产和“修剪”造成的。第二种类型是经验依赖型。这种突触的联结要基于个体的经历。当个体不能有效地加工信息时，为适应大脑局部区域的神经元活动，新的突触得以形成。这样，产生的突触数量将多于“修剪”后保存下来的突触数量。经验依赖型的过度生产和“修剪”与学习过程有关。例如，学习第二语言时掌握那些不熟悉的语音。

外部刺激对儿童早期的“修剪”过程（经验预期型）有着重要的作用，对于成年期突触发展（经验依赖型）也有重要的意义。动物研究表明，在有玩具、学习任务，能与其他老鼠和人类接触的丰富刺激的环境下成长的老鼠，比那些在贫乏刺激的环境中成长的老鼠，多发展和保存了25%的突触。研究表明，动作训练会促进孩子大脑神经元的连接（专栏1-1）。

专栏1-1

动作训练会促进大脑神经元的连接

9个月的婴儿会爬之后，开始探索世界，这时他们的运动和感觉能力大大增强，神经元开始大量连接。到了2岁，孩子已经有了很多后天经验，神经元连接就很紧密。可见要想有创造力，要能够触类旁通、举一反三，神经元的连接必须很紧密。所以父母应该放手让孩子自己做事情，这样有利于孩子脑部的生长。

洪兰曾到芬兰幼儿园考察，当时气温零下12摄氏度。在我国台湾地区，零下12摄氏度就叫寒流了，是要全副武装御寒保暖的。但在芬兰，午睡起来老师就带孩子去室外玩耍。老师说，芬兰在北极圈内，如果他们的国民怕冷，这个国家就没有希望了。只有不合适的衣服，没有不合适的天气。

有个3岁的小男孩，午觉睡久了，醒来一看，别的小朋友都去玩了，就很着急地开始穿衣服，老师站在旁边看他自己穿。结果好不容易穿好了，发现穿反了。要是我们就会提醒说，穿反了，要脱了重新穿，可他们的老师却拍拍他说，没有关系，出去玩。孩子跑出去后，老师对我们说：“他花了20分钟才穿起来，如果再让他脱，他会有受挫的感觉，明天就不穿了。如果让他自己发现这个错误，今天错、明天错，后天就不会穿错了。”

在我们中国，经常看到很多孩子，5岁还要父母喂饭，那是不可取的。动作训练会促进大脑神经元的连接，长期运动的孩子比不运动的孩子神经元网络更丰富，神经元的连接更恰当。神经元的连接越恰当，人就越聪明。我们常常说勤能补拙、熟能生巧就是这个道理。为什么要反复练习呢？“习”这个字，本义为小鸟反复地练习飞行，鸟必须反复练习飞才能飞翔起来。孔子说“学而时习之”，是有道理的。著名的“一万小时原理”说的也是这个道理，一个人把一个行为做了一万个小时以后，就成了这个领域的专家。

有一项实验，在对柏林爱乐乐团的小提琴家的大脑扫描后发现，他们的左手大小拇指相对应的大脑神经区域是一样大的，而我们普通人一般大拇指对应的区域更大一些。为什么？因为他们在拉小提琴的时候，左手这两个手指的使用度相当。这个结果告诉我们，我们可以通过外在训练改变大脑神经元的分配，而且越用连接越紧密，相应的区域越强大。

——资料来源：洪兰．脑科学与儿童青少年的发展［J］．教育家，2019（24）：21－23．（有改动）

就人类而言，极端的刺激会对大脑发展造成损害。虽然丰富的刺激环境对儿童的大脑发展十分重要，但是也要注意，对那些已拥有足够刺激量的儿童来说，没有必要施加过多的刺激来促进其发展。昂贵的玩具或是过多的婴儿教育项目，可能是不必要的多余刺激。①

二、脑的结构和功能

中枢神经系统包括脑和脊髓。脊髓是中枢神经系统的低级部位，位于脊椎管内，略呈圆柱状，前后稍扁。它上接延髓，下端变为一根细长的丝。脊髓是联系脑和周围神经的桥梁。来自躯干和四肢的各种刺激，只有经过脊髓才能传导到脑，受到脑的更高级的分析与综合；由脑发出的指令，也必须通过脊髓，才能支配反应器官的活动。脊髓可以完成一些简单的反射活动，如膝跳反射等。

脑包括大脑、间脑、脑干和小脑等（图 1-3）。

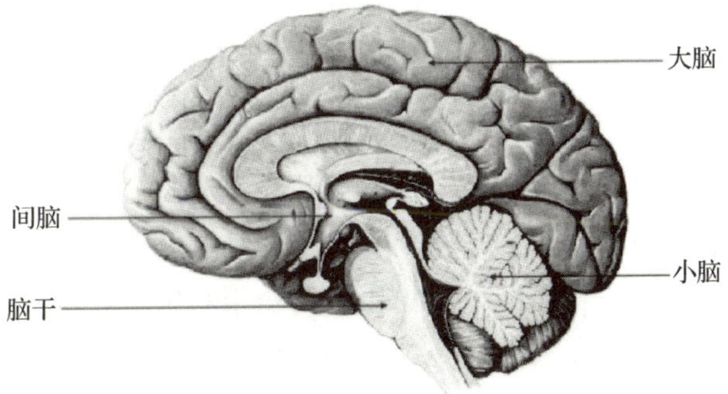

图 1-3 脑的结构

（一）大脑

大脑有左右两个半球，是中枢神经系统最高级、最重要的部分。大脑的体积约占

① 伍尔福克．教育心理学［M］．12 版．伍新春，等译．北京：机械工业出版社，2015：24.

整个中枢神经系统的50%以上，重量为脑总重量的60%（约1 400克左右）。大脑的两个半球表面覆盖有一层灰质，即大脑皮层。皮层有很多凹进和凸起的部分，分别称为沟和回，这种形式使得皮层的表面积大大增加。大脑皮层有三条大的沟裂，中央沟、外侧裂和顶枕裂，它们将大脑半球分为额叶、顶叶、枕叶和颞叶四个部分。每个区域都拥有许多不同功能的小区块，如视觉皮层、听觉皮层。大脑皮层（左半球）区域及主要功能如图1-4所示。成年人的大脑皮层的面积约为0.28平方米。[①] 人类大脑皮层的面积远远大于低等动物大脑皮层的面积。成人的大脑皮层约占大脑重量的85%，含有最多数量的神经元细胞。大脑皮层使人类具备了解决复杂问题和使用语言进行沟通等高级智能。

纪录片《大脑深处》第1集中讲到大脑半球的四个部分，分别是哪四个部分？各部分的功能分别是什么？

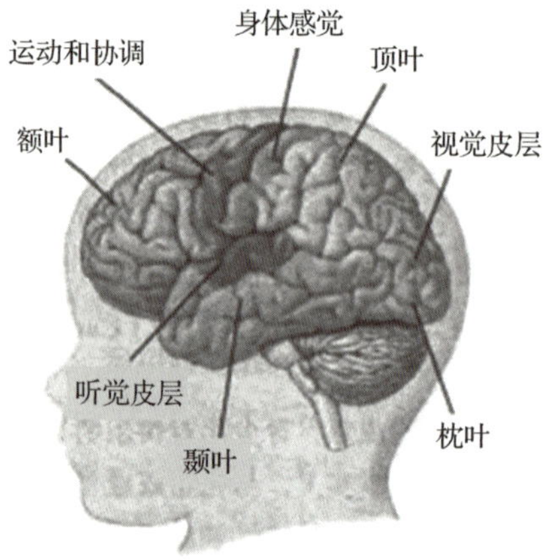

图1-4 大脑皮层（左半球）示意图

皮层是大脑最晚发育的部分，这部分比大脑其他部分更容易受到环境的影响。皮层各部分的成熟速度不同。控制躯体运动部分的皮层最早成熟，其次是控制复杂感知的视觉和听觉皮层区，控制高级思维过程的额叶最后成熟。颞叶在情感、判断和语言中起重要作用，直至高中阶段甚至更晚才能发展充分。视觉、听觉、运动和协调等皮层位于不同区域，功能各不相同。但这些功能还是相对单一和初级。要完成更为复杂的功能，比如言语或阅读，大脑皮层的不同区域就必须协同作用。

大脑皮质功能定位说认为特定的心理与行为由大脑皮质的特定区域调节（图1-5）。法国医生布罗卡（Broca）在对表达性失语症病例进行观察和研究后发现，病人大脑左半球额下回后部有极其明显的损伤，在排除发音器官有问题等因素后，布罗卡认为该区负责语言表达功能，对协调舌、唇、喉、颌等的运动功能起重要作用，是言语运动中枢，它只存在于大脑皮质左半球，后被称为布罗卡区。这是第一次在人的大脑皮质

---

① 伍尔福克. 教育心理学［M］. 12版. 伍新春，等译. 北京：机械工业出版社，2015：25.

上得到功能定位的直接证据。之后德国医生韦尼克（Wernicke）对听觉性失语症患者进行研究时发现其脑左半球颞上回后部受损，该受损区域是言语感觉中枢，后被称为韦尼克区。法国神经学家德热里纳（Dejerine）和维亚莱（Viale）一起鉴定了与失读症有关的皮质损伤，其位置在大脑皮质顶叶的角回。潘菲尔德（Penfield）发现人身体不同部位的感觉和运动在大脑皮质均可找到相对应的部位，极大扩展了人们对脑功能定位说的认识。

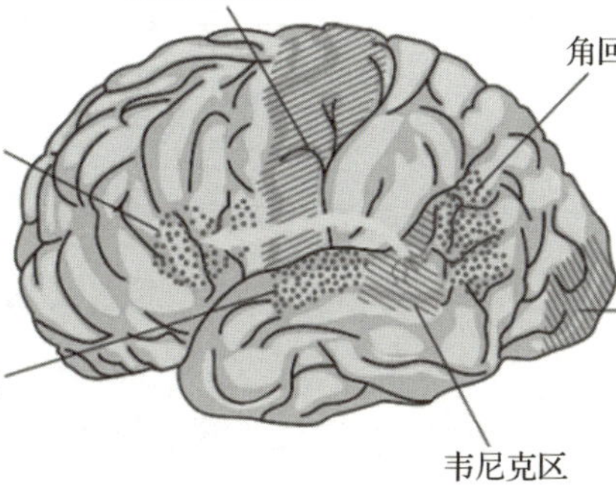

图 1-5　大脑皮质功能定位示意图

大脑两半球功能具有偏侧化的特点。大脑一侧半球控制对侧的躯体，大脑右半球受到损伤会影响左侧肢体的运动，反过来也一样。大脑特定的区域会影响特定的行为，对于大多数人来说，大脑左半球主要负责语言加工，右半球则处理空间—视觉信息以及情绪等非言语信息。对于一些左利手的人来说，情况则相反。总体而言，绝大多数左利手者和女性的大脑半球偏侧化的程度较低。幼儿的大脑之所以表现出更大的可塑性和适应性，也是因为他们的大脑的特异化或偏侧化程度相对较低。人类对脑功能偏侧化的理解始于单侧脑损伤引起的行为变化，最典型的功能偏侧化的例子是大脑左半球损伤导致的语言障碍，布罗卡区损伤导致的言语产生困难，韦尼克区损伤导致的言语理解困难。

纪录片《大脑深处》介绍了脑卒中患者的偏侧忽略。早在 20 世纪 60 年代美国心理生物学教授斯佩里（Sperry）就进行了著名的“裂脑人”研究，什么是“裂脑人”研究？它对解释脑的神秘有什么重要作用？

专栏 1-2

“裂脑人”研究

20 世纪 60 年代，美国心理生物学教授斯佩里对“裂脑人”开展了实验研究。实验对象是一位因癫痫施行了胼胝体切断术的女病人。在视觉—空间技能测查中，她坐在一个屏幕前，屏幕底下放有各种东西，可以用手摸得到，但看不到。首先，将一个杯子的图像投影在她的左脑，这时被试者就报告说看见了杯子。接着，将杯子的图像投影在被试者右脑，问她看见了什么，她说什么也没看见。可是要求她用左手从屏幕下的东西里挑出一样她刚才“看见”的东西，她却能正确地把杯子挑出来。又重复多次，情况都是这样。

为什么会出现这种情况？因为图像进入右脑后，右脑没有命名机能，对于看见的东西无法用语言表达，但是视觉信息确实进入了脑内，因此可以指挥左手正确拿出方才见过的东西。可以看出人的大脑两半球的功能有所不同，左脑是语言优势半球，右脑是图形优势半球。进一步研究发现，逻辑分析推理以及对事物的细节知觉，左半球起主要作用；形状知觉、空间知觉等右半球起主要作用（图 1-6）。

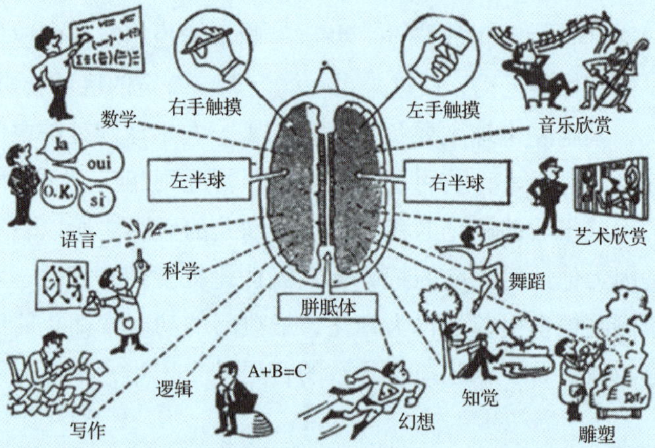

图 1-6 优势半球

——资料来源：彭聃龄. 普通心理学［M］. 4 版. 北京：北京师范大学出版社，2014：75 - 77.（有改动）

大脑两半球表现出来的功能差异只是相对的。只是在特定的功能方面，一侧半球可能要比另一侧半球发挥的作用大一些。研究认为，对于语言信息，大脑两半球是协同分工进行工作的。教学中教师关注的复杂技能和能力，都需要大脑不同区域的相互协调才能完成。例如，在阅读过程中需要两半球的协调合作，右半球擅长理解故事的意义，左半球在语法和句法的理解能力方面较强。值得注意的是，没有任何一个心理活动是由一侧大脑半球独立完成的。没有所谓“用右脑学习的学生”，除非他的左半球被切除了。①

（二）间脑、脑干和小脑

在脑干上方、大脑两半球的下部，有两个卵圆形的神经核团，叫丘脑。它的正下方有一个更小的组织，叫下丘脑，它们共同组成间脑。丘脑是个中继站。丘脑后部有内、外侧膝状体，分别接受听神经与视神经传入的信息。除嗅觉外，所有来自外界感官的输入信息，都通过这里再导向大脑皮层，从而产生视、听、触、味等感觉。丘脑是网状结构的一部分，因而对控制睡眠和保持清醒有重要意义。下丘脑是调节交感神经和副交感神经的主要皮下中枢，对维持体内平衡，控制内分泌腺的活动有重要意义。例如，下丘脑前部对体温的升高很敏感，它可以发动散热机制，使汗腺分泌、血管舒张。相反，下丘脑后部对体温降低很敏感，有保温、生热功能，使血管收缩、汗腺停止分泌。下丘脑对情绪也起重要的作用。用微弱电流刺激下丘脑的某些部位，可产生快感；而刺激相邻的另一部位，将产生痛苦和不愉快的情绪。

脑干包括延脑、脑桥和中脑。延脑在脊髓上方，背侧覆盖着小脑。延脑是一个狭长的结构，全长 4 厘米左右。它和有机体的基本生命活动有密切关系，它支配呼吸、排泄、吞咽等活动，因而又叫“生命中枢”。脑桥在延脑的上方，位于延脑与中脑之间，是中枢神经与周围神经之间传递信息的必经之地。它对人的睡眠具有调节和控制作用。中脑位于丘脑底部，小脑和脑桥之间。它的形体较小，结构也较简单。从横切面看，中脑可分成三个部分。① 中央灰质：指环绕中脑导水管的灰质。其中包括许多神经核团，分别支配眼球、面部肌肉等的活动。② 中脑四叠体：在中央灰质背面。其中上丘内有上丘核，是视觉中枢；下丘内有下丘核，是听觉中枢。③ 大脑脚：是腹面两侧的大量下行神经纤维构成的隆起。它含有黑质与红核，与调节身体姿势和随意运动有关。在延脑、脑桥和中脑内有一广泛的区域，其中神经纤维纵横交错形成网状，被称为网状结构或网状系统。网状结构按功能可分成上行网状结构和下行网状结构两部分。上行网状结构也叫上行激活系统，它控制着机体的觉醒或意识状态，和保持大脑皮层的兴奋性，维持注意状态有密切的关系。如果上行网状结构受到破坏，有机体将陷入持续的昏迷状态，不能对刺激做出反应。下行网状结构也叫下行激活系统，它对肌肉紧张有激活和抑制两种作用，即加强或减弱肌肉的活动状态。从进化的观点看，脑干是脑的最古老的部分。由脑干控制的活动比脊髓控制的活动更复杂。

小脑在脑干背面，分左右两半球。小脑表面的灰质叫小脑皮层，其表面积约 1 000 平方厘米；里面的白质叫髓质。小脑与延脑、脑桥、中脑均有复杂的纤维联系，它的作用主要是协助大脑维持身体的平衡与动作的协调。一些复杂的运动，如走路、舞蹈等，一旦学会，似乎就编入小脑，并能自动进行。小脑损伤会出现痉挛、运动失调，丧失简单的运动能力等症状。

---

① 伍尔福克. 教育心理学［M］. 12 版. 伍新春，等译. 北京：机械工业出版社，2015：25.

第二节 心理现象

心理现象是自然界和人类社会中最复杂最奇妙的现象之一，被誉为“地球上最美丽的花朵”。心理学既研究动物心理，也研究人的心理，并以人的心理现象作为主要的研究对象。心理学就是揭示心理现象的本质及其发生发展规律的科学。心理现象既是自然现象，也是社会人文现象，因此，心理学是自然科学、社会人文科学的交叉学科。心理是人脑对客观现实的主观反映。心理现象纷繁复杂，多种多样。一般把心理现象区分为两个主要类别，即心理过程和个性心理。

一、心理和客观现实的关系

脑是心理的物质器官，心理是脑的机能。从心理活动的来源看，心理是对客观现实的反映。个体不接触现实环境，就不可能有心理活动的产生。

（一）客观现实是人的心理活动的源泉

心理是对客观现实的反映，心理的产生依赖于外界的客观现实，客观现实是心理活动的源泉，这是心理活动的共性。客观现实包括自然环境和社会生活。

1. 自然环境

自然环境是我们生活必须依赖的条件，同时，也是我们心理活动必不可少的源泉。没有自然环境中的各种事物，我们就不可能对它们产生反应。如果没有声音刺激作用于耳朵，就不可能产生听觉。如果没有气味作用于鼻子，就不会产生嗅觉。

人的心理活动总是具有一定的内容，这种内容是客观事物在人脑中的反映。无论是简单的心理现象还是复杂的心理现象，其内容都可以在客观世界的事物中找到它的源泉。即使是最简单的知觉，也是源自自然环境中提供的刺激。例如，对一座山的知觉，是因为在你的面前有一座山的存在，这样在你的头脑中才会产生一座山的形象。文学作品中的形象，如孙悟空的形象，尽管在现实生活中不存在，但是，其来源于对生活中人、猴子形象的加工创造。不管文学作品本身如何超脱现实，构成它的原始材料还是来自自然现实。

2. 社会环境

如果一个人脱离了社会生活条件，脱离了人类的社会生活实践，就不会形成人的心理。例如，1920 年，印度人辛格在狼窝里发现两个小女孩。小的约 2 岁，很快就死去了。大的约 8 岁，辛格给她取名卡玛拉。卡玛拉用四肢爬行，休息时双手和膝盖着地；舔食流质的东西，只吃丢在地上的肉，不吃别人手里拿着的肉；怕水，从不让人给她洗澡；怕火、怕强光；夜间却视觉敏锐，每到深夜就嚎叫，白天蜷伏在墙角里睡觉；从不穿衣，即使天气寒冷，也撕掉御寒的衣服和毯子。经过辛格的细心照料与教育，卡玛拉2年学会了站立，4年学会了6个单词，6年学会了直立行走，7年学会了45个单词，同时学会了用手吃饭，用杯子喝水。到17岁死时，其心理发展水平只相当于正常的4岁儿童。“狼孩”的事例说明了社会生活条件对于人的心理产生和发展的重要性。

社会实践活动不仅是人的心理发生、发展的基础，同时实践也是检验人对现实反映是否正确的标准。判定一个人的认识是否符合客观现实，对现实的反映是否正确，不是依据主观上觉得如何而定，而是依据客观上社会实践的结果如何而定。当人根据对现实的认识进行活动的时候，活动产生的结果便检验着反映是否正确。正因为通过实践活动，人的心理才能正确反映客观现实，认识事物的本质和发展规律。

（二）心理是对客观现实的主观反映

心理现象是一种观念性的东西。列宁指出，物质是作用于我们的感官而引起感觉的东西；物质是我们感觉到的客观实在。物质的特点在于它的客观实在性，即具有形体性，占有三维空间。而心理则是“物的复写、摄影、摹写、镜像”①，即物的映象。事物的映象不等于事物本身，如同我们在镜子中见到的自己的形象不是我们自身一样。物体是实在的东西，心理是物体的映象，它是观念性的东西。人的心理的观念性与客观实在的物质并不是绝对对立的。一方面，人的心理是对客观现实的反映；另一方面，心理的东西在一定条件下还可以转化为物质。把物质和精神，即物理的东西和心理的东西的对立，当作绝对的对立是极大的错误。

人对客观现实的心理反映具有主观性。对客观现实的反映，总是在具体的人身上发生的。不仅存在着个性上的差异，而且存在着当时心理状态上的差异。无论哪种客观事物的作用，总是通过其内部特点折射出来的。不同的人，甚至同一个人在不同时期和不同条件下，由于其内部特点的不同，对同一事物的反映都可能各不相同。在教育和教学的过程中，经常遇到这样的情况：一个班上的所有学生都听同样的教师讲授同样的课程，但学生们对教材的理解和掌握却各不相同；对所有的学生都提出同样的要求，但学生们对这些要求的领会和执行情况也各不相同。

人对客观现实的心理反映是能动的反映。镜子反映物像是消极、被动的，而人对客观现实的反映是积极、能动的。人的心理在实践活动中发生和发展起来，并表现在实践活动中；同时实践活动又总受心理调节和支配。因为人的活动总是被其需要、动机、价值观推动，人通过实践活动改造客观现实以满足自身的需要，实现自身的价值，因此人对现实的反映不是机械地直接决定人的心理，塑造人的个性，而是通过人和周围环境的相互作用，在人的有目的地改造世界的过程中实现的。

---

① 中共中央马克思恩格斯列宁斯大林著作编译局. 列宁选集：第2卷［M］. 北京：人民出版社，1972：238.

总之，心理是人脑对客观现实的主观反映。就反映的内容来说，来源于客观现实，这种反映是主观的反映，积极、能动的反映。

二、心理现象的两个类别

心理现象异常复杂，一般分为心理过程和个性心理两个类别（图 1-7）。

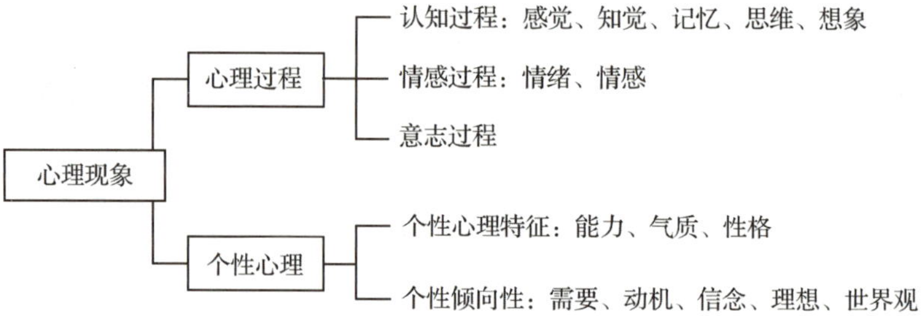

图 1-7　心理现象包括心理过程和个性心理

（一）心理过程

心理过程是心理活动及其行为表现的一般过程，包括认知过程、情感过程和意志过程，简称知、情、意三个基本过程。

认知过程是最基本的心理过程。通过这一过程人们获得知识，所有的科学发现都是人类认知活动的结晶。在人的认知过程中表现出来的心理活动包括感觉、知觉、记忆、思维和想象等，这些活动都是个体获得知识的形式或途径。

人对世界的认知开始于对事物的感知。感觉反映事物的个别属性和特征，如颜色、气味、声音等。假设面前有一个苹果，闻到了苹果的香味，看到了苹果的外观，触摸到了苹果的表皮，尝到了苹果的滋味。苹果的这些个别属性通过感觉器官作用于人脑，在人脑中引起的心理活动就是感觉。感觉反映的是直接作用于感官的客观事物；是当前直接接触到的，而不是过去接触过的，或间接反映的事物。感觉反映的是客观事物的个别属性，而不是事物的整体。通过感觉，我们只能知道事物的声、形、色等个别属性，还不能把这些属性整合起来，客观地进行整体反映，也还不知道事物的意义。对客观事物进行整体反映以及对其意义进行揭露需要比感觉更高级的心理过程，然而一切更高级、更复杂的心理现象都必须在感觉的基础上产生。知觉是人脑对直接作用于感官刺激物的整体属性的反映。知觉是在感觉的基础上产生的，是对感觉信息整合后的反映。感觉是单一感官活动的结果，而知觉是多种感官联合活动的结果。例如对一个苹果的知觉，就是对视觉（苹果的颜色、形状、大小）、触觉（苹果的软硬、滑涩）、味觉（苹果的酸甜口感）、嗅觉（苹果的气味）联合活动的结果。

通过感觉和知觉获得的知识经验，体验过的情绪，思考过的问题，做过的动作，不会马上消失，在需要时能够提取出来，这种过去经验在头脑中的保持和再现称为记忆。人不仅能直接感知个别的、具体的事物，认识事物的表面属性，还能在感觉、知觉与记忆的基础上，间接、概括性地认识客观对象，进行推理和判断，解决面临的各种问题，这个过程就是思维过程。人还可能对头脑中保存的具体形象加以改造，这就是想象。

人非草木，孰能无情。伴随着认识过程，会产生一定的态度，引起满意或不满意、喜欢或厌恶、愿意接近或者避之唯恐不及等主观体验，这就是情绪或情感过程。人并不只是停留在认识和情感体验上，还会根据自己的认识和体验，产生一定的需要和动机，拟定行动目的和计划，并执行行动计划，克服困难达到所预期的目的，这就是意志过程。认知过程、情感过程和意志过程相互联系、相互影响，构成了整个心理过程。

（二）个性心理

人在处理事物的过程中，不但有各种心理活动，还表现出各个人的不同特点。才能不同，特长不同，成就也各有高低。这是能力方面的差异。有的性情暴烈，易于激动；有的性情温和，不易发脾气。这是气质方面的差异。有的主动进取，有的被动不前；有的愿意为集体多做贡献，有的只考虑自己。这些是性格方面的差异。能力、气质和性格统称为个性心理特征，是个性心理的一个方面。另一方面，在复杂的现实生活中，由于环境和所受教育的差异，以及自身各种因素的不同，人们在需要、动机、兴趣、信念、理想和世界观等方面，总会有这样或那样的差异，这些方面的差异表现为不同的心理活动倾向，影响人们的决策和行为。这些方面统称为个性倾向性。

个性心理特征与个性倾向性综合在一起，构成了个体完整的个性心理，简称个性或人格。心理过程与个性心理这两个方面相互制约、相互影响。个性在心理过程的基础上逐渐形成和发展，并在各种心理过程中表现出来。反过来，已形成的个性又影响着心理过程，使个体的心理过程总是带有个性色彩。心理过程与个性的这种相互关系从整体上反映着人的心理活动的共同规律和差异规律的辩证统一，心理学就是要研究并揭示这些心理现象及其规律。

第三节 教育神经科学与教学

一、教育神经科学的产生

20 世纪 50 年代中期，行为主义主导的心理学开始出现“认知革命”的思潮。这一思潮最先产生于美国，不久迅速传播到世界各国。1967 年，美国心理学家奈瑟尔（Neisser）出版《认知心理学》一书，标志了认知心理学的产生。认知心理学把人的认知过程和计算机进行功能模拟，以信息加工的观点分析人的认知过程，研究大脑对信息的接受、编码、存储、提取和利用的过程，涉及感知觉、注意、记忆、表象、思维和语言等心理活动。现代认知心理学在诸多领域都产生了广泛而深刻的影响。

经颅磁刺激（Transcranial Magnetic Stimulation，简称 TMS）通过刺激大脑的特定区域，可以在不损伤脑组织的情况下完成“虚拟损伤”，从而对特定脑区的功能进行探索。在对人类以及其他动物的研究过程中，损伤是一种非常重要且实用的方法，这一研究方法在早期的人脑研究中有着极为重要的地位。然而，依赖于自然损伤的人脑研究往往受制于其损伤部位的不可控性，因此研究者发明了一种能够在大脑中产生局部刺激的方法以模拟损伤，即 TMS。但是，这一技术也有其弊端，即当我们想要探索皮质区域以外的其他部位的功能时，TMS 就无法再发挥其最大功效了。

在科学的发展以及对脑功能的研究不断深入的过程中，研究者逐渐发现，我们的大脑各区域并非完全割裂的，而是以一种互相联系的方式运行，只凭借“损伤”的思路去探索，是难以对脑区及其功能有一个全面完整的认识的，因此，我们会运用一系列的脑成像技术来继续我们的研究探索。科学家借助脑成像技术，对大脑的功能有了更深的认识。脑成像技术好比是脑功能研究的“显微镜”。脑功能成像技术可分为两大类：一类是基于脑电或脑磁信号的脑功能成像，另一类是基于脑代谢或脑血流变化的脑功能成像。

脑电图（Electroencephalography，简称 EEG）通过在人头皮位置放置的电极记录相应位置的电位变化，从而提供大脑皮质神经电位活动的连续性记录，用以分析个体活动时的各脑区活动特性以及进一步分析脑功能异常等。神经活动是一个电化学过程，虽然单个神经元活动时的放电非常微弱，但是当一大群神经元共同活动时，就会产生足够大的电位，从而被放置在头皮的电极监测到。

脑磁图（Magnetoencephalography，简称 MEG）是一种无创伤性地探测大脑电磁生理信号的脑功能检测技术。神经元活动时不仅会产生电信号，还会产生微弱的磁场，对神经元活动时产生的磁场进行检测记录的技术就是脑磁图。

事件相关电位（Event-Related Potential，简称 ERP）通过记录大脑头皮的电活动，应用简单的平均技术（或其他更高级的技术）提取出的与特异性的认知、感觉、运动等事件相关的电活动。事件相关电位可以为研究者提供神经活动过程中的时间记录，描绘信息在大脑加工过程中的时间进程。人们已经发现了多种 ERP 成分，其中 P300 成分被认为与认知过程有关，因此又被称为认知电位。P300 成分在多个领域都有应用，其中之一就是被用于测谎。认知脑电测谎目前还处于研究阶段，在实践中应用将不可避免地带来社会、法律和伦理问题，但不可否认，和认知神经科学结合是未来测谎领域发展的重要方向。事件相关电位的成分，除了受物理刺激特性影响的“外源性成分”外，还包括“内源性成分”，因此不同于普通的视觉和听觉诱发电位，它还反映了认知过程中大脑的神经电生理改变。事件相关电位可以提供一种刺激与反应之间连续过程的测量，相对较为客观可靠。还能够在没有行为反应的情况下，提供关于刺激处理的实时测量。

正电子发射体层成像（Positron Emission Tomography，简称 PET）的原理是通过检测正电子来获得有关大脑活动的信息。研究者首先用发射正电子的核素标记化合物，将其注入人体。这些带有放射性的化合物会迅速集聚到大脑的血管中，当大脑皮层的某个区域处于兴奋状态时，这些被标记过的化合物就会移向该区域。此时，只需在体外监测正电子湮灭时发射的 γ 射线就可以获得大脑不同区域兴奋水平的功能性图像。有了这一图像，人们就可以反推出受试者当下的心灵状态或行为表现。PET 的灵敏度高，可形成脑功能的三维图像，定位相当精确。由于使用正电子标记的化合物作为示踪剂，所以 PET 可以显示人在完成特定任务时大脑的动态活动情况。

功能磁共振成像（functional Magnetic Resonance Imaging，简称 fMRI）能够显示儿童或成人在处理不同认知任务时，大脑中血液流动的不同模式。其工作机理依据的是血氧水平依赖（BOLD）。具体来说，血液中的血红蛋白以两种形式存在，即脱氧血红蛋白和氧合血红蛋白。其中，脱氧血红蛋白是顺磁性物质，氧合血红蛋白是逆磁性物质。顺磁性物质会引发磁场的不均匀性，进而使磁共振成像的特征量 T2 延长。当个体执行某一认知任务时，相关脑区就会兴奋，这些区域的血流量会相应增加，血流量的增加导致这些区域的 T2 值得到延长，而这种延长对应到 fMRI 图像上就是强信号。反过来，如果当某一脑区不参与个体的某一认知任务，那么该脑区的血流量就会相对较低，反映到 fMRI 成像上就是弱信号。于是，通过 fMRI 可以看到，当个体处于某种心理活动状态时，哪些区域活动增强，哪些区域活动不变甚至减弱，进而可推断出哪些脑区的何种活动与该心理状态或行为表现相关。fMRI 在时间和空间分辨率上的表现比较均衡，能够较为精确地捕捉到大脑活动的变化发生在哪里。

功能性近红外光谱技术（functional Near Infra-Red Spectroscopy，简称 fNIRS）可通过与神经元行为相关的血液动力学反应来测量大脑活动，它主要利用脑组织中的氧合血红蛋白和脱氧血红蛋白对 600—900 nm 不同波长的近红外光吸收率的差异特性，来实时、直接检测大脑皮层的血液动力学活动。fNIRS 实验中，实验者让被试按照一定实验范式执行任务，同时使用 fNIRS 观测大脑不同位置的血红蛋白度的浓度变化，如果在某一脑区的血液动力学活动与该任务设计相关程度很高，即可推断该脑区被实验任务激活。

由于每种技术所依赖的物理、生理机制不同，成像的对象也不相同，因而可以根据需要采用互补性的多模态技术进行成像，以获得更全面的信息。

表 1-1　主要脑成像技术及其特点

成像技术	脑电图（EEG）	功能磁共振成像（fMRI）	功能性近红外光谱技术（fNIRS）
所用信号类型	脑活动时的电流信号	脑活动时的脑部血氧水平	与神经元行为相关的血液动力学反应
时间分辨率	高	低	较高
空间分辨率	低	高	较低
侵入性	非侵入性	非侵入性	非侵入性
使用成本	低	高	低
便携性	较高	低	高
主要缺点	无明显缺陷	噪声较大 不适用于幽闭恐惧症患者	数据分析方法尚不完善

随着脑科学的发展，心理学与脑研究密切相结合，使得心理学的发展由认知心理学进入认知神经科学的时代。认知神经科学是认知科学与神经科学交叉融合后形成的一门新的学科，属于心理学和神经科学的分支，认知神经科学使用神经科学的手段研究心理活动的认知过程及机制。通常情况下，认知心理学探讨人类认知过程，以正常人为研究对象，但由于正常人的心理过程的自动化程度高、加工速度快、影响因素多，使得许多重要的心理表征与加工很难更深入准确地加以研究。在正常人身上难以观测到的细微的认知加工环节，在患者身上却有较为明晰的显现。研究人员根据患者的受损和保留的加工环节，对正常人的心理机制做出相对准确细致的探讨。认知神经心理学就是以认知能力异常者为实验对象，通过他们选择性损伤和保留的认知环节来推知人类正常的认知结构和加工方式的科学。①

脑与学习密切联系，神经科学日益发展，它与教育的联系更加紧密。20 世纪，脑科学在西方已开始得到迅速发展，一些发达国家把 20 世纪的最后十年称为“脑的十年”，目的是提高公众对脑科学研究的了解和重视。从这个时候开始，一些科学家为家长、教师、学生和社会公众编写了大量有关脑科学的科普知识，建立了科普网站。例如，美国华盛顿大学埃里克·丘德勒（Erik H. Chudler）博士创立的普及脑科学知识的网站 Neuroscience for Kids。进入 2000 年后，国内教育界开始重视脑科学知识的宣传。东南大学学习科学研究中心选择翻译了该网站的主要内容，并将相关内容通过网络发布，有关内容还被制作成了书籍和光盘。

神经科学与教育的密切联系催生了教育神经科学的产生，教育神经科学又称“神经教育学”或“学习科学”，研究各种情景中的真实学习以及如何创设学习环境促进真实学习。早在 1999 年，西方发达国家就启动了“学习科学与脑研究”著名项目。2003

① 韩在柱，舒华，柏晓利，等. 认知神经心理学的基本假设和研究方法［J］. 心理科学，2002（6）：721－722＋663.

年，成立了“国际心智、脑与教育协会”。该协会主办的《心智、脑与教育》杂志于2007年创刊，宣告了教育神经科学的正式面世。西方发达国家均极其重视这一新兴的学科领域，并在相应研究机构的设立和专业人员的培养上投入了大量资金。我国开展教育神经科学的研究单位有：北京师范大学“认知神经科学与学习”国家重点实验室（2005），东南大学的“学习科学研究中心”（2002），以及华东师范大学“教育神经科学研究中心”（2010）。教育神经科学是随着脑科学的研究成果在教育实践中的广泛应用而产生的一门新的学科，是心理学、神经科学和教育实践进行深度整合的产物。①

二、教育神经科学的研究领域及其意义

（一）教育神经科学的主要研究领域

认知神经科学中具有丰富教育含义的内容构成了教育神经科学的主要研究领域，包括以下主要方面。②

1. 早期教育

涉及对儿童本身的认识以及相应的教育教学方式。例如，认为由于素朴知识（naive knowledge）的存在，儿童很早就形成了他们各自的“关于世界（语言、智力、人、动物、植物、物体）的理论”。因此，应该“以儿童在早期环境中所获得的知识作为学校实践的基础”。有学者甚至主张“学校甚至应该为最小的孩子提供成为科学家的机会，而不仅仅是告诉他们关于科学的知识”，如在低年级开设日常心理学，或从现实的自然概念（或者错误概念）入手来教育孩子，以使他们真正理解科学概念。就教学方式而言，早期教育要求施教者应更好地考虑幼儿独特的思维方式和个别化概念（儿童自己的素朴知识），并从脑的层次上，特别是从其可塑性的角度延伸这一探索。

2. 语言学习

主要涉及语言的理解和产生及第二语言学习。研究发现，语法和语义两个加工过程依赖于不同的神经系统。语法加工主要在左前额叶，语义加工主要在左、右脑的后部外侧区域。语言功能不是由单一脑区而是整个脑中的不同神经系统来执行的。

研究认为，语法学习开始越晚，脑变得越活跃（表明难度越大），如专家型读者比新手型读者的脑激活更少。对第二语言学习者来说，越早学习，掌握语法更快更容易。但语义学习将持续终身，不受时间限制。这些研究成果对教育政策的启示是：13岁以后学习第二语言很可能会导致对该语言的语法掌握程度不高；如果能确定脑的哪个系

① 李其维，周永迪．教育神经科学：一门极具实践意义和发展前景的新型学习科学［J］．心理与行为研究，2011，B6（6）：46－56.

② 李其维，周永迪．教育神经科学：一门极具实践意义和发展前景的新型学习科学［J］．心理与行为研究，2011，B6（6）：46－56.

统受敏感期的限制，哪一个不受限制，那么就可以据此开发与实施合理的教育与康复计划。

3. 阅读技能

在对字词识别困难者的鉴别和干预方面，教育神经科学已取得了不少积极成果，而且在不久的将来能在这方面取得成功。研究者已发现，从牙牙学语到认识字词，到掌握句法和理解句子的情境，再到学习阅读，它们激活的是不同的脑机制。左侧颞上回这一脑区，它用于注意词汇的声音结构，阅读障碍者不能正常激活该区。因此，鉴别阅读障碍应特别关注这一脑区。单纯靠教育手段很难矫治阅读障碍。但是，借助认知神经科学工具，将阅读技能分解为一个个信息加工步骤和功能模块，被认为可能是有效的手段。

4. 数学技能

法国著名认知神经科学家迪昂（Duhem）研究发现，婴儿天生具有某种数感，负责这种能力的脑区在脑顶内沟。它用于表征数量，使婴儿能够理解“许多”和“一些”的差异。在数学运算方面，已知数学加工所涉及的脑区，如精确的算术运算在左前额叶。进行数学估算的脑区还包括左右顶叶下部（与视觉和空间任务相连）。其他脑区，如额叶前部皮层和前扣带脑皮层也参与数学加工，并在复杂计算中发挥重要作用。脑损伤或其他任何形式的伤害都可能产生计算能力缺失或者计算障碍。研究认为，导致学习数学困难的原因至少有两种：一是某些与数量有关的神经网络可能因受到损害而解体，故而很难理解数字中所包含的信息；二是儿童还未学会把数量表征与词语符号（及视觉符号）联系起来。

5. 终身学习与脑的终身可塑性

研究认为，脑具有终身可塑性，既表现在神经元和突触数量的变化上，也表现在神经回路、神经网络的调整和重组等方面。以往研究认为，脑每天损失大量神经元。但是，新的研究发现皮层内每一个区域总神经元数与年龄无关。年龄上升，则大神经元下降而小神经元上升，但是总数基本维持不变。神经元变小会产生两种后果，即神经回路增多和突触数量减少。突触数量减少，意味着可塑性下降，但是并不必然意味着认知能力的下降，因为神经回路的增加保证了某种认知技能的获得，实际上突触数量的减少意味着修饰了一些神经元连接，并同时强化了另一些神经元连接。脑终身可塑性和终身学习相互影响、相互塑造。其中，尤其应重视后者对前者的作用。

6. 情感因素对学习的影响

对情感因素的研究主要集中在基本情绪反应的脑回路和系统、情绪对认知的影响等方面。调节情绪的脑区在“前扣带回”，位于眶额皮层的后面。杏仁核是恐惧回路的基础部分，是情绪学习和恐惧记忆的主要部位。它也是构成儿童的不同气质倾向的主要生物基础，是具有神经可塑性的情绪学习和恐惧记忆的主要部位。杏仁核起两方面的作用，首先它决定直接呈现的刺激是否对生物主体有威胁性。如果有威胁，它会指挥相应的行为反应、内分泌反应等；其次，杏仁核与脑中的感知系统、认知系统有广泛联系，它可以投射到不同的激励系统，间接地影响知觉皮层对信息的处理。研究还发现，脑枕叶不仅参与感知，还参与心理想象。心理想象会改变情绪状态，把想象作为心理辅助手段，可以克服焦虑症和恐惧症。

7. 对教学的促进与影响

人际神经科学指的是通过记录双人或多人在进行同一认知活动时的脑活动，来揭示群体神经活动模式。目前，人际神经科学方法已被应用于教育研究，例如监控教学过程、预测教学效果和识别教学影响因素。运用超扫描等技术，研究者们发现教学活动可诱发明显的师生/生生的脑间同步，且教学过程中不同阶段/场景的脑间同步特点可以反映教学过程的动态性。迪克（Dikker）等人记录了师生在一个学期的正常生物课程中的大脑活动，发现通过学生的脑间同步可以预测学生的课堂投入度，贝维拉夸（Bevilacqua）等人发现大脑活动的群体模式还可以反映当前教学活动的师生关系，波尔森（Poulsen）等人研究发现课程中内容形式丰富的视听材料更能吸引学生注意。人际神经科学相关研究成果能够帮助教师筛选合适的教学材料、营造良好的师生关系、改进教学形式等。①

除了上述七个方面，教育神经科学的研究领域还包括创造力等其他方面的研究。有关创造力方面的研究见“一线研究”。

一线研究

基于脑科学成果的创造力培养

创造力作为21世纪人才必备的核心素养，是推动民族进步和社会发展的不竭动力。脑科学研究成果为创造力的培养提供了科学基础。基于脑科学研究成果，推进教学改革势在必行。

1. 激发内在动机

研究发现，动机会影响多巴胺神经通路相关的纹状体和前扣带回等与基本认知相关的脑区，这些脑结构与个体注意抑制能力、注意模式、工作记忆，以及概念表征距离等都存在密切的相关性。动机通过脑区影响个体注意处理的有效性，从而显著影响个体创造性。

2. 产生认知冲突

研究表明，相比普通图片，个体对新颖图形的加工能够诱发更大的右脑顶区脑电波波幅，这反映了图像中的新颖性信息所诱发的认知冲突能够促使个体对新颖图像进行更深入的记忆编码与加工，有助于学生积极的认知投入，并促进学生

① 成晓君，刘美焕，潘亚峰，等. 教与学的大脑：人际神经科学助推教育研究［J］. 心理科学进展，2021，29（11）：1993－2001.

科学概念的习得、新颖问题的提出以及创造性答案的生成。

3. 促进自主建构

研究表明，具有良好知识经验建构的个体创造力更高。如相比非音乐家，具有深厚音乐知识及作曲经验的音乐家在发散性思维过程中双侧额叶激活强度更大。此外，研究认为互动可以促进团队创造性观点产生，且前额叶和颞顶联合区的脑间同步性与团队的合作行为、团队创造性呈正相关。

4. 重视反思评价

在得到一个初步的创造性问题的解决方案之后，积极的反思评价能够帮助学生对所提出的创造性方案进行验证和优化。在验证和优化过程中，高认知控制有利于个体有目的地、系统地分析信息，促进新颖观点的适用性评价。脑成像研究也证明，个体在完成创造性评价任务时显著激活了负责认知控制的执行控制网络，包括背外侧前额叶和背侧扣带回。

5. 注重应用迁移

顿悟是创造性问题解决的关键阶段，合理的迁移有利于顿悟问题的解决。研究表明，顿悟的形成与原型启发及关键信息的利用紧密相关，其过程激活了与认知控制及语义信息的创造性整合相关的额叶、颞叶、前扣带回，以及与新异而有效联系的形成相关的包含海马在内的广泛脑区。

6. 强调全脑发展

研究表明，个体在完成创造力任务时，主要激活前额叶、顶叶、颞叶及前扣带回。根据创造力任务的不同，视觉皮层、海马、胼胝体等其他脑区在不同任务中也有不同程度的激活，并且涉及多个脑网络之间的合作。创造力任务的完成依赖于大脑多个区域之间的同时激活与合作。

——资料来源：胡卫平. 脑科学与创造力培养［J］. 教育家. 2018（20）：62－63.（有改动）

（二）教育神经科学对教学的意义

教育神经科学的兴起和发展，对于教师提出了新的要求，即要成为掌握心理、脑、教育三方面规律的“三通”人才。教育神经科学对教学的意义主要有两个方面，即帮助教师纠正错误认识，指导教师应用研究成果。

1. 帮助教师纠正错误认识

人类的大脑是世界上最复杂、最高级、最神奇的器官，人类直到今天仍然无法真正认识它。在没有科学手段研究的情况下，对大脑的认知是肤浅甚至错误的。对脑的认识和教育实践直接相联系，因此，错误的认识成为教育实践的有害信息。对大脑的错误认识，还来源于对脑科学研究事实做错误的理解和解释。更为有害的是，把这些错误认识作为脑科学研究的成果运用于教育实践。这种对大脑的错误认识被称为“神经神话”或“神经谬误”。前述斯佩里在“裂脑人”实验基础上提出了左右脑分工的理论。这个研究的结论后来被误读成了“左脑负责语言，右脑负责图形”，甚至产生了一些人是“右脑人”、另一些人是“左脑人”的错误认识。基于这种错误认识，教育中出现了偏重语言、抽象科目，如语文、数学等，轻视空间、形象科目，如体育、美术等的现象，所谓的“开发右脑”一时被作为教育改革的良方。如今，这一错误认识被纠正，“开发右脑”被“全脑教育”所取代。关于人类对大脑的误解见表 1-2。

表 1-2 关于大脑的误解与真相①

误解	真相
1. 我们只使用了 10% 的大脑	1. 100% 的大脑都在发挥着作用
2. 小孩听莫扎特的音乐能变得更聪明	2. 听音乐不会让人变得更聪明，但是学习一种乐器能促进儿童的认知发展
3. 一些人是“右脑人”，其他人则是“左脑人”	3. 我们从事的多数活动都需要大脑两半球的协同工作
4. 幼儿的大脑一次只能学习一种语言	4. 全世界所有的儿童都能一次同时学习两种语言
5. 我们无法改变大脑	5. 我们的大脑无时无刻不在发生变化
6. 一旦大脑受到损害，这种损害都是永久性的	6. 多数大脑受到过轻微损害的个体都能很好地恢复起来
7. 玩电子游戏能阻止大脑老化	7. 玩电子游戏能让你更擅长玩其他种类的游戏。要想减缓衰老，锻炼身体是更好的选择
8. 人类拥有世界所有生物中最大的大脑	8. 抹香鲸大脑的重量约为人类大脑重量的 5 倍
9. 酒精类饮料会杀死脑细胞	9. 酒精不会杀死脑细胞，但它会损害神经末端的树突，从而导致大脑中信息传递的过程出现问题。而这种损害几乎是不可逆的
10. 青少年的大脑与成人的大脑相同	10. 青少年的大脑与成人的大脑存在明显的差异

2. 指导教师应用研究成果

教育神经科学的主要研究领域包括早期教育、语言学习、阅读技能、数学技能等诸多方面，这些领域的研究成果对一线教学有着直接的指导意义。四川省巴中市第三中学语文教师唐玖江，从法国著名认知神经科学家迪昂所著《脑与阅读》（2018）一书中，获得了阅读教学的新启示（见“一线研究”）。

一线研究

脑神经科学研究对阅读教学的启示

1. 阅读速度要适宜

“眼睛给阅读行为施加了许多限制。视觉感受器的结构决定了阅读时我们必须每 0.2 秒或每 0.3 秒就让目光跳跃，这样才能够对整个书页进行扫描。”过分强调

① 伍尔福克. 教育心理学［M］. 12 版. 伍新春，等译. 北京：机械工业出版社，2015：27.

快速阅读不利于对语句的理解，甚至会让学生对知识囫囵吞枣乃至产生误解。要知道，“从长远来看，只有理解语义，阅读才具有价值。儿童一定要知道，阅读不是简单地发出几个音节，还要理解文字的内容。只有当孩子能够轻松地读懂单词和句子，并且能够进行复述、概括或者释义时，才算圆满地完成了一个阅读阶段”。同时，呈现文本的字间距也不可太大，否则就会降低阅读速度。“一旦字符间距超过两个字符，单词识别速度会突然减慢并且不再是并行加工。”

2. 重视语音解码训练

识别汉字的过程中，读音是第一步。神经科学揭示了拼音教学的重要。“所有文化中的书面文字都是由非常相似的脑回路来进行加工的，特别是左侧枕—颞区的‘文字盒子区’在所有阅读者脑中都占有极重要的地位。”“中文阅读者的‘文字盒子区’必须包含一系列不同层级的探测神经元，以探测汉字内部结构中的形旁与声旁，而非探测字母。”“大脑的加工并不是直接从字形到字义的。在解码一个单词之前，还必须进行一系列心理与大脑的运作。脑先将每个字母串分离开来，然后重组成一个由单个字母、双字母、音节、词素构成的层级结构。”“只有经过多年对语音解码通路的训练，从字母拼写到词义的直接阅读通路才能建立起来。”

3. 在阅读中扩大词汇量

神经科学家认为，对书面文字进行加工时，有两条平行的加工通路，“语音通路将字母转化为语音，而词汇通路则从心理词典中提取词义。”“中文和日文中的汉字代表了整体单词，这使得与心理词典相关的脑区域激活程度更高，特别是在左侧颞中区。”识别汉字时更多的是通过词汇通路。“当脑提取相关信息时，这些心理词典就一本一本地被翻开了。”阅读中词汇的丰富程度十分重要。因此，在阅读中扩大词汇量极为重要。

——资料来源：唐玖江．“阅读脑”的秘密：《脑与阅读》读书札记［N］．中国教育报(2020-04-22)［2023-08-25］．(有改动)

教育神经科学是一门极具实践意义和发展前景的新型学习科学，现有的教育神经科学成果对大脑的认识仍然非常有限，未来新的研究和成果将会不断涌现。对于教育神经科学，一线教师要树立关注和学习的自觉意识。教师应该注意克服两种错误立场。一是消极被动，认为教育神经科学深奥难懂，与自己无关。或者只是等待专家学者来传授，自己照单全收就行了。二是急功近利，只对日常教学中所遇问题的解决感兴趣。一线教师应该把教育神经科学素养作为教师职业必备的素养，自觉学习和应用教育神经科学的研究成果。

本章小结

神经系统是人的心理活动的主要的物质基础，按其功能及部位的不同，神经系统可分为中枢神经系统和周围神经系统。神经元是神经系统的基本结构和功能单位，是存储和传递信息的神经细胞，主要由细胞体和细胞突起构成。神经冲动是指由刺激引起的并在神经系统中传导的电位活动，它的产生遵循一种“全或无律”。突触在神经冲动的传导上发挥着极为重要的功能。突触包括三个部分，即突触前部分、突触间隙和突触后部分。神经元按其性质或功能的不同分为三类：感觉神经元、运动神经元和中间神经元。在人的成长过程中，那些被使用的神经元会被保留下来，其他未使用的会被进行必要的“修剪”。神经元这种过度生产和“修剪”的过程分为两种类型。一种是经验预期型，主要是指在某一特定时期内，特定脑区的突触因为等待刺激的出现而产生过度生长的现象。第二种类型是经验依赖型，这种突触的联结要基于个体的经历，当个体不能有效地加工信息时，为适应大脑局部区域的神经元活动，新的突触得以形成，经验依赖型的过度生产和“修剪”与学习过程有关。外部刺激对儿童早期的“修剪”过程（经验预期型）有着重要的作用。

中枢神经系统包括脑和脊髓。脊髓是中枢神经系统的低级部位，位于脊椎管内，是联系脑和周围神经的桥梁，也可以完成一些简单的反射活动，如膝跳反射等。脑包括大脑、间脑、脑干和小脑。大脑有左右两个半球，是中枢神经系统最高级、最重要的部分。大脑的两个半球表面覆盖有一层灰质，即大脑皮层。大脑皮层有三条大的沟裂，中央沟、外侧裂和顶枕裂，它们将大脑半球分为额叶、顶叶、枕叶和颞叶四个部分。每个区域都拥有许多不同功能的小区块，如视觉皮层、听觉皮层。大脑皮质功能定位说认为特定的心理与行为由大脑皮质的特定区域调节，如大脑皮质左半球的布罗卡区是言语运动中枢，大脑左半球颞上回后部的韦尼克区是言语感觉中枢。大脑两半球功能具有偏侧化的特点，一侧半球控制对侧的躯体。大脑特定的区域会影响特定的行为，对于大多数人（右利手）来说，大脑左半球主要负责语言加工，右半球则处理空间—视觉信息以及情绪等非言语信息。但是，大脑两半球表现出来的功能差异只是相对的，我们大脑的左右半球是协同工作的。间脑在脑干上方、大脑两半球的下部，由丘脑和下丘脑组成。丘脑是个中继站，除嗅觉外，所有来自外界感官的输入信息，都通过这里再导向大脑皮层，从而产生视、听、触、味等感觉。下丘脑是调节交感神经和副交感神经的主要皮下中枢，对维持体内平衡，控制内分泌腺的活动有重要意义。脑干包括延脑、脑桥和中脑。延脑在脊髓上方，它支配呼吸、排泄、吞咽等活动，因而又叫“生命中枢”。脑桥在延脑的上方，它位于延脑与中脑之间，是中枢神经与周围神经之间传递信息的必经之地，对人的睡眠也具有调节和控制作用。中脑位于小脑和脑桥之间，由中央灰质、中脑四叠体和大脑脚三部分组成。网状结构位于脑干各段的广大区域，可分为上行网状结构和下行网状结构两部分。上行网状结构控制着机体的觉醒或意识状态，对保持大脑皮层的兴奋性，维持注意状态有密切的关系。下行网状结构对肌肉紧张有激活和抑制两种作用。小脑位于脑干背面，分左右两半球，它的作用主要是协助大脑维持身体的平衡与协调动作。

心理现象是自然界和人类社会中最奇妙的现象之一。心理学既研究动物的心理，也研究人的心理，并以人的心理现象作为主要的研究对象。心理是人脑对客观现实的主观反映。就反映的内容来说，来源于客观现实，主要是自然环境以及社会环境，但这种反映又是一种主观、积极、能动的反映。心理现象异常复杂，一般分为心理过程和个性心理两个类别。心理过程是指心理活动及其行为表现的一般过程，包括认知过程、情感过程和意志过程。而个性心理包括个性心理特征和个体倾向性，其中个性心理特征包括能力、气质、性格；个体倾向性包括需要、动机、信念、理想、世界观。心理过程与个性心理这两个方面相互制约、相互影响，它们的这种相互关系从整体上反映着人的心理活动的共同规律和差异规律的辩证统一，心理学就是要研究并揭示这些心理现象及其规律。

20 世纪 50 年代中期，行为主义主导的心理学开始出现“认知革命”的思潮。1967 年，美国心理学家奈瑟尔出版《认知心理学》一书，标志了认知心理学的产生。科学家借助脑成像技术，对大脑的功能有了更深的认识。随着科技进步，研究者发明了多种技术用于对脑功能的探索。其中较为成熟的有可以模拟损伤的经颅磁刺激（TMS）以及另外两大类脑功能成像技术：一类是基于脑电或脑磁信号的脑功能成像，包括脑电图（EEG）和脑磁图（MEG）；另一类是基于脑代谢或脑血流变化的脑功能成像，主要是正电子发射体层成像（PET）和功能磁共振成像（fMRI）。教育神经科学又称学习科学，是随着脑科学的研究成果在教育实践中的广泛应用，从而产生的一门新的学科，是心理学、神经科学和教育实践进行深度整合的产物。教育神经科学的主要研究领域有以下几个方面：① 早期教育；② 语言学习；③ 阅读技能；④ 数学技能；⑤ 终身学习与脑的终身可塑性；⑥ 情感因素对学习的影响；⑦ 对教学的促进与影响。教育神经科学对教学具有重要意义，主要表现在以下两个方面：① 帮助教师纠正错误认识；② 指导教师应用研究成果。对于教育神经科学，一线教师要树立关注和学习神经科学的自觉意识，把神经科学素养作为教师职业必备的素养，自觉学习和应用教育神经科学的研究成果。

本章名词术语

神经元是指存储和传递信息的神经细胞，是神经系统的基本结构和功能单位，主要由细胞体和细胞突起构成。

树突是指从细胞体周围发出的分支，多而短，呈树枝状，主要功能是接收其他神经细胞传递来的信息。

轴突是指从细胞体发出的一根较长的分支，负责将信息传递给肌肉、腺体或其他神经细胞。

突触是两个神经元之间彼此接触的部分，由突触前部分、突触间隙和突触后部分组成。

感受器是指各种感觉器官，如眼、耳、鼻、舌等。

经验预期型是指在某一特定时期内，特定脑区的突触因为等待刺激的出现而产生过度生长的现象。

经验依赖型是指突触的联结要基于个体的经历，当个体不能有效地加工信息时，为适应大脑局部区域的神经元活动，新的突触得以形成。

心理学是揭示心理现象的本质及其发生发展规律的科学，既研究动物心理，也研究人的心理，并以人的心理现象作为主要的研究对象。

心理过程是指心理活动及其行为表现的一般过程，包括认知过程、情感过程和意志过程。

认知心理学是指把人的认知过程和计算机进行功能模拟，以信息加工的观点分析人的认知过程，研究大脑对信息的接受、编码、存储、提取和利用的过程，涉及感知觉、注意、记忆、表象、思维和语言等心理活动。

经颅磁刺激（TMS）通过刺激大脑的特定区域，可以在不损伤脑组织的情况下完成“虚拟损伤”，从而对特定脑区的功能进行探索。

脑电图（EEG）神经活动是一个电化学过程，虽然单个神经元活动时的放电非常微弱，但是当一大群神经元共同活动时，就会产生足够大的电位，从而被放置在头皮的电极监测到。脑电图就是基于这一原理而产生的一种常用的脑成像技术。

脑磁图（MEG）是一种无创伤性地探测大脑电磁生理信号的脑功能检测技术。

事件相关电位（ERP）通过将刺激引发的一系列试次中所得到的 EEG 信号进行叠加平均，去除与目标事件无关的大脑电活动，从而反映与特定感觉、运动或认知事件相关的神经活动，这一方法称为事件相关电位。

认知脑电测谎是基于事件相关电位这一认知脑电技术而进行的测谎活动。

正电子发射体层成像（PET） 是指通过检测正电子来获得有关大脑活动的信息，研究者需要将核素标记化合物注入人体，它们会移向大脑皮层的兴奋区域。

功能磁共振成像（fMRI） 能够显示儿童或成人在处理不同认知任务时，大脑中血液流动的不同模式。其工作机理依据的是血氧水平依赖效应。

功能性近红外光谱技术（fNIRS） 一种通过与神经元行为相关的血液动力学反应来测量大脑活动，主要利用脑组织中的氧合血红蛋白和脱氧血红蛋白对600—900 nm不同波长的近红外光吸收率的差异特性，来实时、直接检测大脑皮层的血液动力学活动的技术。

认知神经科学是使用神经科学的手段研究心理活动的认知过程及机制的学科。

学习科学是研究各种情景中的真实学习以及如何创设学习环境促进真实学习的跨学科研究领域。

人际神经科学指的是通过记录双人或多人在进行同一认知活动时的脑活动，来揭示群体神经活动模式。

神经神话是指对神经科学研究结果的错误解读，并且错误地作为指导教育实践的理论或根据。

第二章 认知发展与个体差异

“别类分门，因材施教。”

——郑观应

“不陵节而施之谓孙。”

——《学记》

第一节 心理发展概述

一、心理发展的概念和内容

（一）心理发展的概念

从广义而言，心理发展包含心理的种系发展、心理的种族发展和个体心理发展。从狭义而言，心理发展仅指个体心理发展，主要指个体从出生到衰亡的整个过程中的心理发展。为了更好地认识心理的发生，个体的心理发展的研究往往把产前期也包括在内。

人的一生经过胎儿、婴儿和学步儿、幼儿、童年、少年、青年、成年及老年阶段，个体的心理随年龄的增长也在不断发生变化。一种是向上的变化即生长或获得，另一种是向下的变化即衰退或丧失，这两种变化贯穿于个体生命的始终。通常人们对儿童只看到生长而没有看到衰退，对老年人只看到衰退而没有看到生长。其实，生长和衰退这一对矛盾存在于毕生发展的全过程中，由于它们之间的矛盾和统一才引起了心理的量变和质变，以及其他的变化形式。从总体而言，在儿童期是生长一面占优势，经过一段暂时的相对平衡，成年期以后衰退方面逐渐转变为优势。

（二）心理发展的内容

心理发展的内容包括认知发展、人格发展、情绪发展、社会性发展等，以下就人格发展和情绪发展的相关概念和理论做简要的介绍。

1. 人格发展

人格是个体在各种交互作用过程中形成的内在动力组织与相应的行为模式的统一体。人格的基本理论主要包括弗洛伊德（Freud）的人格发展理论和埃里克森（Erikson）的人格发展阶段理论。

弗洛伊德的人格发展理论是建立在他的性心理发展理论的基础之上的，因此也叫作心理性欲发展理论。弗洛伊德认为，儿童从出生到成年要经历几个先后有序的发展阶段，每个阶段都有一个特殊的区域成为力比多①兴奋和满足的中心。据此，弗洛伊德认为心理性欲发展可以划分为口唇期、肛门期、性器期、潜伏期、生殖期五个阶段（表 2-1），并且他认为，儿童在这些阶段中获得的各种经验决定了他们成年后的人格特征。

表 2-1　弗洛伊德人格发展的五个阶段

阶段	年龄	敏感区	活动特点
口唇期	0—1 岁	嘴、唇、舌	以吸吮、咬和吞咽等口腔活动为主
肛门期	1—3 岁	肛门	因排泄解除压力产生快感
性器期	3—6 岁	生殖器	出现恋母或恋父情结
潜伏期	6—11 岁	—	性的发展呈现出停滞或退化的现象
生殖期	11 岁或 13 岁开始	生殖器	个体寻求摆脱父母对自己的掌控，容易产生性的冲动

弗洛伊德认为人格发展是力比多能量投注于身体中心的过程，5 岁时已经形成。埃里克森认为人格发展是个体经历心理社会冲突的过程，从童年到老年毕生发展，经历八个阶段（表 2-2），各阶段都存在着一种发展危机，危机的解决标志着前一阶段向后一阶段转化。

表 2-2　埃里克森的人格发展阶段理论

阶段	年龄	主要任务
婴儿期	0—2 岁	满足基本需求，发展信任感，克服不信任感
儿童早期	2—4 岁	获得自主感，克服羞怯和疑虑
学前期/游戏期	4—7 岁	获得主动感，克服内疚感，体验目的的实现
学龄期	7—12 岁	获得勤奋感，克服自卑感，体验能力的实现
青年期	12—18 岁	建立同一感，防止同一感混乱，体验忠实的实现
成年早期	18—25 岁	获得亲密感，避免孤独感，体验爱情的实现
成年中期	25—50 岁	获得繁殖感，避免停滞感，体验关怀的实现
成年晚期	50 岁直至死亡	获得完善感，避免失望、厌倦感，体验智慧的实现

① 力比多（libido）是弗洛伊德理论中的一个十分重要的概述，用以专门表述本能。

2. 情绪发展

情绪是指以个体的愿望和需要为媒介的一种心理活动。当客观事物符合个体需要时，能引起积极和肯定的情绪。反之，产生消极和否定的情绪。情绪由独特的主观体验、生理唤醒状态和外部行为表现三种成分组成。主观体验是个体对不同事物的自我感受，涉及认知活动以及对认知结果进行的评价。生理唤醒具有传递自身体验的作用和生理激活水平，它涉及广泛的神经结构，不同情绪状态的生理反应模式是不一样的，当愉快时，心跳节律正常；恐惧或暴怒时，心跳加速、血压升高；痛苦时，血管容积缩小等。外部行为表现即表情，是情绪体验过程中身体部分的动作形式，包括面部表情、身姿表情和言语表情等。

情绪具有四种功能：① 适应功能。情绪是人类赖以生存的手段以及适应环境、求得生存与发展的重要形式。② 组织功能。情绪对心理过程进行监督，是心理活动的组织者。积极的情绪对心理活动起调节和促进的作用，消极的情绪对心理活动则起瓦解和破坏的作用。③ 动机功能。情绪是动机的源泉之一，是动机系统的基本成分。它能够激励个体的心理活动，提高心理活动效率。适度的情绪状态，可以使身心处于最佳状态，推动学习与工作效率的提高。④ 信号功能。情绪是人际间相互影响的重要方式之一，通过情绪传递信息，交流经验，沟通思想。情绪的适应功能也是通过信号功能实现的。

按照情绪产生的速度快慢、持续时间长短、强度的大小等动态特征，可把情绪区分为心境、激情和应激三种状态。心境是一种微弱、持久又带有渲染性的情绪体验状态，相当于平常说的心情。激情是一种强烈的、突然爆发但持续时间较短的情绪状态，常伴随有明显的生理变化和外部行为表现。心境和激情都既有积极的，也有消极的。长期保持积极乐观的心境是一种良好的性格特点。积极的激情能使个体迸发出巨大的动力，做出惊人的行为；消极的激情容易使个体失去理智，酿成不可挽回的损失。应激是在出乎意料的情景下出现的高度紧张的情绪状态。长时间的应激状态会大大破坏个体的免疫力，对人体造成极大的伤害。

二、心理发展的规律

（一）顺序性

个体身心的发展在整体上具有一定的顺序，身心发展的个别过程和特点的出现也具有一定的顺序。如身体的发展遵循着从上到下、从中间到四肢、从骨骼到肌肉的顺序，心理的发展总是由机械记忆到意义记忆，由具体思维到抽象思维，由喜怒哀乐等一般情感到理智感、道德感、美感等复杂情感。这被称为中心四周律和头尾律。

个体身心发展的顺序性是客观的、不以人的意志为转移的，因此，教育活动必须遵循循序渐进的原则，不能“揠苗助长”。无论是知识的学习、能力的培养还是品德的养成，都应由简入繁、由易到难、由具体到抽象地进行。

（二）阶段性

个体在不同的年龄阶段表现出身心发展不同步的总体特征及主要矛盾，面临不同的发展任务，这就是身心发展的阶段性。现代心理学将人的身心发展阶段划分为婴儿期、幼儿期、儿童期、青少年期和成年期等。

有些心理学家把青少年期称为危险期或心理断乳期。在这个时期，儿童将从心理上摆脱对成人的依赖，表现出追求独立的倾向。身体状态的剧变、内心世界的发现、自我意识的觉醒、独立精神的加强，是青少年期所表现出的总体性阶段特征。前后相邻的阶段是有规律地更替的，在一段时期内，发展主要表现为数量的变化，经过一段时间后，发展由量变到质变，从而使发展水平达到一个新的阶段。

个体身心发展的这个特点要求教育要有针对性，教育工作必须从学生的实际情况出发，针对处于不同发展阶段的学生，制订不同的教育目标，采取不同的教育内容和教育方法，根据实际情况区别对待。

（三）不平衡性

个体从出生到成熟并不总是按照相同的速度直线发展，而是体现出多元化的特点。个体身心发展的不平衡性表现在以下两个方面。

一方面是指身心发展的同一方面，在不同年龄阶段中的发展是不平衡的。如人的身高和体重有两个生长的高峰，第一个高峰出现在人出生后的第一年，第二个高峰则出现在青春期。

另一方面是指身心发展的不同方面发展速度不平衡。有的方面在较早的年龄阶段就已达到较高的发展水平，有的方面则要到较晚的年龄阶段才能达到较为成熟的水平。如在心理方面，感知成熟在先，思维成熟在后，情感成熟则更靠后。就儿童发展的整体而言，生理成熟是先于心理成熟的。十几岁的孩子就其身体发育而言，已经很接近成人的水平，而其心理的成熟程度却要比成人低得多。

人的身心的不同方面有不同发展期的现象，越来越多地引起心理学家的重视。心理学家通过实验研究提出了发展关键期（或发展最佳期）的概念。所谓发展关键期，是指身体或心理的某一方面机能和能力最适宜形成的时期。在这个时期，对个体某一方面进行训练可以获得最佳成效，并能充分发挥个体在这个方面的潜力。错过了发展关键期，训练的效果就会降低，甚至永远无法得到补偿。

（四）个别差异性

个别差异性存在于个体身心发展的不同层次。从群体的角度上看，首先，表现为男女性别的差异，它不仅是自然性上的差异，而且还包括由性别带来的生理机能和社会地位、角色、交往群体的差别。其次，个别差异性表现在身心的所有构成方面。其中，有些是发展水平的差异，有些是心理特征表现方式上的差异。如人们常说，有的人早慧，有的人大器晚成；有的儿童在四五岁时运算能力就很强，而有的成人则对数字一直不够敏感。

教师要重视学生的个别差异，切实做到因材施教，充分发挥学生的潜能和积极因素，有的放矢地进行教学，使每个学生都能得到最大的发展。

三、影响心理发展的因素

（一）遗传

遗传素质是人的身心发展的物质前提，为人的身心发展提供了可能性，进而也为教育提供了可能性。人的发展总是要以遗传素质获得生理组织、一定的生命力为前提，如果没有这个前提，人的发展便无法实现。一个先天双目失明的人，就很难成为一位出色的画家。一个人在智力、情感、意志等方面具有的先天的心理特征，也会对他后天的学习和社会成就产生很大的影响。但是，遗传素质只是人的先天素质的组成部分，不是全部。遗传素质并不会直接转变为人的知识、才能、态度、道德品质等，如果离开了后天的社会生活和教育，遗传素质所给予人的发展的可能性便不能成为现实。

（二）环境

环境泛指在个体生活中影响个体身心的一切外部因素，包括自然环境和社会环境两大部分。教育学中所说的环境通常是指社会环境，是指由人与人之间的各种社会关系所形成的环境，包括政治制度、经济体制、文化传统、社会治安、邻里关系等，对人的发展有很大的影响。遗传素质为个体的发展提供了可能性，环境的影响则把这种可能性发展变成现实。外部社会环境是个体身心发展、成熟的客观条件，对个体的发展起着很大的制约作用。

在同一环境中，各种因素作用的方向、力量的大小是不相同的。对于教育者来说，分析、综合利用环境中的积极因素，抵制消极因素是极其重要和困难的工作。教育需要研究如何既保持校园小环境的有利条件，又积极加强个体与社会的联系，充分利用社会的有利教育力量，从而形成有利于个体发展的正向合力。

环境虽然对个体的发展起着重要的作用，但是个体对环境的接受不是消极、被动的，而是积极、能动的实践过程。个体在社会实践的过程中，受到环境的影响，同时也改造环境，并在改造环境的过程中改造自己。如果离开了个体的实践活动，客观的环境条件没有成为主观的活动对象，那么再好的客观环境条件也不会对个体的发展起到什么作用。

（三）人的主观能动性

个体身心发展的内因在于人的主观能动性。环境和教育的影响只有通过个体自身的身心才能起作用，主要取决于个体自身的态度和付出。个体在与环境之间的相互作用中所表现出来的主观能动性，是促进个体发展从潜在的可能状态转向现实状态的决定性因素。

在教育活动中，教育者的教授只是一种外在因素，这种因素能否起作用取决于受教育者的学习自觉性和积极能动性。在这个意义上，教育只有变为自我教育，变为受教育者的主动学习，才能真正发挥作用。所以，个体的主观能动性是其自身发展的动力。

（四）教育

这里的“教育”主要指学校教育。学校教育，在一定意义上是一种特殊的环境，学校把改造过的自然、人与人之间的关系、社会意识形态等因素，经过有目的地选择和提炼，按照人的发展特点，以系统化的形式作用于人，对人的影响巨大而深远。学校教育在人的发展中起主导作用，其原因包括以下三个方面。① 学校教育是有目的、有计划、有组织地培养人的活动：学校教育是根据社会的要求，按照一定的目标，选择合适的内容，采取有效的方法，利用集中的时间，有计划地、系统地向学生进行各种科学文化知识教育和思想品德教育，对学生进行系统培养。② 学校教育能有效地控制和协调影响学生发展的各种因素：学校能在一定程度上协调各种影响学生发展的因素，让学生处于最佳的发展环境之中，如按照性格或智力分班等。学校教育能够排除和控制一些不良因素的影响，给学生更多的正面教育，使学生按照一定的思想政治方向发展，从而有利于思想品德的培养，使年轻一代健康成长。③ 学校教育由专门从事教育工作的教师负责：学校教育是由受过专门训练的教师来进行的。教师受社会的委托来教育学生，他们有明确的教育目的与教育任务，熟悉教育内容，掌握教学方法与教育手段，了解学生身心发展的规律和特点，能自觉地引导学生按照一定的方向去发展，因而可以确保教育工作的效果与效率。

第二节 认知发展

一、皮亚杰的认知发展理论

（一）心理发展的基本过程

皮亚杰（Piaget）认为，心理既不是起源于先天的成熟，也不是起源于后天的经验，而是起源于主体的动作。主体通过动作达到对客体的适应，是心理发展的真正原因。适应的本质在于取得机体与环境的平衡。适应过程中，皮亚杰引入了一个概念，图式。图式是指动作的结构或组织。个体最初的图式由遗传获得，在这个基础上，儿童不断与客观外界发生相互作用，在适应的过程中，形成不断发展着的认知结构。

适应是通过两种形式实现的：同化与顺应。同化是个体以其既有的图式或认知结构为基础去吸收新经验的过程。当原有的图式不能同化新的刺激时，就需要对原有的图式进行修改或重建以适应环境，这就是顺应，即改变主体动作以适应客观变化。个体通过同化或顺应两种形式来达到机体和环境的平衡。如果机体和环境失去平衡，个体就需要改变行为以重建平衡。

在儿童已有的认知结构中，“鸟”是会飞的动物，当看到飞机时儿童回答说看到了一只“大白鸟”，这就是儿童用原有的“鸟”的图式去同化眼前看到的新事物“飞机”，儿童将飞机看作一只大鸟，这个过程就是同化。当儿童观察到飞机没有羽毛，也不会拍打翅膀，和自己原有认知结构中“鸟”的图式不同时，就会建构出关于“飞机”的新图式，这种对于原有图式进行修改或重建的过程就是顺应。

因此，儿童的认知是在已有图式的基础上，通过同化、顺应等机制，不断从低级向高级发展的一个建构过程。

（二）皮亚杰认知发展阶段理论

1. 感知运动阶段（0—2 岁）

这是智力的萌芽期，是以后发展的基础，在儿童的心理发展中具有重要的意义。这一阶段的儿童只能依靠自己的肌肉动作和感觉应对外界事物。动作表现为外显活动，尚未内化，还不能在头脑中进行。通过与外界的交往，动作慢慢协调起来，逐渐知道自己的动作与动作对外物所起的作用之间的关系，并能有意识地进行某种活动。进而开始把自己和外物区别开来，有了客体永久性观念，知道物体在看不见摸不着的时候仍继续存在。

2. 前运算阶段（2—7 岁）

又称前逻辑阶段。在这一阶段，动作虽然内化，但尚未形成从事逻辑思维所需要的心理结构，还不能进行运算，因而它是具体运算的准备期。这一时期的儿童只能以表象进行思维，他们的思维是表面的、原始的和混乱的。

前运算阶段又可分为两个时期：① 前概念期，2—4 岁。此时期以出现符号功能和模仿为特点。由于表象的形成和言语的发展，儿童能运用心理符号、语词或物体代替或表示不在眼前的物体。例如，喜欢象征性游戏，椅子成了汽车，小床成了游艇。随着这一功能的出现，儿童开始进行延迟模仿（原型消失后的模仿）。儿童能运用语言，并形成心理意象，能使用符号在头脑中再现外部世界。这时期的语词和符号尚不能离开所代表的物体。儿童还没有形成概念，不能用概念反映事物间的联系。② 直觉思维期，4—7 岁。儿童主要对事物的表面现象做出反应，根据所见事物的表面特点考虑事物间的关系，既无归纳推理也无演绎推理，只会从一特殊情况推到另一特殊情况，并将无关的事情说成有因果关系。皮亚杰称这种前逻辑思维为传导推理。

自我中心思想是这一阶段的突出特点。儿童用自己的观点看一切事物，不知有别人的观点。而且儿童在同一时期内只能注意事物的某一方面。思维缺乏可逆性，还没有守恒概念。

专栏2-1

守恒实验

皮亚杰认为前运算阶段的儿童不具有守恒的认识能力，他们的思维通常只能集中于问题的一个维度，关注事物表面、明显的特征，具有认知的自我中心特点。为此，他设计了一系列守恒实验，如液体守恒实验、数量守恒实验、物质守恒实验等，揭示了儿童容易受事物某一表面突出特征的影响，以单一思维的方式认识事物。

1. 液体守恒实验

实验者向儿童呈现两只相同的玻璃杯，杯中装有等量的液体（图2-1左）。在儿童确认两杯液体等量之后，把其中一杯液体倒入旁边一只较高、较细的杯中，液面自然升高（图2-1右）。然后问儿童，新杯子中的液体比原先杯子中的多一些，少一些，还是一样多。大多数3—4岁的儿童会回答多一些，因为他们只注意到了新杯子里液体的高度。

图2-1 液体守恒实验

2. 数量守恒实验

实验者首先向儿童呈现两排数量一样的纽扣，每排5颗并一一对应（图2-2左）。在儿童确认两排纽扣的数量相同之后，把下面一排纽扣的间距拉大，使纽扣的排列在空间上延长（图2-2右）。然后让儿童比较两排纽扣是否一样多。大多数儿童认为下面一排纽扣多，因为他们只注意到了长度。

图2-2 数量守恒实验

3. 物质守恒实验

实验者把一团橡皮泥先搓成圆球形（图2-3左），然后当着儿童的面将圆球形的橡皮泥搓成香肠形（图2-3右），接着让儿童判断“圆球”和“香肠”哪一个用的橡皮泥多。一部分儿童认为“圆球”多，因为“圆球”大；而另一部分儿童认为“香肠”多，因为“香肠”长。这说明儿童仅根据物体长短或大小单个维度来判断物质的多少，没有获得物质守恒概念。

图 2-3　物质守恒实验

实验结果表明，处在前运算阶段的儿童还不具备守恒观念，儿童的思维直接受到他所感知的事物的显著特征的影响。因此，我们在教育中，应该针对学生的年龄特征和认知发展阶段进行有针对性的教学，促进学生守恒观念的形成。

3. 具体运算阶段（7—12 岁）

7—12 岁，相当于童年中期。在这一阶段，儿童形成了初步的运算结构，出现了逻辑思维。已有可逆性，但可逆性的两种形式——逆向性（如 +A 的逆向是 -A）和互反性（如 A<B 是 B<A 的互反），还是互相孤立的，因此运算具有局限性。此外，儿童的思维直接与具体事物相联系，离不开具体经验，还缺乏概括的能力，抽象推理尚未发展，不能进行命题运算。

这一阶段的儿童发展了去中心化。在同一时间内，儿童不再仅能集中注意情境或问题的一个方面，而能注意几个方面；不再仅能注意事物的静止状态，还能看到事物的动态转变。与此同时，儿童思维也出现了可逆性，能逆转思维的方向。思维的三个方面——中心化与去中心化、静态与动态、不可逆性与可逆性，是相互依存的。存在中心化，只能集中注意情境的一个方面，就不懂得动态转变，也就不能逆转思维的方向；有了去中心化的发展，就能注意到情境的几个方面，并能觉察到动态转变，于是能逆转思维的方向。

由于去中心化的发展和可逆性的出现，儿童就形成了守恒概念。有无守恒概念是运算结构是否形成的重要标志。一般情况下，儿童 6—7 岁能掌握连续量守恒（把一个容器里的液体倒入另一个形状不同的容器之中，其量不变）和物质守恒（物质的量不因分割而变化）；9—10 岁能掌握重量守恒；11—12 岁可掌握体积守恒。随着去中心化的发展，儿童只站在自己角度看问题的自我中心思想也就消失了，开始能站在别人的角度看问题，能利用别人的观点来鉴定自己解决问题的办法是否正确。

4. 形式运算阶段（12—15 岁）

12—15 岁，相当于少年期。在这一阶段，个体形成了完整的认知结构系统，能进行形式命题思维，智力发展趋于成熟。他们开始从具体事物中解脱出来，能在头脑中将形式和内容区分开来；能运用语词或符号进行抽象逻辑思维，能根据假说或命题进行逻辑演绎推理。这一阶段的思维比具体运算阶段有更大的灵活性。这是由于个体能用符号代替符号，如代数中以 x、y 代替数字。另外，两种可逆形式（逆向性和互反性）联合成一个单独的系统，因而能随心所欲地支配整个整合系统，进行复杂而完备的推理，如根据某些或所有可能的组合去推论一个问题。而且，能对一个问题提出可能的假设，并能详尽而系统地变换有关因素，逐个论证所提假设，最后得出恰当的结论，甚至能根据实验的结果找出事物的规律并建立理论。他们还能“对运算进行运算”，即除了能思考具体事物外，也能思考自己的思维过程，能回想、分析一系列内心活动，评价自己的和别人的思想；能将不同的运算加以整合，形成适用于更大范围的高一级的运算。例如，将各种算术运算整合起来，形成更普遍的代数运算。

一线研究

数学抽象思维能力的培养

数学抽象思维是理性思维的基础，它不仅参与数学对象的创造，也影响到数学方法的使用。如何培养学生的数学抽象思维能力，是核心素养下教师必须研究的一个重要课题。中学生数学抽象思维能力的培养，可以采取以下四点策略。

1. 循“序”渐进

数学抽象思维的发展一般是从低层次向高层次发展的。根据数学抽象思维发展的规律和最近发展区理论，要培养学生的数学抽象思维能力，教师必须研究数学抽象物的抽象层次结构，明确抽象物的“序关系”。并根据“序关系”，循“序”渐进地引导学生学习。

2. 表征积累

教师要培养学生的数学抽象思维能力，就必须对抽象物原型进行比较广泛的个性分析，在大脑中积累丰富的个性表征，建构抽象物原型的图式，在逐渐的、不显著的量变积累的过程中，引起根本性的质的飞跃。

3. 要素突显

怎样从数学抽象物原型中，发现并抽取共同的本质属性，是教师培养学生数学抽象思维能力的关键点。教师可以通过语言引导，使要素特征突显出来，让数学抽象真正做到“从具体中来，而不为具体所局限”，从而抽象出函数的本质属性。

4. 本质属性数学符号化、形式化

数学符号、形式是数学抽象思维的表现形式。在教学实践中，教师要注重在数学符号化、形式化的过程中，培养学生的数学抽象思维能力。

以人教 A 版普通高中教科书《数学》（必修第一册）中的函数概念为例，函数概念中包含学生原有认知结构中没有的“对应关系”，因此教师需要循“序”

渐进，先引导学生理解和掌握“对应关系”；要抽象出函数的定义，教师就必须引导学生通过活动，对“对应关系”有比较广泛的、深刻的理解和认识，将“对应关系”这个抽象物对象化、图式化，积累丰富的个性表征；使用数学符号，将从自然语言中提取出的函数概念的本质属性加以数学符号化、抽象化，引导学生理解抽象数学符号的意义，最终形成关于函数概念的定义。

——资料来源：李家书，刘玉凤．例谈数学抽象思维能力的培养策略［J］．中学数学教学参考，2020（31）：18－21．（有改动）

（三）认知发展的影响因素

皮亚杰认为影响认知发展的因素主要包括成熟、练习和经验、社会环境、平衡。

1．成熟

成熟是指有机体的成长，特别是指神经系统和内分泌系统的成熟。成熟是心理发展的一个重要条件，为儿童形成新的行为模式和思维方式提供了可能性。成熟是发展的必要条件，但不是充分条件，随着儿童年龄的增长，自然及社会环境对儿童心理发展的影响将随之增加。

2．练习和经验

练习和经验指个体对物体施加动作过程中的练习和经验。经验可以分为物理经验和数理逻辑经验两种。物理经验是关于客体本身的知识，是客体本来具有的特性的反映。个体通过对物体的个别动作（如摸、触、推等）获得物体的特性（如体积大小，物体重量等），理解动作与动作之间相互协调的结果，由此形成的就是数理逻辑经验。

3．社会环境

社会环境指人与人之间的相互作用和社会文化的传递，主要是指他人与儿童之间的社会交往和教育的影响作用，这些因素影响着儿童发展的速度和过程。其中，儿童自身的主动性是其获得社会经验的重要前提。

4．平衡

平衡是心理发展的内在动力，同时也是影响心理发展的各因素中最重要的、决定性的因素。皮亚杰认为具有自我调节作用的平衡过程调节着心理发展的上述三种基本因素，个体才有可能对所接收到的各种信息建立统一联系，使个体朝某一方向发展，从而使心理得到发展。

二、维果茨基的心理发展观

（一）文化历史发展理论

维果茨基（Vygotsky）强调社会文化在儿童认知发展中的重要作用，他从种系和个体发展角度分析了心理发展实质，提出了文化历史发展理论，用以解释人类心理本质上与动物不同的那些高级的心理机能。

维果茨基区分了两种心理机能：① 作为动物进化结果的低级心理机能，如简单的感觉和无意注意等，这是个体早期以直接的方式与外界相互作用时表现出来的特征；② 作为历史发展结果的高级心理机能，即以符号系统为中介的心理机能，如抽象逻辑思维等。因此，人的心理与动物的相比，不仅是量上的增加，而且首先是结构的变化，人的心理能形成新质的意识系统。

（二）发展的实质

维果茨基认为心理发展指的是一个人的心理（从出生到成年）在环境与教育影响下，在低级的心理机能的基础上，逐渐向高级的心理机能转化的过程。

心理机能由低级向高级发展的标志是：① 心理活动的随意性增强；② 心理活动的抽象概括机能提高；③ 各种心理机能的关系不断变化、组合，形成间接的、以符号或词为中介的心理结构；④ 心理活动的个性化。

心理机能由低级向高级发展的原因是：① 心理机能的发展起源于社会文化历史的发展，受社会规律的制约；② 从个体发展来看，儿童在与成人交往过程中通过掌握高级的心理机能的工具——语言、符号系统，使其在低级的心理机能的基础上形成了各种高级心理机能；③ 高级的心理机能是不断内化的结果。

维果茨基强调儿童心理发展过程中社会文化历史的作用，尤其是强调活动和社会交往在人的高级心理机能发展中的突出作用。他认为，高级的心理机能来源于外部动作的内化，这种内化不仅通过教学，也通过日常生活、游戏和劳动等方式实现。另一方面，内在的智力动作也外化为实际动作，使主观见之于客观。其中作为内化和外化之间桥梁的便是人的活动。

（三）教学与发展的关系

1. 最近发展区

维果茨基认为，至少可以确定儿童有两个发展的水平：第一个是实际发展水平，指儿童能够独立地、自如地完成智力任务的水平；第二个是潜在发展水平，指儿童还不能独立地完成任务，必须在教师的帮助下，通过模仿和自己努力才能完成智力任务的水平。这两个水平之间的差距则为最近发展区。

在最近发展区内，成人或同伴帮助的形式是多样的，如示范、列举实例、启发式提问、由成人进行监督以及集体活动等。最近发展区理论提供了一条理解儿童发展的途径，其蕴含的重要思想是：儿童的发展主要是通过与成人或更有经验的同伴的社会交往获得的。维果茨基认为，如果儿童在最近发展区内进行新的学习，其发展会更有成果。在这个发展区内，如能得到成人帮助，儿童比较容易完成单靠自己无法完成的任务。

最近发展区是通过教学促进个体发展的最佳时期，在最佳时期内进行的教学是促进个体发展的最佳教学。教学应着眼于学生的最近发展区，为学生提供带有难度的内容，调动学生的积极性，发挥其最大潜能。

2. 教学应当走在发展的前面

维果茨基提出教学应该走在发展的前面。这是他对教学与发展关系问题的最主要的结论。教学应当走在发展的前面包含两层含义：第一，教学决定儿童的智力发展；第二，教学创造着最近发展区，儿童的实际发展水平和潜在发展水平之间的动力状态是由教学决定的。教学一方面应适应儿童的现有水平，但更重要的是发挥教学对发展的主导作用。

3. 关于学习的最佳期限

维果茨基揭示了教学的本质特征不在于训练和强化已形成的内部心理机能，而在于激发、形成目前还不存在的心理机能。关于如何发挥教学的最大作用，维果茨基强调了学习的最佳期限。因此，开始某一种教学必须以儿童的成长和发育情况为前提，但更重要的是教学必须建立在正在开始形成的心理机能的基础上，走在心理机能形成的前面。

第三节 个体差异

一、认知差异

（一）认知方式差异

认知方式是指个体在认识外界事物时表现在认知组织和认知功能方面的持久的个体特征，又称认知风格。学生之间常见的认知风格主要表现为场依存型和场独立型、沉思型和冲动型、辐合型和发散型。

1. 场依存型和场独立型

具有场依存型特征的个体，倾向于以整体的方式看待事物，在知觉中表现为容易受环境因素的影响；具有场独立型特征的个体，倾向于以分析的态度接受外界刺激，在知觉中较少受环境因素的影响。场依存型的个体比场独立型的个体具有更强烈的社会取向。以极端的场依存型和极端的场独立型为两个端点，构成一个认知方式的连续体，每个个体都将在这个连续体上占有一个位置。使用纸笔式的镶嵌图形测验（EFT）（图 2-4）依据被试在短时间内从复杂图形中发现并描绘出已知简单图形的难易程度，可以区分出个体在认知方式上的特点。

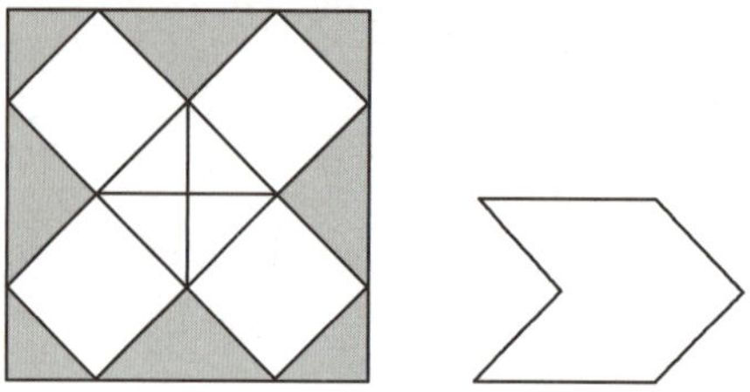

图2-4　镶嵌图形测验

认知方式与年龄和学习有关。在学科兴趣、学习策略和方法上，场依存型和场独立型的个体都表现出明显的差别。

一线研究

认知风格对交流学习语言准确性的影响

交流互动的核心媒介是语言，语言交流过程是一个多模态的认知加工过程，交流语言认知加工受到交流情境中多种非语言因素的影响，而表现出多样性和变化性，如交流者的人格特征。认知风格是个体偏好使用的信息加工方式，其基于个体的脑结构及认知机制，如场独立性认知风格和场依存性认知风格间的差异广泛表现于感知、记忆、思维、想象等过程中。场依存性认知风格倾向于参照外部建构信息，心理分化水平较低；场独立性认知风格倾向于参照内部建构信息，心理分化水平较高。

基于此，研究设立了三种认知风格条件，采用交流范式，通过创设交流学习任务和个人迁移任务，探查认知风格对交流学习语言准确性的影响。选取144名大学生被试，设计虚拟生物作为实验材料，生物具有四个维度的身体特征（手、脚、眼、口），每个维度均为两值，维度关联两类功能特征。正式实验前，被试先集体施测镶嵌图形测验作为对被试进行认知风格分组的依据之一。

实验结果表明，（1）交流中场独立性认知风格交流者语言准确性水平更低；随着交流进程的发展，交流者对非语言线索利用程度不断加深，使得语言认知加工水平显著降低，其中场独立性认知风格交流者对非语言线索的利用时间最早。（2）场独立性交流者的交流语言的准确性低于场依存性交流者，但彼此间的交流认知的准确性无差异；人际合作互动过程中交流的准确性高于交流语言的准确性。

根据实验结论可以看出，尽管不同的认知风格交流语言的准确性存在差异，但彼此之间的交流认知准确性并无差异，原因在于场独立性认知风格交流者对于非语言线索的利用程度更深，利用时间更早，能够起到补充的作用。因此教师在教学过程中要注重培养学生注意和利用非语言线索的能力。

——资料来源：张恒超．认知风格对交流学习语言准确性的影响［J］．心理研究，2022，15（1）：44－52．（有改动）

2. 沉思型和冲动型

沉思型学生倾向于运用充足的时间，集中精力思考问题，权衡问题的各种解决方法，然后从中选择一个满足多种条件的最佳方案。只要他们做出反应，反应往往是正确的，并尽量避免错误，只是花费时间较长。冲动型学生在解决问题和做出决策时，倾向于根据几个线索做出很大的直觉的跃进，往往以很快的速度形成自己的看法，在回答问题时很快就做出反应。例如，做选择题的时候，看到某个选项可能正确，就直接做出了选择，有可能漏掉了其他更为合理的选项。

在提供有多种选择答案的问题情境中，沉思型风格与冲动型风格的学生只在解答问题的速度和准确性方面存在差异，两者在能力和成绩上一般不存在显著差异。

3. 辐合型和发散型

辐合型认知方式是指个体在解决问题的过程中常表现出辐合思维的特征，具体表现为收集或综合信息与知识，运用逻辑规律，缩小解答范围，直至找到最适当的唯一正确的解答。而发散型认知方式则是指个体在解决问题的过程中常表现出发散思维的特征，表现为个人的思维沿着许多不同的方向扩展，使观念发散到与问题相关的各个方面，最终产生多种可能的答案而不是唯一正确的答案，因而容易产生有创造性的新颖观念。

（二）智力差异

智力的发展速度与停止年龄存在较大的个体差异，通常智力高的个体发展速度更快一些，停止年龄也更晚一些，既有人才早熟者如莫扎特，也有大器晚成者如达尔文。从智力的结构来看，有人长于记忆，有人善于观察；有人擅长音乐，有人热爱运动；有人长文，有人擅理。从性别差异来看，中小学阶段女生的计算能力占优，进入高中之后男生的问题解决能力占优；女生的言语能力普遍要好于男生，尤其是流畅性方面，而通过言语进行的推理活动则男生占优；在空间知觉和心理旋转测验中，男生占优，而在空间想象力方面，性别差异不明显。根据智力发展所能达到的水平，可将个体的智力水平大致区分为智力超常、智力一般和智力落后三个层次。智力落后的标准通常是智商在 70 以下，并伴有明显的社会适应不良。

二、气质与性格差异

（一）气质差异

气质是表现人的心理过程的强度、速度、稳定性、灵活性及指向性活动特征的综合。一方面，儿童从出生开始便表现出一般倾向上的气质差异，但气质并非是固定不变的，儿童的养育实践和大脑发育能够很大程度地改变气质；另一方面，儿童的气质也会影响个体其他方面能力的发展，如气质对儿童的心理健康状况有一定的影响。

美国心理学家卡根（Kagan）及其同事将儿童划分为抑制型和非抑制型两种气质类型。抑制型儿童对不熟悉的事物会做出逃避、害怕和抑制情感的反应，这类儿童拘束克制、谨慎小心、温和谦让；非抑制型儿童则相反，无拘无束、自由自在，具有冲动性。此外，美国心理学家罗斯巴特（Rothbart）及其同事提出了表征气质结构的三个维度：外向性、消极情绪性、努力控制。儿童不同的气质类型会影响其学业成绩、心理健康、师生关系等。实际上，没有一种单一的气质总是有益或有害的，儿童各方面能力的发展依赖于儿童的气质和养育环境的性质及要求之间的匹配程度。

（二）性格差异

性格是个体对现实的态度和行为方式中比较稳定的心理特征的总和。人的性格是后天形成的，它以神经系统先天的功能特点为自然前提，但无论是神经系统的特性或体型特征等生物因素都不能决定一个人的性格。性格是在社会的影响下，在人的实践活动中逐渐形成的，性格是一个人生活历程的反映。儿童出生之后，长期在家庭环境中生活，家庭的经济状况、父母亲的教育观点和教育水平、家庭成员之间的关系、儿童在家庭中的地位等，对儿童性格的形成都会产生很大影响。学校生活是儿童性格形成和发展的主要环境，学校通过各种活动有目的、有计划地对学生进行教育，学生在学校中不仅学习一定的科学文化知识，也掌握一定的看问题的观点和道德标准，形成自己的性格。

尽管人的性格各不相同，但许多心理学家力图将性格加以分类，找出性格的类型。瑞士心理学家荣格（Jung）根据生命中的力比多活力指向人自身或外部环境，把人的性格分为外倾和内倾两大类。也有按心理功能来划分性格类型的，即根据智力、情绪和意志三种功能在人身上所占的优势，把人的性格划分为智力型、情绪型和意志型。

性格和气质以及能力，都是个性的不同侧面。能力和气质可以表现出人的个性的个别差异。性格表现的是对现实的态度和在一定场合下采取的行动，也是最能表现个性差异的心理特征。可以说，性格是个性中具有核心意义的部分。

三、个别差异的教育含义

认知方式没有优劣好坏之分，只是表现为学生对信息加工方式的某种偏爱，主要影响学生的学习方式。智力是影响学习的一个重要因素。在传统教学条件下，智力是学习成绩的一个可靠的预测指标。然而，智力并不决定学习能否发生，它主要影响学习的速度、数量、巩固程度和学习的迁移。这些认知差异表明，教师必须根据学生认知差异的特点与作用，不断改进教学，做到因材施教。首先，应该创设适应学生认知差异的教学组织形式。其次，采用适应学生认知差异的教学方式，努力使教学方式个别化。最后，运用适应学生认知差异的教学手段。

性格虽然不会决定学习能否发生，但它却会影响学生的学习方式。性格也作为动力因素影响学习的速度和质量。性格的个别差异又会影响学生对学习内容的选择，而且还会影响学生的社会性学习和个体社会化。因此，为了促进学生的全面发展，学校教育应更重视情感因素的作用，使教育内容的选择和组织更好地适应学生的性格差异。

本章小结

心理发展包含心理的种系发展、心理的种族发展和个体心理发展。个体心理发展，主要指个体从出生到衰亡的整个过程中的心理发展。人的一生经过胎儿、婴儿和学步儿、幼儿、童年、少年、青年、成年及老年阶段，个体的心理随年龄的增长也在不断发生变化。心理发展在内容上包括人格发展、情绪发展、认知发展等。人格是个体在各种交互作用过程中形成的内在动力组织与相应的行为模式的统一体。人格的基本理论主要包括弗洛伊德的人格发展理论和埃里克森的人格发展阶段理论。弗洛伊德认为心理性欲发展可以划分为口唇期、肛门期、性器期、潜伏期、生殖期五个阶段，儿童在这些阶段中获得的各种经验决定了他们成年后的人格特征。埃里克森认为人格发展是个体经历心理社会冲突的过程，从童年到老年毕生发展，经历八个阶段，各阶段都存在着一种发展危机，危机的解决标志着前一阶段向后一阶段转化。情绪是指以个体的愿望和需要为中介的一种心理活动。情绪由独特的主观体验、生理唤醒状态和外部行为表现三种成分组成。情绪具有四种功能：适应功能、组织功能、动机功能、信号功能。按照情绪产生的速度快慢、持续时间长短、强度的大小等动态特征，可把情绪区分为心境、激情和应激三种状态。心理发展具有顺序性、阶段性、不平衡性、个别差异性的规律。影响心理发展的因素包含遗传、环境、人的主观能动性和教育。

皮亚杰认为，心理既不是起源于先天的成熟，也不是起源于后天的经验，而是起源于主体的动作。主体通过动作达到对客体的适应，是心理发展的真正原因。儿童的认知是在已有图式的基础上，通过同化、顺应等机制，不断从低级向高级发展的一个建构过程。皮亚杰的心理发展阶段理论将儿童认知的发展分为四个阶段：感知运动阶段、前运算阶段、具体运算阶段、形式运算阶段，并认为影响心理发展的因素包括成熟、练习和经验、社会环境、平衡。

维果茨基认为心理发展指的是一个人的心理（从出生到成年）在环境与教育影响下，在低级的心理机能的基础上，逐渐向高级的心理机能转化的过程。他强调儿童心理发展过程中社会文化历史的作用，尤其是强调活动和社会交往在人的高级心理机能发展中的突出作用。在教育和发展的关系问题上，维果茨基提出了最近发展区、教学应当走在发展的前面、学习的最佳期限。

学生之间常见的认知风格主要表现为场依存型和场独立型、沉思型和冲动型、辐合型和发散型。具有场依存型特征的个体，倾向于以整体的方式看待事物；具有场独立型特征的个体，倾向于以分析的态度接受外界刺激。沉思型学生倾向于运用充足的时间，集中精力思考问题。冲动型学生倾向于根据几个线索做出很大的直觉的跃进，往往以很快的速度形成自己的看法。辐合型认知方式是指个体在解决问题的过程中常表现出辐合思维的特征，发散型认知方式则是指个体在解决问题的过程中常表现出发散思维的特征，因而容易产生有创造性的新颖观念。智力的发展速度与停止年龄存在较大的个体差异，不同的个体在智力的结构上、不同的性别上、所能达到的水平上都存在差异。

气质是表现人的心理过程的强度、速度、稳定性、灵活性及指向性活动特征的综合。气质并非是固定不变的，儿童的养育实践和大脑发育能够很大程度地改变气质；儿童的气质也会影响个体其他方面能力的发展。性格是个体对现实的态度和行为方式中比较稳定的心理特征的总和。人的性格是后天形成的。性格和气质以及能力，都是个性的不同侧面。

认知方式没有优劣好坏之分，只是表现为学生对信息加工方式的某种偏爱，主要影响学生的学习方式。性格虽然不会决定学习能否发生，但它却会影响学生的学习方式。性格也作为动力因素影响学习的速度和质量。

本章名词术语

个体心理发展指个体从出生到衰亡的整个过程中的心理发展。

人格是个体在各种交互作用过程中形成的内在动力组织与相应的行为模式的统一体。

情绪是指以个体的愿望和需要为媒介的一种心理活动。

主观体验是个体对不同事物的自我感受。

生理唤醒具有传递自身体验的作用和生理激活水平。

外部行为表现即表情，是情绪体验过程中身体部分的动作形式。

心境是一种微弱、持久又带有渲染性的情绪体验状态。

激情是一种强烈的、突然爆发但持续时间较短的情绪状态。

应激是在出乎意料的情景下出现的高度紧张的情绪状态。

心理断乳期指青少年期儿童将从心理上摆脱对成人的依赖，表现出追求独立的倾向。

发展关键期是指身体或心理的某一方面机能和能力最适宜形成的时期。

社会环境是指由人与人之间的各种社会关系所形成的环境。

图式是指动作的结构或组织。

同化是个体以其既有的图式或认知结构为基础去吸收新经验的过程。

顺应即改变主体动作以适应客观变化。

认知方式是指个体在认识外界事物时表现在认知组织和认知功能方面的持久的个体特征，又称认知风格。

场依存型特征的个体倾向于以整体的方式看待事物，在知觉中表现为容易受环境因素的影响。

场独立型特征的个体倾向于以分析的态度接受外界刺激，在知觉中较少受环境因素的影响。

沉思型学生倾向于运用充足的时间，集中精力思考问题，权衡问题的各种解决方法，然后从中选择一个满足多种条件的最佳方案。

冲动型学生倾向于根据几个线索做出很大的直觉的跃进，往往以很快的速度形成自己的看法，在回答问题时很快就做出反应。

辐合型认知方式是指个体在解决问题的过程中常表现出辐合思维的特征。

发散型认知方式是指个体在解决问题的过程中常表现出发散思维的特征。

气质是表现人的心理过程的强度、速度、稳定性、灵活性及指向性活动特征的综合。

性格是个体对现实的态度和行为方式中比较稳定的心理特征的总和。

第三章

认知过程(一)：感觉　知觉　注意

“孩子的眼睛是摄像机，孩子的耳朵是录音机，孩子的头脑是计算机。”

——孙敬修

“注意是一座门，凡是外界进入心灵的东西，都要通过它。”

——乌申斯基

第一节　感　觉

感知是认识世界的开端，也是其他心理活动的基础。一个人若没有感觉和知觉，就不可能形成记忆、思维、想象等复杂的心理活动。

一、感觉的分类

在我们的大脑以外的世界里有很多信息，这些信息必须通过某种途径进入大脑，大脑再利用这些信息来决定我们的行为和反应。这些信息进入大脑的方法就是通过感觉，感觉是人类认识世界的开端。

感觉是人脑对直接作用于感官的客观事物的个别属性的反映。感觉是人的认识过程的初级阶段。通过感觉，人得以认识和分辨事物的各种基本属性，知道自己身体的运动、姿势和内部器官的工作状况。在感觉所获得的信息基础上，其他高级的、复杂的心理活动才能得到产生和发展。如果无法获得足够的感觉，人是无法正常生存的。“感觉剥夺”实验证实了感觉的重要性（专栏 3-1）。

专栏 3-1

“感觉剥夺”实验

加拿大麦吉尔大学的心理学家赫伦（Heron）和贝克斯顿（Bexton）等人进行的“感觉剥夺”实验证实了感觉的重要性。实验的参与者躺在一张舒适的床上，蒙上眼罩，戴上头套，空气调节器发出单调的声音。在这样的环境下，参与者产生感觉的可能性被极大地降低了。在这种状态下，一般只要经过四五天时间，实验参与者的心理状态就出现了异常。多数人不能正常学习并出现了幻觉，注意力不能集中，思维活动总是“跳来跳去”。他们的心理活动出现了严重的混乱。感觉剥夺实验说明感觉的丧失会严重地影响人的认知过程，特别是思维过程，并波及到人的情绪和意志，造成心理上的紊乱乃至病态。可见，人们在日常生活中看似漫不经心地接受的刺激及由此产生的感觉是多么重要，它既能提供人类生存的重要线索或依据，也为人们及时把握客观环境，产生新的认识，维持身心健康提供了保证。

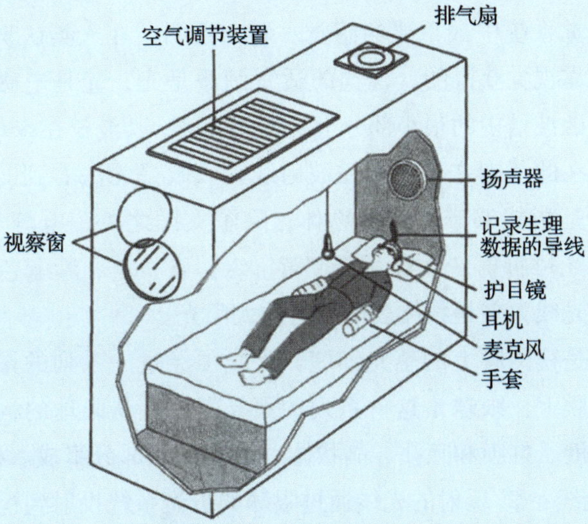

图 3-1 感觉剥夺实验

——资料来源：彭聃龄. 普通心理学［M］. 4 版. 北京：北京师范大学出版社，2014：92－93.（有改动）

根据感觉的性质，可以把感觉分为两大类：外部感觉和内部感觉（表 3-1）。

外部感觉是指接受外部刺激，反映外界事物的个别属性的感觉。外部感觉包括视觉、听觉、味觉、嗅觉、肤觉。肤觉又可细分为温觉、冷觉、触觉和痛觉。内部感觉是指接受机体本身的刺激，反映机体的位置、运动和内部器官不同状态的感觉，包括平衡觉、运动觉和机体觉。

表 3-1　主要感觉分类表

类别	名称	感受器	适宜刺激
外部感觉	视觉	视锥细胞和视杆细胞	可见光波
	听觉	内耳耳蜗的毛细胞	可听声波
	嗅觉	鼻黏膜中的嗅细胞	有气味的气体物质
	味觉	舌头味蕾中的味细胞	溶解于水、唾液和脂类的化学物质
	肤觉	迈斯纳氏触觉小体，巴西尼氏环层小体，罗佛尼氏小体和克劳斯氏球	机械性、温度性的刺激物
内部感觉	平衡觉	纤毛上皮细胞	头部运动的速率和方向
	运动觉	肌梭、肌腱和关节小体	骨骼肌运动、身体四肢位置状态
	机体觉	内脏器官及组织深处的神经末梢	机体内部所进行的各种过程

（一）外部感觉

1. 视觉

视觉是人类感觉系统中最重要的感觉。研究证明，在人类认识世界的过程中，有80%左右的信息是靠视觉获得的。视觉的适宜刺激是光，光是电磁波。人所能感受到的光波只占整个电磁波谱中的很小部分（约为1/70），其波长在380—760 nm之间，我们称其为可见光。在此范围之外的电磁波射线，人眼是无法看到的。太阳是自然界最主要的光源。光源是指能够产生光的物体；除了太阳之外，电灯、蜡烛等都是光源。通过三棱镜，太阳光可折射产生红、橙、黄、绿、青、蓝、紫七色光波。在正常情况下，人眼所接受的光线大多是物体表面反射的太阳光。

视觉的感受器是视网膜上的感光细胞，光线须经过一系列的聚光器官，最后才能折射并聚焦在视网膜上。眼球是这一系列的聚光器官。从眼球的构造来看，它的光路系统由角膜、水样液、虹膜和瞳孔、晶状体、玻璃体几部分组成。视觉的形成过程为：① 外界物体反射光线；② 反射的光线通过眼球的折光系统投射到视网膜上；③ 视细胞将光能转换为电能（神经冲动）并由视神经传递到大脑；④ 大脑皮层视觉中枢形成物体的视觉形象，视觉得以产生。

常见的视觉现象有视觉后像、闪光融合、马赫带现象、颜色视觉和色觉缺失。

视觉后像是指刺激停止作用于视觉感受器后，感觉并不立即消失而保留片刻的现象。这种暂存的视觉后像在性质上与原刺激并不总是相同的。与原刺激性质相同的后像称为正后像，与原刺激性质相反的后像称为负后像。例如，注视发光的电灯几分钟后闭上眼睛，眼前会出现一片黑背景，黑背景的中央有一个光亮的电灯形状的形象，这就是正后像。看到正后像后不要睁开眼睛，再过一会儿发现背景变得光亮起来，光亮背景的中央有一个灰暗的电灯形状的形象，这就是负后像。颜色视觉也存在后像现象，一般为负后像，表现为色调与原颜色互补。例如注视红色光几分钟后，将视线移向白色背景时，白色背景上会出现蓝绿色光，这就是颜色视觉的负后像。

当外界有一个光刺激时，视网膜需要一定的时间把光能量转换为神经反应；在光消失时，视网膜的反映并不立即消失。也就是说，视网膜上的反映，存在时间迟滞，从而产生视觉后像。视觉后像保持的时间约为0.1 s。假如有多次闪光刺激，并且间隔的时间足够短，每分钟的闪光次数增加到一定程度，人眼将不再分辨出单个的闪光，而将其感觉为一个稳定的连续的光。这种现象叫闪光融合。

人们在明暗变化的边界，常常在亮区看到一条更亮的光带，而在暗区看到一条更暗的线条，这就是马赫带现象。马赫带不是由于刺激能量的分布产生的，而是神经网络对视觉信息进行加工的结果。

颜色是光波作用于人眼所引起的视觉经验。光波的强度、波长、纯度这三种属性，分别决定了视觉的明度、色调、饱和度。

明度是光刺激的强度作用于眼睛产生的视觉结果。彩色物体表面的光反射率越高，明度就越大。色调是区别不同色彩的特性。颜色是由于不同波长的光波作用于眼睛而产生的视觉属性，不同波长的光产生的颜色感觉不同（表3-2）。

表3-2　光谱颜色波长和范围

色调	波长/nm	范围/nm
红	700	640—750
橙	620	600—640
黄	580	550—600
绿	510	480—550
蓝	470	450—480
紫	420	400—450

饱和度是颜色的纯度，光谱上各单色光的饱和度最大，其中掺入白色越多，就越不饱和。

颜色分为彩色与非彩色两大类。黑色、灰色、白色这一系列是非彩色。非彩色没有色调和饱和度，只有明度一种属性。明度、色调、饱和度之间的关系可以用颜色三维空间纺锤体来说明（图3-2）。

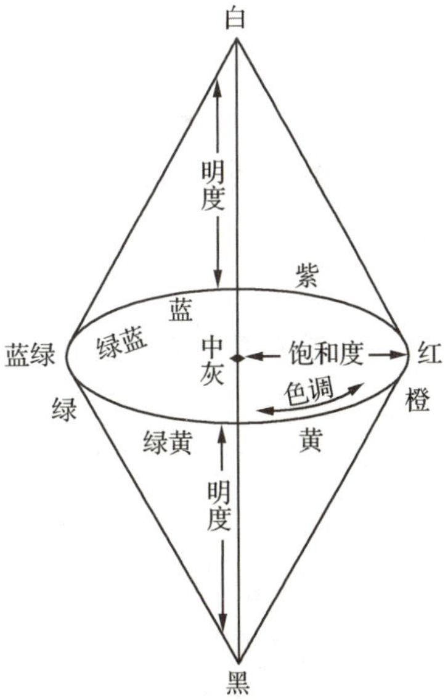

图3-2　颜色三维空间纺锤体

色觉缺失包括色弱和色盲。据统计，8%的男性和0.5%的女性存在某种形式的色盲或色弱。色弱是指对光谱中红色和绿色区的颜色感受性很低。色盲是指丧失对颜色的分辨能力。

色盲有部分色盲和全色盲之分。常见的部分色盲是红绿色盲。红绿色盲对红光和绿光反应不敏感，不能区分红光与黄光或绿光。黄蓝色盲则较为少见，他们只有红—绿颜色感觉，而没有黄—蓝感觉。全色盲是丧失了对整个可见光谱上各种光的颜色视觉，而都把它们看成是灰白。全色盲极罕见，主要是视网膜上缺少视锥细胞或视锥细胞功能丧失所致。

色盲常为先天的，也有后天的。先天色盲与遗传因子有关，一般是隔代遗传，目前尚无法医治。后天色盲往往由视网膜疾病、视神经障碍、药物中毒、维生素缺乏等因素造成。

近年研究表明颜色作为物体的一种基本属性，可以促进物体识别。并且，不论是在知觉水平上还是在概念水平上，视觉颜色影响都比较大。研究人员就颜色对物体识别和再认的作用进行了研究（见“一线研究”）。

一线研究

颜色在物体识别和再认中的作用

该研究采用 ERP 技术和学习 - 再认范式考察视觉输入的颜色和记忆中的物体颜色知识一致性对情景记忆编码和提取的影响。

实验选取 22—25 岁之间的在校大学生 28 人，采用 2（颜色一致性：一致、不一致）× 2（图片新旧：新、旧）被试内设计。学习阶段（编码）的自变量为颜色一致性（一致、不一致）；提取阶段自变量为颜色一致性（一致、不一致）和图片新旧（新、旧）。分别对物体图片和物体名称进行两次实验，实验流程见图 3-3 和图 3-4。

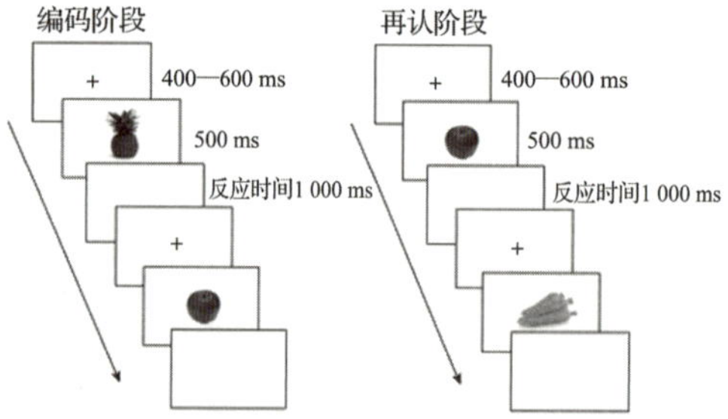

图 3-3　物体图片实验流程图

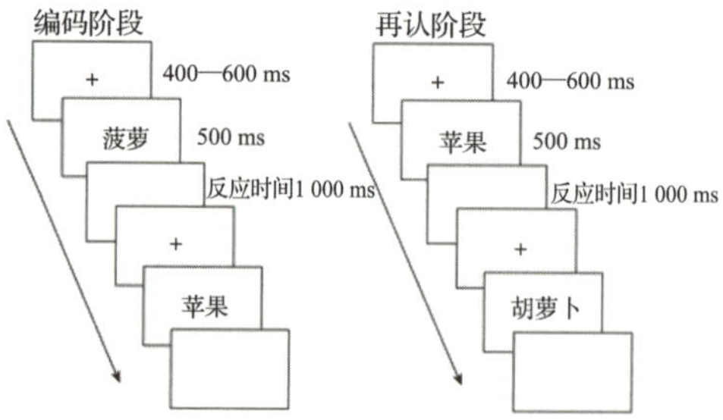

图 3-4　物体名称实验流程图

实验结果表明：（1）颜色是物体识别的重要线索，颜色一致促进知觉水平的记忆编码，而阻碍语义水平编码；（2）物体颜色促进再认提取，颜色一致促进物体图片提取（知觉水平）中的熟悉性和回想过程，而对物体名称提取（概念水平）的促进作用仅表现在回想上。

因此，颜色一致时对于图片识别有促进作用，能够促进记忆，但颜色一致对文字识别有阻碍作用；颜色一致对图片和文字的提取都有促进作用。

——资料来源：周文洁，邓丽群，丁锦红. 物体颜色对情景记忆的影响［J］. 心理学报 2021，53（3）：229 - 243.（有改动）

2. 听觉

听觉是仅次于视觉的一种重要感觉。所有的声音，包括人类的语音，都靠听觉获得。听觉的刺激是声音，它产生于物体的振动。物体振动时的能量通过介质传递到人耳，从而产生听觉。当声波的振动频率为20—20 000 Hz时，便可引起听觉。这段频率范围的声谱称为可听声谱。频率高于20 000 Hz的超声波和低于20 Hz的次声波都不能产生听觉。耳是听觉器官。耳由外耳、中耳和内耳三部分组成。外耳搜集声音刺激，中耳将声音的振动传送到内耳，内耳的感受器将振动的机械能转化为神经能。

声波有三种物理属性：频率、强度、纯度。它们分别引起了听觉的三种心理感觉，音高、音响、音色。音高是由每秒振动次数决定的，每秒振动的次数越多声音越高，次数越少声音越低。正常成年男子说话时语音的频率为95—142 Hz，而女子的语音频率可达272—653 Hz。听起来，女子语音声调较高，而男子的语音较为低沉。

音响是由声波的振幅决定的，简单地说就是对声音的强弱的感知。声波振动的幅度大，声音听起来就响；声波振动幅度小，声音听起来就弱。人耳能接受相当大范围的音强差，既能听到手表秒针的滴答声，也能承受飞机掠过头顶的轰鸣声。音色是反映声波混合特性的心理量。人们根据音色把具有相同音高和音响的声音区别开来。例如，不同乐器演奏同一音符，人们仍然能把不同乐器的声音区分开来，区分的依据就是音色不同。

两个声音混合着同时到达耳朵，其中一个声音由于同时起作用的其他声音的干扰而感受性降低的现象叫声音的掩蔽。例如，安静的房间内，我们可以听到钟表的滴答声、水管内的水流声，而在人声嘈杂的房间内，这些声音就被掩蔽了。声音的掩蔽分为三类：① 纯音对纯音的掩蔽。掩蔽音强度高，掩蔽效果好；被掩蔽音与掩蔽音频率越接近，受到的掩蔽作用越大。② 噪声对纯音的掩蔽。噪声强度高，掩蔽效果好；噪声强度低时，掩蔽效果下降。③ 噪声和纯音对语音的掩蔽。噪声的掩蔽效果比纯音好，噪声强度越大掩蔽效果越好。

毫无疑问视觉和听觉对我们而言非常重要，任何一种感觉的缺失都会严重影响我们的正常学习生活，同时大脑对视觉和听觉的信息整合也非常重要。视听整合缺陷是导致阅读障碍的原因之一。阅读障碍症是一种大脑综合处理视觉和听觉信息不能协调而引起的一种阅读和拼写障碍症。它的表现特征主要反映在识字阅读方面，其原因也是复杂而多面的，但儿童时期可以进行科学的矫正。有研究者就字母间距对正常阅读和阅读障碍儿童阅读的影响进行了研究（见“一线研究”）。

一线研究

字母间距对阅读的影响

为探究字母间距对正常阅读和阅读障碍儿童阅读表现和眼动的影响，研究人员采用自然句子阅读范式，直接比较了 38 名阅读障碍儿童和 32 名正常阅读儿童（10—14 岁）在常规间距（+2，5 pt）和缩小间距（−1，5 pt）条件下的阅读准确性、理解能力、阅读速度、注视次数和注视时间。变量关系如图 3-5。

研究结果表明，字母间距不影响阅读的准确性、阅读能力和阅读速度。在阅读障碍儿童和正常阅读儿童中均没有发现字母间距效应。字母间距不会影响注视次数，但字母间距越大，注视时间越短，增加字母间距会导致阅读障碍儿童的注视时间变短，可能是由于阅读障碍儿童阅读策略的改变。缩小的字母间距导致两组的注视时间更长。

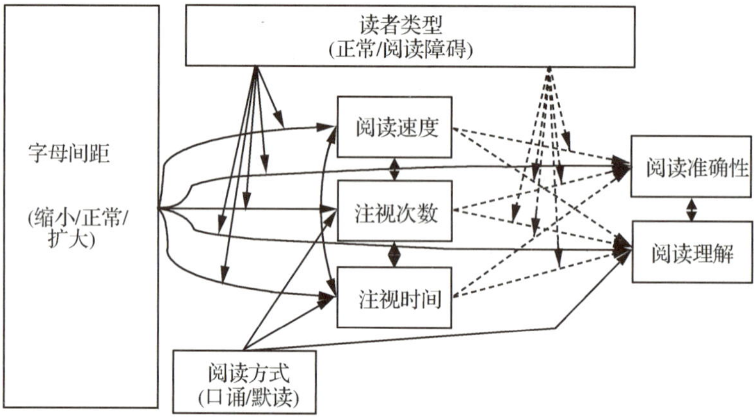

图 3-5　本研究纳入的变量间的关系模型

因此，加大字母间距，阅读障碍儿童需要的注视时间更短，缩小字母间距，正常阅读儿童和阅读障碍儿童所需的注视时间都更长。教师在为学生提供教学材料时，要尽量避免选取字母间距过小的阅读材料，在对一些阅读障碍儿童或者阅读效率低下的儿童进行教学时，可以通过适当加大字母之间的间距来提高儿童的阅读效率。

——资料来源：ŁUNIEWSKA M，WÓJCIK M，JEDNORÓG K. The effect of inter-letter spacing on reading performance and eye movements in typically reading and dyslexic children［J］. Learning and Instruction，2022，80（8）：101576.（有改动）

3. 嗅觉、味觉、肤觉

嗅觉是由挥发性物质的分子作用于嗅觉器官的感受细胞而引起的感觉。嗅细胞是嗅觉感受器，它位于鼻腔上部两侧的黏膜中。味觉是由能溶于水的化学物质作用于味觉器官的感受细胞而引起的感觉。味蕾是味觉感受器，它位于舌表面、咽喉黏膜及软腭等处。味觉常常与嗅觉混合在一起。肤觉是刺激物作用于皮肤引起的各种感觉。肤觉包括触觉、温觉、冷觉、痛觉。肤觉感受器在皮肤上呈点状分布。

（二）内部感觉

内部感觉又称机体觉，是相对于视觉、听觉、嗅觉、味觉、肤觉这些反映外部环境的感觉而言的。内部感觉是反映机体内部状态的感觉，包括运动觉、平衡觉、机体觉。

运动觉又称动觉，是反映身体各部分的位置及相对运动的感觉。其感受器为肌梭、腱梭和关节小体；它们位于肌肉、肌腱、韧带和关节中。当机体运动时，肌梭、腱梭和关节小体兴奋，神经冲动沿脊后索上传，经丘脑至中央皮层前回，产生动觉。

平衡觉又称静觉，是对人体作直线的加速或减速运动或做旋转运动进行反映的感觉。平衡觉的感受器是位于内耳的前庭器官，包括半规管和前庭两个部分。半规管反映人的旋转运动，前庭反映人的直线加速或减速运动。前庭与小脑关系密切，对保持身体平衡有重要作用。

前庭感受性高的人易产生眩晕。平衡觉常常与视觉、内脏感觉有联系。经过练习可以改变前庭器官的感受性。对于从事航海航空工作的人需进行这方面的检查，以便发现前庭感受性的特点，通过练习尽快适应工作环境。

内脏感觉又称机体觉，是对机体的饥、渴、痛、温等状态的感觉。其感受器位于脏器壁，这些感受器将内脏活动及其变化信息传入中枢。

当人体各内部器官工作正常时，各种感觉便融合形成所谓人的自我感觉。一般情况下，内部感受器的冲动传至大脑皮层，即被外部感受器的冲动掩蔽了，没有能够在言语系统中得以反映。只有当内部器官受到特别强烈的刺激，内部感受器发放的冲动很强，机体觉才变得鲜明，处于优势。

二、感受性与感觉阈限

感觉是由刺激物直接作用于某种感官引起的。人的感官只能对一定范围的刺激做出反应，只有在这个范围内的刺激，才能引起人的感觉。对刺激范围及相应感觉能力的探索，就是感受性和感觉阈限的研究范畴。

感受性是指人对刺激的感觉能力，即对刺激的感觉灵敏程度。感受性是用感觉阈限来衡量的。感觉阈限是刚刚能引起感觉或差别感觉的刺激量大小。

感受性可以分为绝对感受性和差别感受性，感觉阈限也就相应地分为绝对感觉阈限和差别感觉阈限。

（一）绝对感受性与绝对感觉阈限

刺激只有达到一定的强度才能引起人的感觉。例如，我们平时看不见空气中的微尘，当微尘落到皮肤表面时，我们也不能察觉到它的存在。但是，当微尘凝聚成较大的尘埃颗粒时，我们不但能看到它，而且能感受到它对皮肤的压力。

感官察觉微弱刺激的能力，是绝对感受性。刚刚能引起感觉的最小刺激量，是绝对感觉阈限。

绝对感受性可以用绝对感觉阈限来衡量。绝对感觉阈限越大，绝对感受性就越小。相反，绝对感觉阈限越小，绝对感受性就越大。绝对感受性与绝对感觉阈限在数值上成反比关系，用公式表示为

$$E = \frac{1}{R}$$

在公式中，E 表示绝对感受性，R 表示绝对感觉阈限。

历史上，学者们曾认为绝对感受性是固定不变的，他们把绝对感觉阈限理解为一个固定的刺激量。超过这个刺激量，就能引起感觉；低于这个量，人就不能察觉到刺激的存在。后续研究发现，绝对感受性并不是固定不变的，绝对感觉阈限不是固定的数值。不同的条件下，同一感觉的绝对感觉阈限可能会变化。例如，活动的性质、刺激的强度和持续时间、个体的注意和态度、年龄等，都会影响绝对感觉阈限。

（二）差别感受性与差别感觉阈限

两个同类刺激物，它们的强度只有达到一定的差异，人才能察觉出它们的差别，产生差别感觉。例如，200 人在没有扩音设备的情况下大合唱，如果增减 1 人，我们听不出歌声的差别；如果增减 10 人，差别就明显了。同样，5 m 的竹竿如果锯掉 10 cm，我们不会发现竹竿变短了，一支铅笔锯掉 10 cm，我们立刻会发现其中的变化。

对最小差异量的感觉能力，是差别感受性。刚刚能引起差别感觉的刺激物间的最小差异量，是差别感觉阈限。

差别感受性与差别感觉阈限在数值上也成反比关系。差别感觉阈限越小，差别感受性越大；差别感觉阈限越大，差别感受性越小。

1834 年，德国生理学家韦伯（Weber）系统研究了触觉的差别感受性。他让实验参与者用手先后提起两个物体，并判断哪个更重一些，用这种方法确定刚刚能够引起差别感觉的最小刺激量。结果发现：对刺激物的差别感觉，不取决于一个刺激增加的绝对数量，而取决于刺激增量与原刺激量的比值。例如，如果手上原有物体的重量是 100 g，至少增加 2 g，人才能感觉到物体重量的变化。如果手上原有物体的重量是 200 g，再增加 2 g 无法引起差别感觉，必须增加 4 g 才能让人感觉到重量发生了变化（$K = 1/50$）。这就是韦伯定律。用公式可以表示为

$$K = \frac{\Delta I}{I}$$

公式中，I 表示原刺激量，ΔI 表示引起差别感觉的最小刺激量，K 是常数。对于不同的感觉来说，K 的数值是不同的。

研究物理量（刺激强度）和心理量（感觉强度）关系的学科称为心理物理学。

1860 年，德国的心理物理学家费希纳（Fechner）在韦伯研究的基础上引进了新的假定。他通过积分运算，得出了下列公式：

$$S = K\lg R$$

其中，S 为感觉强度，K 为韦伯分数，R 为刺激强度。这就是费希纳定律。定律表明：在一定限度内，感觉的强度随着刺激的强度增加而增加。刺激强度按几何级数增加，而感觉强度是按算术级数增加的。费希纳定律在许多研究中得到了证实，当然，它只适用于中等强度的刺激范围。刺激强度和感觉强度的关系并不是简单的线性关系，这可通过生活中的小实验来检验一下（专栏 3-2）。

专栏 3-2

小实验证明刺激强度和感觉强度之间的关系

亲自动手做一个小实验。找一盏具有 3 挡等差调节器的台灯，通过调节器，我们可以把台灯的功率调节到 50 W、100 W、150 W。台灯的功率与亮度成正比，功率越大，台灯越亮。

在一间昏暗的房间里，将台灯打开调整到 50 W，我们感觉房间明亮多了。然后将台灯从 50 W 调整到 100 W，房间进一步明亮了。当台灯从 100 W 调整到 150 W 的时候，我们感觉房间里只是稍微亮了一点点。这个实验证明了，刺激强度和感觉强度的关系并不是简单的线性关系。

（三）感受性的变化

感受性并不是恒定不变的，它会随着环境的变化而发生变化。感受性的变化体现为感觉适应、感觉对比、不同感觉的相互作用、联觉。此外，人的感受性可以通过实践获得提高。

感觉适应是感受器在刺激物的持续作用下发生感受性变化的现象。感觉适应既可以使感受性提高，也可以使感受性降低。明适应和暗适应是视觉的感觉适应。例如中午时分去看电影，迟到了；进入电影院之后，电影已经开演，影院里非常昏暗，过道的阶梯、座位的号码都陷入了一片混沌中。过一会儿，眼前的景象开始清晰起来。这种从光亮环境进入昏暗环境而发生的视觉感受性提高的现象，叫暗适应。电影结束走出影院，强烈的阳光晃得人睁不开眼睛。过一会儿，强烈的光线不再让人感觉不适，我们又能看清景物了。这种从昏暗环境进入光亮环境而发生的视觉感受性降低的现象，叫明适应。“入芝兰之室，久而不闻其香；入鲍鱼之肆，久而不闻其臭。”这就是嗅觉的感觉适应。

感觉对比是感受器在两种刺激的同时或先后作用下，使感受性发生变化的现象。感觉对比可以分为同时对比和继时对比。两个同样是灰色的正方形，一个置于白色背景上，另一个置于黑色背景上。白色背景上的正方形看上去比黑色背景上的正方形要暗得多。感受器在两种刺激的同时作用下，使感受性发生变化，叫同时对比。柑橘上市，吃起来很甜。如果先吃了甜度很高的食物，再吃柑橘，则不再觉得甜了。感受器在两种刺激的先后作用下，使感受性发生变化，叫继时对比。

某种感官受到刺激而对其他感官的感受性造成影响，就是不同感觉的相互作用。现实生活中，人对环境信息的接受常常是多通道同时进行的，不同感觉的相互作用时有发生。研究表明，微痛刺激、某些嗅觉刺激，可以使视觉的感受性有所提高。微光刺激则能提高听觉的感受性，强光刺激会降低听觉的感受性。不同感觉相互作用的一般规律是：弱刺激能提高另一种感觉的感受性，而强刺激会降低另一种感觉的感受性。

联觉是一种感觉引起另一种感觉的现象。音乐家有时会产生视听联觉，即在声音刺激物（乐曲）的作用下而产生某种视觉形象。最常见的联觉现象是颜色感觉引发温度感觉。红、橙、黄等颜色给人以温暖的感觉，因而被称为暖色调；而蓝、青、绿等颜色容易引起凉爽的感觉，因而被称为冷色调。颜色感觉还可以引起轻重觉，例如颜色淡而鲜艳的家具会给人以轻巧的感觉。

人的感受性可以通过实践获得提高。特别是通过某些特殊训练，感受性能提高到常人难以企及的水平。例如，磨工的视觉极为敏锐，能看到 0.005 mm 的空隙，而一般人只能看到 0.1 mm 的空隙。从事印染工作的专业人员可以区分 40—60 种黑色系色调，而一般人只能区分 6—7 种。茶叶、奶酪、烟酒、香水的鉴别往往需要专业人士通过嗅觉和味觉来进行，长期从事相关行业的专家味觉、嗅觉就特别发达。音乐家对声音的感知、画家对颜色的辨别比一般人更敏锐，这都是长年累月实践锻炼的结果。

某种感觉或机能不足，会促进其他感觉的感受性提高，从而取得弥补和代偿的现象称为感觉补偿作用，例如，盲人的听觉、触觉、味觉更为发达，以此来补偿缺失了的视觉功能。不同感觉之间之所以能够相互补偿，是因为在一定条件下不同形式的能量可以相互转换。

第二节 知觉

一、知觉的分类

知觉是人脑对直接作用于感官刺激物的整体属性的反映。知觉是在感觉的基础上产生的，是对感觉信息整合后的反映。按照不同的标准，知觉可以分成不同种类。

（一）按照占主导作用的分析器进行分类

按照占主导作用的分析器进行分类，可以把知觉分为视知觉、听知觉、触知觉、嗅知觉、味知觉、视听知觉等。

看画展时，视觉起主导作用，知觉的种类为视知觉。听音乐会时，听觉占主导作用，知觉的种类为听知觉。课堂上，学生既要听老师讲解，又要看书、看黑板，视觉、听觉同时起主导作用，知觉的种类为视听知觉。

（二）按照所反映事物的特性进行分类

按照所反映事物的特性进行分类，可以把知觉分为空间知觉、时间知觉、运动知觉。

1. 空间知觉

空间知觉是对物体的形状、大小、距离、方位等空间特性的知觉。空间知觉包括形状知觉、大小知觉、深度与距离知觉、方位知觉与空间定向等。空间知觉在人与周围环境的相互作用中有重要作用。如果人们不能准确判断物体的形状、大小、距离、方位等空间特性，就不能正常地生存。

2. 时间知觉

时间知觉是人脑对客观事物延续性、顺序性的反映。时间知觉并非由固定的刺激引起，也没有专门的感觉器官；时间知觉需要借助某些媒介来进行，例如借助钟表和日历判断时间。在没有计时工具的情况下，人能根据自然界的周期现象（日升日落、月圆月缺、四季变化、花开花谢）来估计时间，也可以依靠人体节律性活动（生物钟）估计时间。

时间知觉的影响因素包括感觉通道性质、活动内容、自身的情绪和兴趣。

不同感觉通道判断时间间隔的精确度不同，听觉和触觉的时间知觉较强，视觉的时间知觉较差。例如，听觉判断时间间隔的精度可达 1/100 s，触觉为 1/40 s，视觉为 1/10—1/20 s。

活动内容丰富而有趣的情境，使人觉得时间过得很快，而内容贫乏枯燥的活动，则会使人觉得时间过得很慢。在回忆往事时，情况相反。同样一段时间，经历丰富有趣，回忆时觉得时间长；经历简单贫乏，回忆时觉得时间短。

自己感兴趣的东西以及积极的情绪，会使人觉得时间过得快；自己厌恶、无所谓的事情和消极的情绪，会使人觉得时间很长。在期待某一事物的时候，会觉得时间过得慢；在抵触某一事物时，会觉得时间过得快。

3. 运动知觉

运动知觉是人对物体空间位移的知觉。物体的运动总是在一定时间和空间中进行的，因此，运动知觉与时间知觉和空间知觉有不可分割的密切联系。运动知觉包含真动知觉、似动知觉、诱动知觉。

真动知觉是物体按特定速度或加速度从一处向另一处做连续空间位移而引起的知觉。真动知觉的产生依赖于物体的运动速度。物体运动速度太慢不能产生真动知觉。

例如，人不能直接觉察出指针式手表上时针的移动。物体运动速度太快也不能产生真动知觉。例如，人不能直接觉察出光的运动。

运动知觉是多种感官协同活动的结果。参与运动知觉的有视觉、动觉、平衡觉，其中视觉起着重要的作用。人在知觉时，眼睛、头部和身体也经常在运动。当人主动用眼睛追踪运动着的物体时，物体投射在视网膜上的映象是相对静止的，但是运动知觉却依然产生。当人的身体、头部、眼睛移动时，静止物体会连续刺激视网膜上的不同部位，但却不会引起运动知觉。这说明眼睛、头部的动觉和视网膜所提供的信息是相互联系的，它们在运动知觉中共同起作用。

似动知觉是指在一定的时间和空间条件下，把静止物体知觉为运动，或者把没有连续位移的物体知觉为连续运动的物体。似动知觉现象主要包括动景运动、自主运动、诱导运动、运动后效四类。

动景运动是两个刺激物按一定空间间隔和时间间隔相继呈现时，人看到原来两个静止的物体的连续运动现象。例如，用速示仪在一定间隔的位置上反复相继投射出竖棒和横棒（图 3-6 A，B），当投射时距为 60 ms，人们会看到竖棒和横棒的连续运动（图 3-6 C）

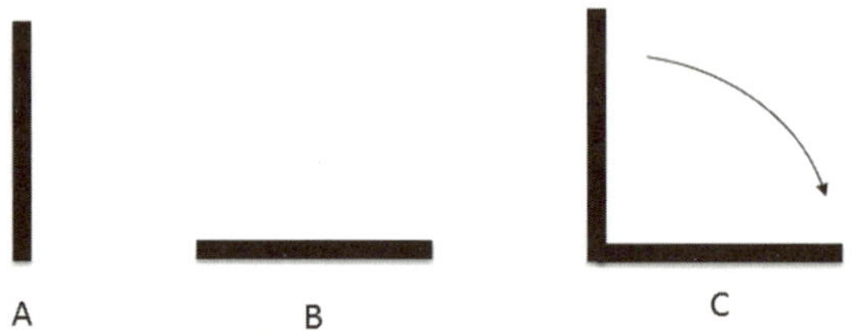

图 3-6

自主运动又称游动效应，是人在注视暗室内一个微弱的、静止的光点片刻后感到光点来回移动的现象。自主运动的产生与黑暗中光点失去了周围空间的参照系，从而使它的空间位置不明确有关。但此现象的真正原因至今尚未有很好的解释。

诱导运动是指由于一个物体的运动使其邻近的静止物体产生了运动的现象。例如，夜晚一轮明月当空，云朵在夜空中飘移，时而遮住月亮。发生运动的是云朵，而仰望夜空的孩子却会觉得“月亮在白莲花般的云朵里穿行”。许多电影的特技镜头就是利用诱动知觉的原理来拍摄的。

运动后效是指注视一个运动的视觉刺激一段时间后，转而注视静止的物体，会感到静止的物体似乎在朝相反的方向运动。例如，在注视瀑布几分钟后看向旁边静止的岩石，会觉得岩石在向上移动。

（三）按照与事物客观情况的符合程度进行分类

按照与事物客观情况的符合程度进行分类，可以把知觉分为正确知觉和歪曲知觉。

在歪曲知觉中，错觉受到了心理学界的高度关注。错觉，是人在特定条件下对客观事物必然产生的某种有固定倾向的歪曲知觉。错觉现象在两千多年前就被人类所发现。在《列子·汤问》中记载了两个小孩关于太阳的争论，孰是孰非连孔子也无法判定。古希腊的亚里士多德也曾描述过月亮错觉现象。

心理学研究中已发现的错觉，大多数属于视错觉。视错觉是人凭借眼睛对客观事物产生的失真或歪曲的视觉经验。视错觉的种类很多，常见的有以下六种。

1. 菲克错觉

图 3-7（a）中，a 和 b 两条直线长度相等，a 垂直于 b 线中点。但看起来 a 比 b 长一些。

2. 缪勒—莱尔错觉

图 3-7（b）中，两条横线等长，区别是两端所附箭头方向不同。看起来下面的横线比上面的长。

3. 奥伯逊错觉

图 3-7（c）中，有一正圆和正方形。在放射形线条的背景下，正圆看起来并非正圆，正方形看起来也不像是正方形。

4. 戴勒夫错觉

图 3-7（d）中，有两个面积相等的圆形，在左图圆外加一个稍大一些的同心圆。看起来右边的圆形比左边的圆形稍小些。

5. 赫尔岑错觉

图 3-7（e）中，两条平行线被多方向的直线所截时，看起来就失去了原来平行线的特征，而感到两条线向中点凹陷。

6. 佐尔纳错觉

图 3-7（f）中，当数条平行线被不同方向的斜线所截时，看起来就失去了平行线的特征。

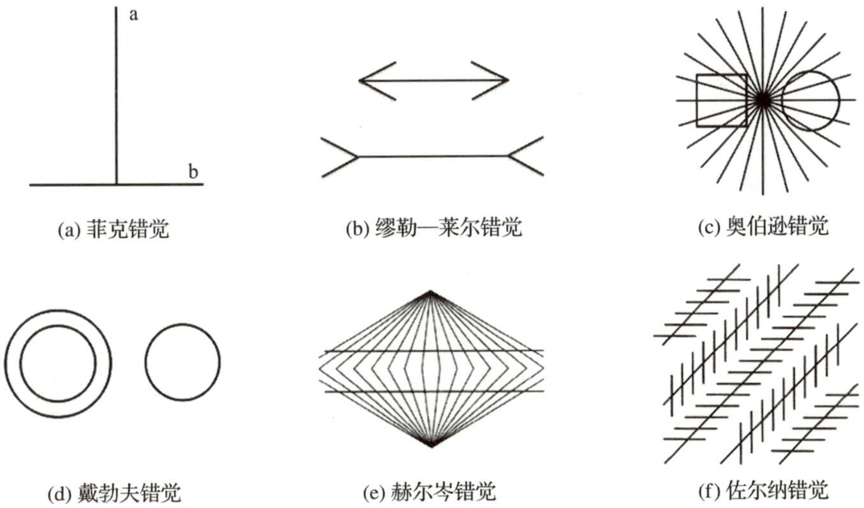

(a) 菲克错觉　(b) 缪勒—莱尔错觉　(c) 奥伯逊错觉

(d) 戴勒夫错觉　(e) 赫尔岑错觉　(f) 佐尔纳错觉

图 3-7　各种错觉现象

错觉产生的原因有多种解释，迄今尚未出现为整个学界所普遍认可的答案。目前心理学研究试图从两个方面去寻找答案。其一是从生理机制和功能方面做出解释，认为人的感官和大脑的神经机能参与了错觉的产生过程。例如，菲克错觉是由于知觉时眼球沿线段的一端向另一端移动，由于眼球垂直移动比横向移动更费力，因此同等长度的垂直线段就显得比平行线段更长些。其二是从心理学方面解释，认为人的错觉纯属心理活动的结果，是人当前的知觉与过去经验之间产生矛盾而做出的思维推理过程。其实在各种错觉的产生过程中，生理原因和心理原因都不可能孤立地起作用，而是相互影响、相互制约，共同发挥作用的。

二、知觉的基本特性

知觉过程是有组织、有规律的心理过程。知觉的基本特性主要表现为知觉的整体性、知觉的选择性、知觉的理解性、知觉的恒常性。

（一）知觉的整体性

知觉过程中，人不是孤立地反映刺激物的个别特性，而是反映事物的整体关系，这就是知觉的整体性。

在知觉活动中，整体与部分的关系是相互依存的。知觉系统有把个别属性、个别部分综合成整体的能力，有时甚至比它们的实际结构更加完整。如图 3-8 所示，尽管这些黑点没有用线段连接起来，但我们仍能看出一个三角形和一个长方形。如果黑点的数量不同，空间分布状况不同，我们知觉到的几何图形也会不同。知觉的整合作用离不开组成整体的各个部分的特点。

图 3-8　点子图

另一方面，我们对局部的知觉依赖于事物的整体特性。图 3-9 说明了部分对整体的依赖关系。同样一个符号，在数字序列中，我们把它知觉为数字 13，而在英文字母序列中，我们就把它知觉为字母 B。可见，人在知觉客观事物时，要受到事物所在整体特性的制约。

图 3-9　部分对整体的依赖关系

知觉的整体性是知觉的积极性主动性的充分体现。知觉不仅依赖于刺激物的特点，而且依赖于个体的知识经验。例如，一个不太懂英文的人，对英文的知觉是一个单词、一个单词地进行的；而英文熟练的人，会把词组、短语，甚至句子作为一个整体来知觉。英语考试中的完形填空，就是利用了知觉的整体性来考察应试者的语言能力。在一篇文章中扣掉若干单词，要求应试者补齐所缺单词。应试者如果具备丰富的英文知识经验，自然可以依据上下文，利用知觉的整体性，填写出正确的单词。

知觉的整体性对于人们快速识别客观事物有重要意义。事物皆处于迅速的发展变化中，如果事物发生了些许变化我们就无法识别，会给我们的生活带来很多困难。具备了知觉的整体性，当我们认识客观事物时，只要抓住了主要特征就可以做出整体性的反映，从而节省了时间和精力。但是，由于知觉的整体性，我们有时会忽略事物的细部特征。做校对工作时，由于是对整个文句进行感知，有时难以发现文本中个别错漏，这就是由于整体知觉抑制了个别特性感知的结果。

知觉具有整体性，知觉过程会怎样综合知觉对象的个别特性，将它们组合成整体？格式塔心理学派发现了其中的规律，并将其归纳为接近律、相似律、连续律。

接近律：空间位置相近的对象容易被知觉为一个整体。图 3-10 为空间位置接近而组合为整体的实例。我们倾向于将该图知觉为四组竖立线条，而不会将其知觉为彼此无关的七条竖线。

相似律：物理属性相似的事物容易被知觉为一个整体。物理属性相似，包括形状相似、大小相似、颜色相似、亮度相似等。图 3-11 中可以看到，形状上相同的图形，容易被知觉为整体。

连续律：具有连续性的事物，容易被知觉为一个整体。图 3-12 中不相连的点，会被知觉为一条正弦曲线（虚线）。

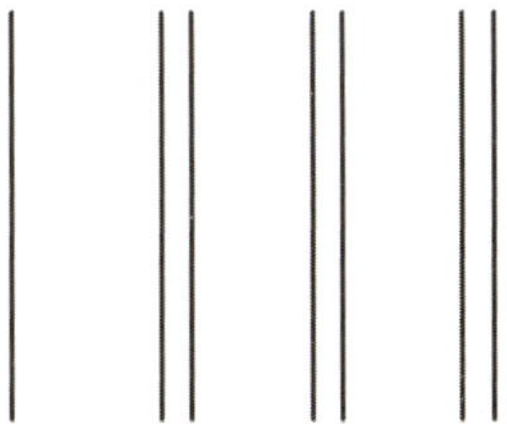

图 3-10　接近律

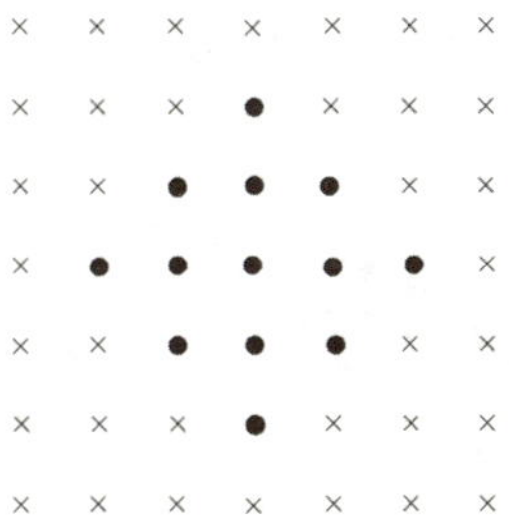

图 3-11　相似律

图 3-12　连续律

（二）知觉的选择性

在现实生活中，环境提供给感觉器官的信息量是非常巨大的。而人脑信息加工能力有限，无法同时处理感觉器官获得的所有信息。在知觉过程中，人脑无法对感觉器官获得的所有信息做出反应，只选择其中部分对象知觉得特别清晰，其余对象则作为背景知觉得比较模糊，这就是知觉的选择性。

我们从纷繁的刺激物中主观地选择某些刺激物并对其进行进一步加工，被选择的刺激物就是知觉的对象。而同时作用于感觉器官的其他刺激物就成了知觉的背景。知觉对象与知觉背景的区别在于：知觉对象有鲜明、完整的形象，突出于背景之前；知觉对象是有意义的、容易被记忆的。知觉对象和知觉背景的这种结构划分，是知觉选择性的最基本的特点。

（三）知觉的理解性

知觉与记忆、思维等高级认知过程有着密切的联系。在知觉过程中，人会以过去的知识经验为依据，力求对知觉对象做出某种解释，这就是知觉的理解性。

对知觉对象的理解，是以已有知识经验为前提的。具有不同知识经验的人在知觉同一对象时，对它的理解是不同的，知觉的结果也会不同。例如，一张新产品设计图纸，专业人员既能知觉到图纸上的每一个细节，又能理解整张图纸的内容和意义；而非专业人员只能说出图纸的构成成分，不会理解图纸的内容和意义。显然，知识经验影响了对同一知觉对象的理解。

言语的指导作用也能影响知觉的理解性。如图 3-13，图中所绘是什么？乍看只觉得是一些黑色的不规则色块，看不出画的是什么。如果能得到言语提示“骑手骑在一匹马上”，我们很快就能将这些不规则色块知觉为骑士骑马图。人的知觉过程是两种信号系统协同活动的结果，有了第二信号（语词）的提示，就会激活与语词相联系的视觉表象，从而使图像得到识别。言语的作用在于明确观察的方向，提示知觉的内容，唤起对客观事物的回忆。言语越是准确具体、生动形象，它唤起的知觉形象就会越深刻、越广泛。教师在课堂上合理组织言语，能大幅度提高教学效果。另外，任务性质、情绪状态、思维定势也会对知觉的理解性产生影响。

图 3-13　不完整图形

在教学过程中，教师采用形象生动的材料，并辅之以言语的讲解指导，不但能激发学习兴趣，而且能大大提高感知效果，增强理解和巩固（见“一线课堂”）。

一线课堂

舍不得擦掉的板书

陈老师教小学语文，她写过、画过的黑板被学生们称为“舍不得擦掉的板书”。黑板上除了部首、生字等教学内容，最吸引学生、最与众不同的是她的手绘粉笔画，这些手绘画寓教于乐，激发了学生们的学习兴趣，也增添了学生们的学习动力。

学生1：我很喜欢陈老师画的画。陈老师上课也会在黑板上给我们画画，很有趣。一边教我们写字，一边把字画下来，我很喜欢陈老师上课。

学生2：我觉得陈老师画画超级棒，每次画的东西都特别像（真的）。一边画画一边写词语，给我们带来特别开心的感觉。

陈老师：我一直的追求就是要做一名有趣的老师，我把漫画结合进我的工作里，就是希望让教育教学成为一件有趣的事，并且让有趣感染我的学生们。让每天与这些小朋友在一起的日子变得更有意义。我感受着孩子们的天真，喜爱这份天真，希望我可以让孩子们保持这种天真与真诚，开心地做自己喜欢做的事情。

——资料来源：苏州教育电视. 她用一手漫画和一块黑板征服了“10后”“电子宝宝”[EB/OL]. (2018-03-15)[2023-08-05]. https://mp. weixin. qq. com/s/gK3VqMC_DWY0i7svanuQjQ. html.(有改动)

思考：结合学科专业，谈谈如何根据知觉的整体性、选择性和理解性提高教学效果。

（四）知觉的恒常性

当知觉的条件在一定范围内变化时，知觉的映象依然相对保持不变，这就是知觉的恒常性。在视觉范围内，恒常性主要有形状恒常性、大小恒常性、明度恒常性和颜色恒常性四种。

形状恒常性是指当观察角度导致物体视觉映象形状变化时，人对物体实际形状的知觉保持不变的知觉特性。从不同角度看同一物体，虽然这个物体在视网膜上的映象不断变化，但我们仍然把它知觉为恒定的形状。如图3-14，正对一扇门观察其形状，只有门完全关闭时它投射在视网膜上的映象才是长方形的；门虚掩时，它在视网膜上的映象是梯形；门完全打开，它在视网膜上的映象是粗线段。不管门在视网膜上的映象怎样变化，我们都会把这扇门知觉为长方形的门。

图3-14　形状恒常性

观察同一物体，观察距离会与物体在视网膜上成像的大小有关。近距离观察，物体在视网膜上的映象较大；远距离观察，物体在视网膜上的映象较小。如果学习过透视原理，会对这种现象有更为深刻的印象。对物体的大小的知觉不随视觉映象变化而变化，趋于保持物体实际大小的特性，叫大小恒常性。例如，同一个人站在距离我们2 m，4 m，8 m，10 m，20 m处，他投射在视网膜上的映象随着距离增大会逐渐变小。但是我们知觉这个人的身材时，是按照其实际身材来知觉的；并不会觉得他离我们远一点，就变矮变小了，走近一些就变高大了。这说明我们在知觉时已经考虑到了距离信息，从而相对地把握了观察对象的实际大小。

明度恒常性是不受外界照明条件的映象，保持对物体明度知觉稳定性的知觉特性。物体的明度取决于它的反射率，反射率高的则知觉为明亮，反射率低的则知觉为昏暗。例如，煤炭和白粉笔由于对光的反射率不同，明度差异很大。人在看到白粉笔时总觉得要比煤炭亮一些。当把白粉笔放置于暗处，煤炭置于亮处，煤炭实际反射出来的光线强度远大于白粉笔的。从刺激的物体特性分析，放在亮处的煤炭应该是最亮的，而放在暗处的粉笔应该是暗的。但是，人还是把粉笔知觉为是亮的，把煤炭知觉为是暗的。

颜色恒常性是指面对环境变化保持对物体颜色知觉不变的知觉特性。物体表面有其固有颜色，如果色光照射在物体表面，根据色光混合原理，其色调会发生变化；但是，人对物体表面的颜色知觉并不会因此而变化，依然保持恒定。例如，夏天戴墨镜。透过墨镜看周围物体，所有物体都失去了原来的颜色，但是我们仍然保持了对物体原有颜色的知觉。

除了视觉恒常性外，在听知觉、味知觉、嗅知觉、肤知觉以及身体的位置知觉中，也都有知觉恒常性的表现。知觉的恒常性是相对的、有条件的。知觉对象在熟悉的环境中，有熟悉的参照物，知觉的恒常性就能够发生。一旦缺乏知识经验，周围也没有适当的参照物，知觉就难以保持恒常性。

感觉和知觉是两种密切相关的心理过程，我们经常把二者合称为感知。感觉和知觉既有联系又有区别（专栏 3-3）。

专栏 3-3

感觉与知觉的联系和区别

联系

1. 感觉和知觉都是对直接作用于感官的刺激物的反映

当前的事物直接作用于感觉器官，人脑中才能产生对事物的感觉和知觉。一旦客观事物在人的感觉器官所及的范围内消失时，感觉和知觉也就停止了。

2. 感觉是知觉的基础，知觉是感觉的深入和发展

感觉是对物体个别属性的反映，知觉是对物体整体属性的反映；没有反映个别属性的感觉，就不可能有反映整体属性的知觉。

感觉到的个别属性越丰富、越精确，知觉才能越完整、越真实。在现实生活中，人们一般都是以知觉形式直接反映客观事物的，感觉只是作为知觉的组成成分而存在于知觉之中，很少有孤立的感觉存在。心理学为了研究的需要，才把感觉从知觉中区分出来加以探讨。

区别

1. 性质不同

感觉是介于心理和生理之间的活动，它的产生主要来自感觉器官的生理活动以及客观刺激的物理特性，相同的客观刺激会引起相同的感觉。而知觉则是以生理机制为基础的，是纯粹的心理活动，它的产生是在感觉的基础上对物体的各种属性加以综合、解释的过程，有大量的主观因素的参与。

2. 反映事物的属性不同

感觉是对事物个别属性的反映，知觉是对事物整体属性的反映。

3. 生理机制不同

感觉是单一分析器活动的结果。而知觉则比感觉复杂，它是多种分析器协同活动的结果。在多种分析器的参与下，人脑通过反映事物多种属性并整合后才形成知觉。由于已有的知识经验对知觉的形成具有重要作用，因此在知觉过程中，还包括了当前的刺激所引起的兴奋和以往相应的知识经验的暂时神经联系的恢复过程。

人类的各项技能发展都离不开对感觉信息进行加工，由经验或训练引起的个体对感觉信息加工能力的改变（多指提高）称为知觉学习。人类在学习能力上存在普遍的个体差异，知觉学习的个体差异是否蕴含了个体学习能力高低的信息？为了回答这个问题，心理学家进行了深入研究（见“一线研究”）。

一线研究

知觉学习中的个体差异

近年来，认知能力遗传学和脑成像的研究表明，个体差异受到环境和遗传的共同作用，并且行为上的个体差异可以通过大脑结构或功能连接进行预测。

研究人员就知觉学习的个体差异是否蕴含了个体学习能力高低这一问题进行了实验研究。知觉学习是指经验或训练引起的个体对感觉信息加工能力的改变（多指提高），它对于人类的各项技能发展与生存都非常重要。

研究发现，任务、受试者特质及初始任务表现三个因素均对学习速率有显著影响，并且受试者特质（如非言语智力、人格、动机）和学习能力具有一定的相关性。非言语智力、外倾性和学习成绩呈显著正相关，而神经质和学习成绩呈显著负相关，β 为被测试因素所占的比重（图 3-15）。

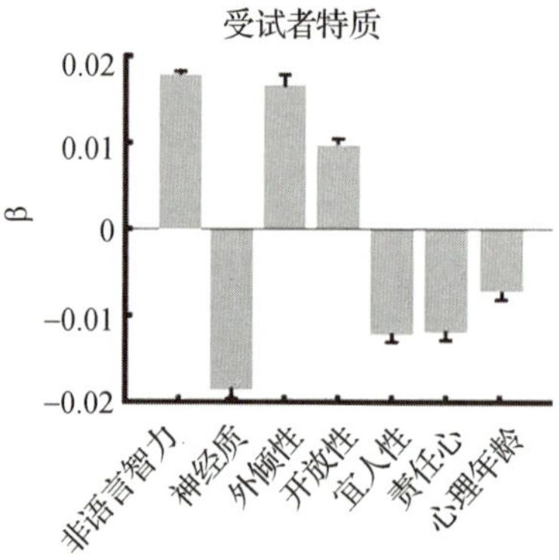

图 3-15　特质与学习能力的相关性

因此，知觉学习一方面受任务本身的影响，另一方面又受到个体特质的影响。个体学习差异蕴含了个体学习能力高低的信息。

——资料来源：YANG J, YANG F F, CHEN L, et al. General learning ability in perceptual learning [J]. Proceedings of the National Academy of Sciences of the United States of America, 2020, 117 (32): 19092 – 19100.

第三节 注 意

一、注意的概述

（一）注意的概念特点

心理活动对一定对象的指向和集中叫注意。例如，“注意听”是听觉指向和集中于一定的声音刺激，“注意看”是视觉指向和集中于某个事物，“注意记”是记忆这项心理活动指向和集中于特定的记忆材料，“注意思考”是思维这项心理活动指向和集中于一些思维材料。注意是人们非常熟悉的一种心理现象。平时人们常说的“聚精会神”“用心”“仔细”“精力集中”“专心致志”等都是“注意”的意思。注意和人的心理过程有着密切的联系，它是心理活动的一种属性或特性。

人在清醒的时候，心理活动总是指向于某些事物。我们通常说某人“不注意”或者“没有注意”，并不是说他对任何事物都不注意，只不过是没有把注意放在应该注意的事物上，而注意了其他无关的事物。例如，说某个学生上数学课时没有注意，其实，他并不是完全没有注意，只不过没有把注意力集中到听数学课上，而把注意力指向于做小动作、看小说或者做其他与上课无关的事物上去了。注意的对象可以是外部的事物，也可以是内部的活动。

注意在人的心理活动中占据着很重要的位置，它对人类具有十分重要的意义。注意力越强，则观察、记忆、思维等活动也越有成效。因此，它对学业成绩的优劣和智力的发展，对劳动者生产效率的提高，对科技工作者科学实验的成败，都有重要的影响。

注意具有指向性和集中性两个特点。

外界的事物是多种多样、无穷无尽的，我们不可能在同一个时间内注意到所有的事物。也就是说，我们在同一个时间内注意到的事物的数量是有限的。所谓注意的指向性，就是指在每一瞬间，把我们的心理活动有选择地指向于一定对象，而同时离开其余对象。例如，我们在看戏时，全部的心理活动都指向于舞台上的表演者，剧场中的其余对象都变得模糊起来。这时，舞台上的表演者是注意的中心，而其余的事物则处于“注意的边缘”。

所谓注意的集中性，就是把我们的心理活动贯穿于某一事物。也就是说，注意不仅是有选择地指向于某个事物，而且要以全部的精力来对待这个事物，使活动不断高效率地深入下去。在注意发生的时候，心理活动不仅离开无关事物，而且也抑制无关活动，这样，才能够鲜明和清晰地反映注意的对象。仍以看戏为例，只有集中注意看、注意听，才能对戏剧的全部内容有鲜明而清晰的反映。

注意是心理过程的一种共同特性。注意与其他心理活动过程之间的一个重要区别在于，注意本身不是一种独立的心理过程，它是伴随着感觉、知觉、记忆、思维、想象等心理过程而产生的，它是心理过程的一种共同特性。

任何心理过程在开始的时候，总是表现为注意指向于这一心理过程所反映的事物。但是，注意并不反映这个事物。因为当人在注意着某个事物的时候，他也就感知着该事物，或记忆着该事物，或想象着该事物，或思考着该事物。在心理过程开始之后，注意并没有消失，而是伴随着心理过程的进行，保证着心理过程的顺利进行。一旦注意离开了某种心理过程，该种心理过程也就中断了，无法继续进行了。但是注意并不是独立的心理过程。因为它只能维持某种心理活动的指向，使这种活动不断地深入下去。这时注意不反映该事物。我们平时所说的“注意红绿灯”，并不是说注意本身可以独立地反映红绿灯，而是由于习惯，把“注意看红绿灯”中的“看”字给省略掉了的缘故。同样，我们平时所说的“注意来往车辆”“注意声音”是把“注意看来往车辆”“注意听声音”中的“看”和“听”两个字给省略掉了。

专栏 3-4

识别“假专心”

人集中注意于某个对象时，常常伴随着一定的生理变化和外部的动作或行为变化，这些外部的动作或行为变化称为注意的外部表现。最显著的外部表现有以下几个方面。

1. 适应性运动

在注意时，感官会朝向刺激物。如侧耳倾听、举目凝视、呆视远方等。

2. 无关运动的停止

在注意高度集中时，与注意没有关系的动作就会暂时停止，身体许多部分好像都处于静止的状态。

3. 呼吸运动的变化

人在集中注意时，呼吸变得轻微而缓慢，呼气的时间变长，吸气的时间缩短。当注意达到最高峰的时候，常常会发生呼吸暂时停止的“屏息”现象。

此外，在注意高度集中时，还会出现心脏跳动速度加快，牙关紧闭，拳头紧握等现象。

有的学生在上课的时候坐得很端正，两眼看着老师，没有做小动作，注意力好像很集中，但是他头脑里实际上却想着别的事情。这是“假专心”，即“貌似专心，实则分心”。在课堂上怎样来识别这种“假专心”的学生呢？

有些有经验的老师在课堂上常采用向全班同学提出要求或提出问题的方法来识别“假专心”的学生。例如，老师对全班学生说：“现在请大家把书翻到第 × 页。”认真听课的许多学生都低头拿书、翻书，而思想开小差的同学却没有听到老师的指令，坐在那里没有动。老师也可以对同学说：“刚才讲过的这句话很重要，请同学们画上横线。”许多同学低头看书，提笔画线，而思想开小差的同学却仍然坐得端端正正，盯着老师、黑板。

（二）注意的功能

注意具有以下功能。

1. 选择功能

注意能选择有意义的、符合需要的和与当前活动相一致的刺激，避开（抑制、排除）其他无关的各种刺激。选择功能是注意的最基本的功能。由于注意的选择性，人的心理活动才能正确地指向和反映客观事物。

如果存在加工过程或反应之间的竞争，选择注意会付出代价，比如斯特鲁普效应（Stroop effect）。

1935 年，美国心理学家斯特鲁普（Stroop），发现让被试读出颜色和意义不同的字（用红墨水写成的“绿”字），比读出颜色和意义相同的字（用红墨水写成的“红”字），需要更长的反应时。这种刺激词和与其书写的颜色，即红色和语义信息“绿”相互干扰的现象，称为斯特鲁普效应。

《脑力大挑战·全神贯注》中，让你说出字母颜色，你感到困难吗？

从广义上来说，斯特鲁普效应指一个刺激的两个维度相互干扰的现象。自斯特鲁普效应问世以来，一直被认知心理学研究者效仿。由最初的注意、语言等基础学科扩展到情绪、记忆等社会认知领域。

研究者还通过斯特鲁普效应的变式来研究数字加工。随着研究的不断深入，经典的斯特鲁普范式已演变为不同变式：① 昼夜斯特鲁普实验。即要求儿童抑制字的意义和视觉刺激之间的冲突（看见太阳说“夜晚”，看见月亮和星星说“白天”）。这种方法通常用于研究儿童的执行功能，如改变过去命名单词的颜色的做法，要求被试命名单词中一个字母的颜色［字母处于有语言特征（单词）和无语言特征（一串符号如#、@、%、&）两种背景下］。结果发现，语境严重影响和制约斯特鲁普效应的出现。② 情绪斯特鲁普实验。要求被试对情绪词的颜色进行命名，以被试的反应时为指标来研究情绪和认知之间的关系。其假设情绪词会导致较高程度的激活，造成较高程度的干扰，情绪刺激的衰退期长于中性刺激。斯特鲁普范式的变式基本遵循两种刺激反应冲突的基本原则，而不同之处在于刺激类型的不同。

2. 整合功能

研究表明，人对外界输入的信息的加工整合作用，往往是在注意状态下进行的。个别信息特征输入既可在注意状态发生，也可在前意识状态发生；但对信息对象的整合加工作用只能在注意状态发生。

3. 维持（保持）功能

注意对象的映象或内容较长时间在意识中指向并保持在一定方向上，这种保持一直持续下去，直到心理与行为活动达到目的为止。

4. 调节和监督功能

注意这种心理机有利于心理和行为活动精准地进行，也有利于对错误活动进行及时调整和纠正。有些学生在做作业时所产生的错误，并非是由于没有弄懂有关知识，而是由于没有充分发挥注意的监督功能。

此外，注意不仅仅指向当前对象，也包括未来对象，因此它对人的心理与行为活动有预测作用和预见功能。

注意具备多种功能，而学习过程的注意加工增强或减弱也会对学生的学习效果产生影响。随着在线视频压缩技术和视频流媒体技术的普及，在线短视频学习越来越流行，教师和学生为了节约时间经常加快播放速度。那么加快视频的播放速度是否会对学生的学习效果产生影响呢？有研究者对不同播放速度下学生的学习效果进行了研究（见“一线研究”）。

一线研究

教学微视频的播放速度对学习效果的影响

研究人员通过前测筛选出55名大学生作为被试，并按照学习正常播放速度、1.5倍速和2倍速的教学微视频将其分为3组进行单因素被试间实验，实验材料为水文循环的相关知识。通过问卷收集被试的保持测验和迁移测验的成绩及学习满意度和速度的主观评定，通过眼动数据对被试整体和局部注视时间以及图文转换次数进行分析，探究视频播放速度对学习效果的影响，以及不同播放速度呈现时长均等时，快速播放带来的学习次数增加是否会优于正常速度播放。实验流程如图3-16。

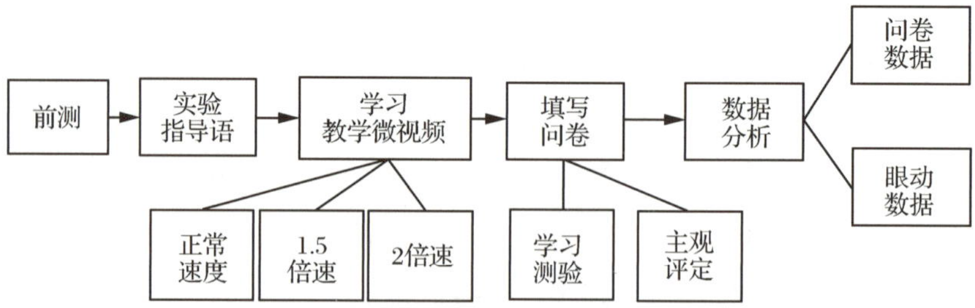

图3-16　实验流程图

研究发现，对于图文并茂的教学微视频学习材料：(1) 仅仅加速播放教学微视频会导致学习成绩下降，而且学习满意度也降低；(2) 如果将快速播放节约的时间用于再学习，即倍速情况下重复播放该段视频，2 倍播放速度的学习效果好于 1.5 倍速，说明学习次数越多，学习效果越好。

教师在使用多媒体播放教学微视频这一教学方法时，可以采取“快速播放 + 重复学习”的模式，既不会影响学生的学习满意度和学习过程的注意加工，同时学习次数的增加又能够显著提高学生的学习效果。

——资料来源：马安然，王燕青，王福兴，等. 教学微视频的播放速度对学习效果的影响[J]. 心理发展与教育，2021，37 (3)：391 - 399.（有改动）

（三）注意的生理机制

巴甫洛夫学派对高级神经活动的研究，系统地阐述了注意的生理机制。从注意的发生来说，注意是机体的一种简单的无条件反射，称为定向反射，或探究反射，“是什么”反射，注意反射。当新异刺激出现时，有机体会把自己的感觉器官朝向新异刺激物，这种反射就叫作定向反射。定向反射发生的时候，如果新异刺激没有危害性，定向反射就很容易消失；或者，如果新异刺激持续作用或多次重复，定向反射也是很容易消失的。

根据巴甫洛夫学派高级神经活动学说的解释，注意的主要生理机制是高级神经活动的诱导规律。巴甫洛夫学派认为，在每一瞬间都有一系列的刺激（听觉的、视觉的、肤觉的、触觉的，等等）作用于大脑，在这些刺激的作用影响下，大脑皮层上产生了大量的兴奋灶，这些兴奋灶的强度各不相同，其中经常有一个占优势的“兴奋灶”，它能把周围其他的兴奋都吸引到自己这边来。在优势兴奋中心的区域内，旧的暂时神经联系容易恢复，新的暂时神经联系容易形成，因而，对于投射到该部位的刺激信息以及同该部位有关联的事物，人的反映是清晰而完美的。与此同时，根据神经过程的相互诱导规律，在大脑皮层某一部位产生优势兴奋中心的同时，该部位的兴奋还能导致其他周围邻近部位的抑制，于是落在周围邻近部位的刺激就难以引起人的注意，对这些事物的反映就不清晰，不会留下鲜明的映象。因此在注意发生的时候容易对周围其他事物产生一种视而不见、听而不闻、食而不知其味的现象。

优势兴奋中心并不能一直停留在皮层的某个特定的部位上。由于主客观因素的不断变化，优势兴奋中心会经常地从一个区域转移到另一个区域。优势兴奋中心的转移，就是注意转移的生理机制。

（四）注意的理论

1. 注意选择的理论

(1) 注意的过滤器模型

注意的过滤器模型是英国心理学家布罗德本特（Broadbent）于 1958 年提出的一个

注意模型。他认为，人类面临着大量的信息，但是神经系统在同一时间内对信息进行加工的能力是极为有限的。注意就好像是一个过滤器，在信息加工的过程中能对输入的信息进行筛选，从而使中枢神经系统不致负担过重。当信息通过大量平行的通道进入神经系统时，如果信息总量超过了神经系统的负载能力，过滤器就会对信息进行选择。被选择的信息能通向高级加工中枢，得到进一步的加工处理，而没有被选择的信息就会被阻断而得不到处理，并且迅速衰退。过滤器相当于一个开关，按照“全或无”的原则进行工作，通过的信息就完全通过了，而被阻断的信息就完全不能通过。过滤器并不是随机进行选择的。新异的刺激、高强度的刺激、人所期待的信息、具有生物意义的刺激等，易于通过过滤器而得到人的注意。微弱的、缺乏新异性的刺激则容易被过滤掉。

（2）注意的衰减模型

注意的衰减模型是美国心理学家特瑞斯曼（Treisman）于1960年提出的一个注意模型。该模型对注意的过滤器模型做了某些改进。该模型否认了注意过滤器作用以刺激的物理特性为转移的观点，并认为注意对信息的选择不仅依赖于感觉特征，而且依赖于语义特征。在信息加工的不同阶段存在着两种过滤器：外周过滤器和中枢过滤器。外周过滤器对刺激特点进行级差性选择，这种选择不是按“全或无”的原则进行工作的。级差性选择是指，信息通过过滤器时并不是完全被阻断，而仅仅是某些信息被衰减了。受到衰减的信息与顺利通过的信息都进入存储器中，得到不同程度的加工处理。中枢过滤器负责语义特征方面的选择。由于过去的知识经验的作用，对于具有一定意义的信息（语义），被激活的阈限比较低，即容易被激活，这些信息输入时虽然受到衰减，但是也能引起部分知觉。衰减模型对在不注意的情况下人们仍能获得某些信息，进行了合理的解释。但该模型没有具体说明信息的选择究竟怎样执行。

（3）注意的反应选择模型

注意的反应选择模型是多伊奇（Deutsch）和诺尔曼（Normen）等人提出的一种注意模型。该模型假设，几个输入通道的信息都可以进入神经系统，都可以被登记和保持下来，都可以得到知觉加工。注意的选择性不在于对外界的刺激信息进行选择，而在于对外界刺激的反应进行选择。人并不是对所有的刺激都产生反应。只有面对新颖独特的刺激、具有重要意义的刺激、受到期待的刺激时，人才会做出反应。其他刺激虽然也得到识别，但由于这些刺激在当时显得并不重要，所以，人就没有对这些刺激进行反应。该模型可以解释双耳分听的实验结果，但它认为注意的选择只发生在反应阶段，是比较片面的。

（4）注意的多阶段选择理论

约翰斯顿（Johnston）等人在1978年提出了注意的多阶段选择理论，该理论认为在不同的加工阶段选择过程都有可能发生，避免了过滤器理论、衰减理论和反应选择理论对于注意的选择过程发生在信息加工某一特定阶段这一绝对化的假设，多阶段选择理论更加具有灵活性，强调任务要求对选择阶段的影响。

2. 注意分配的理论

(1) 认知资源理论

注意的认知资源理论认为认知资源是有限的，对刺激的加工需要占用认知资源，刺激越复杂或者加工越复杂，占用的认知资源越多。例如，一个熟练的司机可以非常轻易地一边开车一边和他人交谈，但交通拥挤时，他必须注意周围的情况，小心翼翼地开车，这时他和别人的谈话可能不得不停下来。该理论从注意是如何协调不同认知任务或认知活动的角度来理解注意，输入刺激本身并不自动占用认知资源，在认知系统内，有一个机制负责资源的分配，人对认知资源的分配是灵活的，可以根据情景把认知资源分配到重要的刺激上。

(2) 双加工理论

谢夫林（Shiffrin）等人认为，人类的认知加工可以分为：自动化加工和受意识控制的加工。自动化加工不受认知资源的限制，不需要注意，是自动进行的，自动化加工发生比较快，形成之后加工过程较难改变。受意识控制的加工受认知资源的限制，需要注意的参与，可以随环境的变化不断进行调整。双加工理论可以解释许多注意现象，我们通常能够同时做好几件事，例如可以一边骑车一边看风景，一边听课一边记笔记。受意识控制的加工在经过大量练习之后，有可能转变为自动化加工。体育课上要学生初学一种运动技能（如三步上篮），需要学生全神贯注，注意力高度集中。当学生大量练习至熟练掌握这一技能后，就不需要占用太多注意了。

二、注意的种类

根据产生和保持注意有无目的与意志努力程度的不同，可以把注意分为无意注意、有意注意和有意后注意三种。

(一) 无意注意

无意注意指事先没有预定的目的，也不需要作意志努力的注意。有人将无意注意又称为不随意注意。例如，一个人沿着公园小道散步，忽然听到警车尖锐的笛声，他不由自主地转过头去看，这就是无意注意。

引起无意注意的原因分为两大类，一是客观原因，即刺激物的特点，二是主观原因，即人本身的主观状态。

1. 客观原因

刺激物的特点是产生无意注意的客观原因，主要表现为以下几个方面。

(1) 刺激的强度

响亮的声音、大屏幕显示的文字或者大标题的文字、强烈的光线、鲜艳的色彩、浓烈的气味，都容易引起我们的注意。刺激物的强度是引起无意注意的重要原因。刺激强度对无意注意的影响作用，一方面取决于刺激物的绝对强度，另一方面也取决于刺激物的相对强度。例如，在喧闹的大街上，甚至大声说话也不会引起人的注意，而在寂静的夜晚（或在寂静的图书馆内），轻微的耳语声、脚步声也能引起人们的注意。

（2）刺激物之间的对比关系

刺激物在形状、大小、色彩、持续时间等方面与其他刺激物之间差别显著，对比鲜明，就会引起人们的注意。例如，“鹤立鸡群”“万绿丛中一点红”，一群大人中的一个小孩，黑暗中的星星之火，作业批改中的红笔字等，都容易引起人的无意注意。在一系列彩色广告中夹着一个黑白广告，这幅黑白广告就特别引人注意。

（3）刺激物的活动和变化

活动的、变化的刺激物比不活动、无变化的刺激物更容易引起人们的注意。例如，大街上霓虹灯一亮一暗，活动的玩具，以不同速度旋转的货架，会做一些动作的模特儿，都很容易引起人们的注意。警车上不停地转动的警灯，闪烁的灯塔，飞机上的标志灯，灯光都是忽明忽暗，富于变化，引人注目；房间里的挂钟突然停了，熟悉的人的外貌突然有了显著变化，也会引起人的注意。

教师上课时，把音量的大小与快慢结合起来，做到抑扬顿挫，这样就能够起到引起学生注意的效果。老师上课突然停止讲话，容易引起不遵守纪律的学生的注意。

（4）刺激物的新异性

新异的东西很容易成为无意注意的对象，而千篇一律的、刻板的、多次重复的东西，就很难吸引人的注意。例如，新的消息、新的课程、新的老师、新的广告、新的同学，都容易引起人们的注意。日常生活中，人们对于初次接触的事物也特别注意，如人们的第一次见面，小孩第一次见到熊猫等，都容易引起无意注意。因此，教师在讲每堂课时必须有新的内容，教学方法也尽可能多样化，以吸引学生的注意。

为了使学生能将注意力集中在课堂教学上，教师的服装和发型不可过分奇特、时髦。因为，如果教师的服装和发型过分奇特、时髦，就会使学生不注意教学内容，而注意教师的服装和发型了。如果当天已经穿上了这种服装，宜提前五分钟进入教室。学生对教师的服装和发型注意了一会之后就不会再注意了。按照注意规律改进教学，能够提高教学效果（见“一线课堂”）。

一线课堂

改进教学措施，提高教学效果

物理老师在实验教学中，做了一些改进，提高了教学效果。这些改进措施运用了哪些注意规律？

·在电路短路保险丝熔断的实验中，如果直接接入220伏的市电中进行短路实验，弄不好会将总电路中的熔丝熔断，造成不必要的麻烦，而且不太安全。我做了如下改进，即用一个教学变压器，在初级线圈接上220伏的市电，从次级线圈引出12伏电压进行熔丝的短路熔断实验，只要在固定时将熔丝拉得稍紧些，短路时由于电流强度较大，结果在熔丝熔断时能发出“啪”的声音，并有电火花出现，效果明显，容易被学生所感知，从而帮助学生理解电路中熔丝的作用。

·在说明晶体和非晶体的物理性质不同的实验中，如果照课本所说，用烧热的钢针分别去接触涂蜡的云母和玻璃的反面，发生的现象对比不明显，如改用一个直径为5毫米左右的小砝码加热后去做这个实验，发生物理现象的对比就明显多了。实验数据记录如下：云母片上熔化的蜡成椭圆形，长半轴是9毫米，短半轴是6毫米；玻璃上的蜡熔化成圆形，直径约为6毫米。对比之下，学生就清晰地感知晶体各个方向的导热性能不同，非晶体各个方向上的导热性能相同，从而进一步理解晶体和非晶体的物理性质是不同的。

·我在讲述增大压强可使气体液化的内容时，将几滴乙醚滴入压缩空气引火仪的玻璃筒中，乙醚蒸发成气体，在筒的内壁上看不到液珠，当我将筒内的活塞较快地往下推时，结果可以看见筒的内壁附有一些液珠，这样，学生也就较清晰地感知到活塞向下运动——气体体积缩小，压强增大——气体被液化的过程，实验收到了满意的效果。

——资料来源：吴晓康. 感知规律在物理实验教学中的运用 [J]. 教学月刊（中学版），2006（7）：63－64.（有改动）

2. 主观原因

无意注意虽然由外界刺激物所引起，但也受到人本身的主观状态的影响。由于主观状态不同，同样的外界事物，就可能引起一些人的注意而不引起另一些人的注意。

引起无意注意的主观原因主要表现为下列几个方面。

（1）人对事物的需要和兴趣

凡是能满足人的需要（不论是有机体的、物质的需要还是精神的、文化的需要）的事物，就容易成为无意注意的对象。例如，一个面包，容易引起饥饿者的注意。

如果一个人对某种事物有兴趣，这种事物就会引起他的注意。例如，人们天天看报纸杂志，但各人注意的消息却不相同。一幅体育广告，容易引起体育爱好者的注意，股票行情分析能引起股民的注意，而时装、菜场行情等方面的消息则容易引起另一些人的注意。人们在阅读报纸的时候很容易注意跟自己亲身经历有关的事情。育儿手册能够引起即将当妈妈的孕妇的注意，而一般的年轻人却对这种书并不在意。

（2）情绪状态

人当时的情绪状态，在很大程度上影响着无意注意，如果一个人心胸开朗，心情舒畅，平时不易引起注意的事物，这时也容易引起注意。如果一个人情绪烦闷，郁郁寡欢，则注意明显下降，即使是平时容易引起注意的事物，这时也不容易引起注意。

研究表明，对有特殊情感或情绪的事物（如母亲对孩子），即使是一点微小的变化，人也会产生无意注意。

（3）精神状态

人的精神状态也对无意注意有重大影响。人在生病、过度疲劳、精力不足、瞌睡的情况下，常常不能觉察到那些在精神饱满时能够引起注意的事物，人在精神饱满时，容易发生注意，特别是对新鲜事物，同时注意也容易集中和持久。

在实际生活中，引起无意注意的原因往往是上述各因素的综合作用，只是为了叙述的方便，才对它们分开加以阐述。

（二）有意注意

有意注意是指有预定目的，在必要时还需要做一定意志努力的注意。有人又将有意注意称为随意注意。有意注意受人的意识的自觉调节和支配，它是一种主动地服从于一定活动任务的注意。例如，在听课时，我们把注意集中在教学活动中，坚持认真听课，这就是有意注意。

集中和保持有意注意有以下条件。

1. 加强对目的任务的理解

因为有意注意是有预定目的的注意，所以，如果对活动的目的任务的重大意义理解得越清晰、越深刻，完成任务的愿望越强烈，那么，与完成任务有关的事物就越能够引起人们的注意。

在教学过程中，教师要使学生明确学习的目的。不仅要使学生明确一般的学习目的，还要使学生明确具体的目的任务，例如这门课的目的、本周的任务、今天这节课的目的任务，等等，这样有利于集中和保持有意注意。

2. 合理地组织活动

在明确目的任务的前提下，为了把有关的活动更好地组织起来，我们可以采取如下的具体措施。

（1）提出一定的自我要求

提出一定的自我要求，有助于加强有意注意。特别是在要求加强注意的“关键”时刻，可以用内部语言甚至外部语言向自己提出“必须注意”或“思想不要开小差”的要求。这种及时提醒，常常可以产生集中注意的效果。

（2）提出问题

提出问题，常常会加强有意注意。为了回答问题，人们就必须注意有关事物。

我们在学习过程中必须不断地发现问题，不断地向自己提出问题，并努力寻找问题的答案。

教师在教学过程中可以向学生提问。向学生提问的做法，一方面可以检查学生对教学内容的理解情况，另一方面有利于保持学生的注意。提问时可以先向全班同学提问，再指名个别同学回答，同时还应要求其他学生对这个学生的回答进行评价和补充，这样就能引起和保持全班学生自始至终的注意。

（3）把智力活动与实际操作结合起来

如果在注意一定客体的过程中加上一些实际操作，就会使人的注意容易集中一些。例如，一边阅读文献，一边摘记要点，让学生用铅笔指着地图上的河流移动，在生物课上通过亲手解剖兔子来认识兔子的大脑结构，在外语教学过程中，将听、说、读、写结合起来，这些实际活动都有助于维持人的有意注意。

3. 培养间接兴趣

兴趣有直接兴趣和间接兴趣之分。个体对活动过程本身的兴趣，称为直接兴趣。个体对活动结果的兴趣，称为间接兴趣。无意注意与直接兴趣有关，而有意注意与间接兴趣有关。在很多情况下，人对活动的过程可能没有兴趣，但是对于活动的最后结果却有很大的兴趣。这种间接的兴趣，几乎存在于自觉进行的每一种活动中。例如，初学英语的人可能会感到记住英语的读音规则、生词、语法这些东西本身是单调乏味的，特别是需要记忆的单词有很多，令人头疼，因此，对多数人来说，英语的学习不能引起直接兴趣。但是当人们认识到掌握英语有助于学习发达国家的先进科学技术，认识到英语在未来工作中所具有的重要作用，就对学习英语产生了间接的兴趣，因而在学习过程中就能对活动的对象产生有意注意。

4. 克服内外干扰

不难理解，在没有干扰的情况下，保持有意注意是可能的。那么，在有干扰的情况下，保持有意注意是否也是可能的呢？当然也是可能的。对有意注意的干扰，可能是外界的刺激，例如，无关的声音（如上课时有人在教室窗外说笑）、分散人们注意的视觉刺激物（如在家里做作业时旁边的电视机在播放节目）、使人感到强烈兴趣的事物（如很多小朋友在外面做游戏）等。对有意注意的干扰，也可能是机体的某些状态，如疲劳、疾病；也可能是一些无关的思想情绪等。我们除了采取一定的措施排除与完成活动无关的干扰，还要以坚强的意志和一切干扰作斗争，这样就能锻炼意志和培养有意注意。对待环境中的干扰，有各种不同的方法。据说，普希金在写作时，常常把自己关在书房里，闭门谢客，来“逃避”环境中的干扰。李政道小时候常常到茶馆里去读书，养成习惯后，即使在喧嚣的环境里也能集中注意学习，不受干扰。

专栏3-5

无意注意与有意注意的比较

1. 无意注意和有意注意各有优势和不足

无意注意无须意志努力，不易疲倦，思想负担较轻，节省了精力，这是无意注意的优点。但是假如我们单凭无意注意去从事某项工作，那么不仅工作会缺乏计划性和目的性，显得杂乱无章，而且注意不可能保持稳定，不能维持长久，不能巩固，因为我们进行的任何工作总不会都是顺利的，总会遇到一些困难或干扰，工作也不会都是有趣的，总会有单调乏味的过程。因此，必须在有意注意的参与下，工作才能完成。

有意注意集中持久，是系统学习、提高工作质量的保证。但是，假如我们单凭有意注意去从事工作，那么，工作也难以持久，因为有意注意往往需要意志的努力，脑力负担比较重，精力消耗大，时间久了，就会使人感到疲劳，进而转入抑制状态，以致最终不能实现目标，所以也必须有无意注意来调节，工作才能持久。

2. 无意注意和有意注意可以相互转化

无意注意可以转化为有意注意。例如，一个人出于好奇偶然去从事某项活动，这是一种无意注意。后来在活动中对该活动的意义有了进一步的深入认识，觉得从事该活动很有价值，于是就自觉地去从事这种活动，并在遇到困难的时候能够克服困难，仍然把注意保持在这项活动上，这就是无意注意转化为有意注意。

有意注意也可以转化为不需要意志努力的注意。例如，刚开始做某件事情的时候，由于对它不熟悉，没有直接兴趣，往往需要一定的意志努力，强迫自己保持对这种工作的注意。但经过一段时间之后，对这种工作熟悉了，发生兴趣了，体验到了工作的乐趣，这时就可以不需要意志努力而继续保持注意。

（三）有意后注意

有意后注意指有自觉目的，但不需要意志努力就能保持的注意。有人将有意后注意称为随意后注意。如司机熟练地驾驶车辆、体操运动员熟练地做出各项动作、学生如饥似渴地学习科学文化知识，等等，都是有意后注意。

有意后注意是一种特殊的注意形式。从特征上讲，它兼有无意注意和有意注意两者的优点。一方面，它具有自觉的目的，这类似于有意注意，这对系统地、长时间地从事某项活动是有效果的。另一方面，它又不需要意志努力，这类似于有意注意，这使得我们在活动中不容易产生疲劳。由于有意后注意既服从于人们活动的目的与任务，又能节省意志的努力，因而它是一种最高级最理想的注意类型。我们也特别需要培养学生的这种注意。

三、注意的品质

注意的品质主要有注意的范围、注意的稳定性、注意的转移和注意的分配。

（一）注意的范围

注意的范围指同一时间内能够清楚地把握对象的数量。注意的范围也可以被称为注意的广度或者注意的广阔性。注意的范围一般是指知觉的范围。

在同一时间内，人能够清楚地看到或听到的东西，其数量是很有限的。视知觉注意的范围可以用速示器来研究。在速示器上，以不超过 0.1 s 的时间呈现卡片，卡片上面印有一些数字、图形或字母。因为卡片的呈现时间不超过 0.1 s，时间很短，眼睛来不及转动，被试对卡片上的所有刺激物的知觉几乎是同时进行的。在这个时间内，被试所能知觉到的刺激的数量就是他的注意的范围。研究表明，在 0.1 s 的时间内，成人的注意范围平均为 8 个黑色圆点，或者 4 至 6 个彼此不相联系的外文字母。

林镜秋、杨广兴等人采用点子图为材料，以估计准确率达 50% 的点子数目为注意广度的指标，测得中学生的注意广度为 6.33。

影响注意范围的因素包括以下方面。

1. 知觉对象的特点

知觉对象的特点影响人的注意范围。如实验中用速示器呈现外文字母，字母颜色相同时注意范围大，颜色不同时注意范围小。字母排成一行时注意范围大，杂乱无章地分散排列时注意范围小。字母大小相同时注意范围大，大小不同时则注意范围小。字母组成词时注意范围大，毫无联系的字母放在一起时注意范围小。注意的对象越集中，排列越有规律，注意的范围也就越大。

2. 活动任务

同样被知觉的对象由于提出的任务不同，注意的范围也就不同。例如，面对同样数目和排列的有意义的单字，提出两种不同的任务，一种任务是要说出这里有哪些字，另一种任务是要指出这里的字在写法上有什么错误。那么，在前一种任务条件下注意的广度大，而在后一种任务条件下注意的广度小，这是因为后者所提出的任务比前者更要求清楚、仔细地知觉每个字母，任务复杂，因而在这种情况下，注意的范围就缩小了。

3. 知识经验

精通英文的人，读英文书，注意范围就大，看一眼，可能是一个或几个句子。仅仅懂一点点英文的人注意范围就小，只能一个词一个词地念。如果看一句中文，我们就要比不熟悉中文的外国人的范围大。老队员在进行球类比赛时，经验丰富，能眼观六路，耳听八方，注意范围广阔，容易取胜。新手上场则容易顾此失彼，贻误战机。

（二）注意的稳定性

注意的稳定性是指在一定事物上注意所能持续的时间，又称注意的持久性。注意的稳定性是注意在时间上的特征。严格地讲，只能在有限时间之内集中注意。注意的稳定性的标志是活动在某一段时间内的高效率。

人很难长时间地将注意保持在某一事物上固定不变。例如，把一只手表放在离被试耳朵一定距离的地方，使他刚能听到表的嘀嗒声。被试即使是十分专心地听，也会感到表的声音有时强些，有时弱些。实际上，手表的嘀嗒声并没有发生变化，而是注意发生了变化。注意的这种周期性地加强和减弱的现象，叫作注意的起伏现象。

广义的注意的稳定性并不意味着注意总是指向某个特定对象，而是指活动的总的方向始终保持不变，活动所接触的具体对象和行动本身是可以变化的。例如，学生在课堂听课，一会儿看黑板上的板书，一会儿听老师讲解，一会儿阅读课本，一会儿又记笔记，但是注意的总方向是课堂教学内容。由于这些活动都是服从于听课这一项总任务，因而他们的注意是稳定的。同注意的稳定相反的状态是注意的分散。其他刺激物的干扰会引起注意的分散，单调的刺激物也会引起注意的分散。

注意稳定性的影响因素有以下方面。

1. 精神状态

影响注意的稳定性的精神状态包括一个人的身体健康状况、疲劳程度等。当人处于疲劳、萎靡不振、失眠、生病状态时，人的注意力就不稳定，容易产生分散。如果身体健康、精力充沛，人的注意力就能维持稳定。

2. 认知状态

影响注意的稳定性的认知状态包括人对所从事的活动意义的理解程度、所抱态度和兴趣状况。如果人对所从事的活动的意义有深刻的理解，持有积极的态度，或有着浓厚的兴趣，那么注意就容易保持稳定。

3. 年龄特点

注意稳定性随着年龄的增长而提高。一般来说，5—7 岁儿童集中注意于一事物的时间平均为 15 min 左右，7—10 岁的孩子在 20 min 左右，10—12 岁孩子约为 25 min，12 岁以上的孩子约为 30 min。因此不能强求低年级孩子注意持续集中一两个小时，教师和家长应该注意这一点。孩子越小，越要让他们多休息，经常变换内容，使他们保持兴趣，感觉新鲜。另外，低年级儿童，形象思维占主导地位，而抽象思维正在发展，所以直观具体的内容比较容易引起他们的注意，而抽象的概念及道理不容易引起他们的注意。教师和细心的家长可以发现，有时同一件事情，孩子与你们注意的方面不一样，一部分道理就在这里。

4. 注意对象的特点

注意的稳定性与注意对象的复杂程度有关。在一定范围内，注意的稳定程度是随注意对象的复杂性的增加而提高的。例如，内容丰富的对象（如风景画、小说）比内容单调的对象（如铅笔尖、简单的几何图形）更容易使人保持较长时间的注意，活动的对象（如电影、电视、戏剧）比静止的对象（如风景画、小说）更容易使人保持注意。但注意对象如果过于复杂，就可能迅速出现疲劳和注意集中的减弱。

（三）注意的转移

注意的转移是指出现新的任务时，主动地把注意从一个对象转移到另一个对象上。例如，物理课之后又要上英语课，要根据新的任务，努力地把注意力从一门课程转向另一门课程。注意的转移不同于注意的分散。注意的转移是根据实际需要，有目的地把注意转向新的对象，使一种活动有目的地、合理地为另一种活动所代替。注意的分散是在需要注意稳定时，由于刺激单调重复，或者由于无关刺激物的干扰，注意离开了需要注意的对象，而去注意无关的事物了。

影响注意转移的快慢和难易的条件有以下方面。

1. 原来注意的紧张度

原来注意的紧张度越高，注意转移就越困难、越缓慢；反之，如果原来注意的紧张度越低，注意的转移就越迅速，越容易。有的老师喜欢一上课就发试卷或搞5分钟小测验，然后进入新课教学。这样的做法，教学效果往往是不好的，其主要原因是学生对试卷或测验的分数十分重视，试卷发完以后或5分钟小测验结束以后，教师很难把学生的注意力转移到后面紧接着的新课教学上来，因而削弱了后续教学内容的教学效果。

2. 引起注意转移的新事物（新活动）的性质

后续的新事物或新活动越符合人的需要和兴趣，越有吸引力，注意的转移就越容易。反之，新事物或新活动越不符合人的需要和兴趣，注意的转移就越困难。

3. 个体神经过程的特点

个体神经过程的灵活性影响注意转移的快慢和难易。神经过程灵活性高的人，注意的转移比较快和容易；神经过程灵活性低的人，注意转移比较慢和困难。

对于有些工作来说，注意的转移能力是特别重要的。例如，飞行员和火车、汽车司机等需要有较强的注意转移能力。有的研究指出，一个好的飞行员在起飞和落航的5—6 min时间内，注意的转移达200多次，如果飞行员注意的转移能力不好，就难以胜任工作。

（四）注意的分配

注意的分配是指在同一时间内，把注意指向不同的对象。平时所说的“一心二用”或“一心多用”，指的就是注意的分配。实际生活的很多情况需要人们能很好地分配注意。实践证明，注意的分配也是可能的。例如汽车司机边开车、边注意来往的行人和车辆等。学生听课时边听讲、边看板书，还要边做笔记。又例如，有的人能够一边看报纸，一边打毛线。这些都是注意分配的现象。

如果要同时进行两种或两种以上的活动，要符合以下两个条件。

1. 必须只有一种活动是不熟悉的

熟练的活动和“自动化”的活动只需要小部分注意，我们可以把大部分注意集中到比较生疏的活动上去。如学生一边听课、一边做笔记，由于学生写字的技能已经熟练了，他们可以把大部分注意分配到听课上。但是小学低年级学生就很难做到边听课边做笔记，因为写字对他们来说还不熟练。

2. 同时进行的几种活动之间具有密切的关系

如果同时进行的几种活动之间毫无关系，则同时进行这几项活动是很困难的；但是如果在它们之间已经形成了某种反应系统，则同时进行这些活动就比较容易。例如，汽车司机驾驶汽车的复杂动作，包括换挡、刹车、踩油门、把握方向盘，等等，通过训练后这些动作形成了一定的反应系统，就可以不费力气地完成各种驾驶动作，并且把注意分配到其他与驾驶有关的事情上。

汉字阅读一直是心理语言学研究的热点。研究者采用眼动技术，对阅读形声字中的注意问题进行了研究（见“一线研究”）。

一线研究

阅读形声字中的注意问题

研究者选取母语为汉语的本科生32名（男生14名，女生18名），采用眼动技术，记录汉语阅读者在形声字的语音、语义提取中对声符和义符的注意规律，考察形声字部件的位置、功能和正字法意识对汉字认知的影响。

汉字中90%为左形右声（用“SP”表示，如“抵”），10%为左声右形（用“PS”表示，如“郊”）。将每个形声字按照义符部件、声符部件的实际大小比例（约为2∶3）划分为左、右两个矩形“兴趣区”（图3-17）。比较SP汉字和PS汉字的眼动指标，发现对SP汉字，右部件区的总注视时长比显著大于左部件区，右部件区的注视点个数比显著大于左部件区；对PS汉字，左部件区的总注视时长比显著大于右部件区（表3-3）。

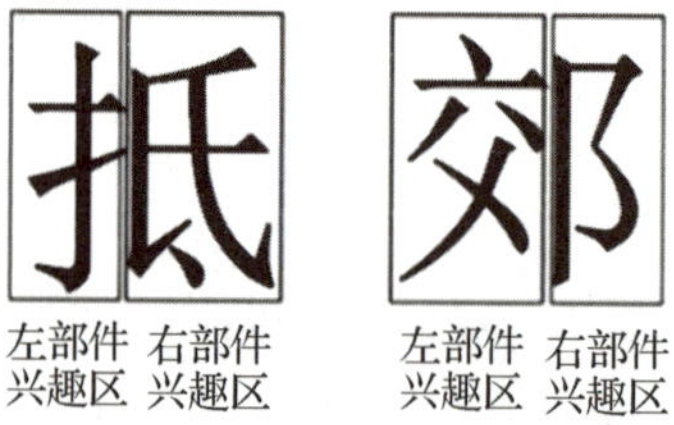

图3-17　“兴趣区”划分示意图

表3-3　在语音任务中不同兴趣区的眼动指标均值与标准差

形声字结构	总注视时长比		注视点个数比		首注视点序数	
	左部件	右部件	左部件	右部件	左部件	右部件
SP	0.11(0.09)	0.89(0.10)	0.26(0.10)	0.74(0.09)	2.89(0.31)	1.05(0.11)
PS	0.59(0.13)	0.41(0.12)	0.55(0.16)	0.45(0.16)	1.63(0.31)	1.90(0.37)
平均值	0.35	0.65	0.40	0.60	2.26	1.48

因此，在汉字的视觉加工中，阅读者对部件空间位置的注意加工优势受到声旁位置的调节。对左形右声结构的汉字，被试更多地注意字的右边，对右形左声结构的汉字，被试更多地注意字的左边。

——资料来源：张积家，王娟，印丛. 声符和义符在形声字语音、语义提取中的作用：来自部件知觉眼动研究的证据［J］. 心理学报，2014，46（7）：885－900.（有改动）

四、注意规律在教学中的应用

（一）充分利用无意注意

1. 控制引起注意分散的因素

在教学环境方面，要保持安静，排除与教学无关的刺激物对教学活动的干扰作用，防止这些无关刺激物分散学生的注意。教室环境要简朴，教室内不需要有过多的装饰。同时，空气清新，光线适度，温度与湿度合宜。教师的服装和发型要端庄大方，不要穿奇装异服。教师的言谈举止得体，没有过多的口头禅，表情得当。教学活动中如果使用教具，在教具用完后，应及时地将教具隐藏起来，以免学生分心。

2. 教学方法要灵活多样

教师在教学过程中，要注意内容的新颖、生动和有趣，以提高学生的注意力。讲课要抑扬顿挫，速度快慢适当。发现个别学生有不守秩序的行为，可以示意停止，或突然停止讲课，或有意降低声音。既制止个别学生的这种行为，又把这种行为的影响降到最低，把全班的注意力拉回到教学内容上。对重要的内容可以加重语气，或者提高音量，或者作必要的重复。呈现直观教具要适时，对所要显示的关键部位应鲜明突出，尽可能以活动的形式呈现。

（二）引起并保持有意注意

1. 明确学习要求和意义

教师要帮助学生加深对学习的目的任务的理解，明确学习的意义。通过培养学生对学习的间接兴趣，让学生在学习过程中保持有意注意。当学生的注意力开始分散时，教师及时提醒。在教学过程中向学生提问、要求学生上课时做笔记或动手操作实验等，都有利于学生保持有意注意。

2. 精心准备和组织教学

教学内容的数量和难易程度都要得当，数量过多的内容或者数量过少的内容，过分难的内容或者过分容易的内容，都会使学生分心。在讲解过程中，可以创设“问题情境”，提出“悬念”，从而激发学习兴趣，活跃思维，引起学生对后续教学内容的注意。在教学中还要关注无意注意和有意注意的转化和交替使用，使两种注意的优势都得到发挥。

（三）重视注意力的培养

兴趣水平越高，注意力水平也就越高。因此，要提高学生的注意力水平，就必须培养学生的学习兴趣。除了培养直接兴趣之外，更主要的是要培养学生对学习的间接兴趣。有意注意与意志力有着密切的关系，只有意志坚强的人才能成为自己注意的主人。因此，要培养注意力，还必须加强意志的锻炼，特别是要加强对自制力的培养。

注意力与学习态度和习惯有密切联系。学习必须专心致志，全身心地投入，这样才能收到良好的效果。西方有句谚语："Work while you work, play while you play."，这句话的意思就是说，工作的时候就要一心一意地去工作，游戏的时候就要尽情地去游戏。在习惯方面，坐姿端正，在规定的时间、固定的地点学习，也能帮助注意力集中。苏联心理学家西·索洛维契克（S. Soloveitchik）说："要想在课堂上集中注意力，我们还是从一年级就学会做简单的事情开始吧：身体坐正，振作起来，做好听课准备……这样，我们就会非常容易地把注意力集中在老师的讲解上。"此外，注意品质存在个别差异，教师要了解学生在注意品质上的特点，有针对性地进行辅导教育，做到因材施教。

本章小结

感觉和知觉是最基本的认知过程，是人认识世界的开端。

感觉是人脑对直接作用于感官刺激物的个别属性的反映。感觉分为外部感觉（视觉、听觉、嗅觉、味觉、肤觉）和内部感觉（平衡觉、运动觉、机体觉）。感受性是指人对刺激的感觉能力，感觉阈限是刚刚能引起感觉或差别感觉的刺激量大小。感受性可以分为绝对感受性和差别感受性，感觉阈限也可以相应地分为绝对感觉阈限和差别感觉阈限。绝对感受性与绝对感觉阈限在数值上成反比关系，差别感受性与差别感觉阈限在数值上也成反比关系。感受性会随着环境的变化而变化，体现为感觉适应、感觉对比、不同感觉的相互作用、联觉。此外，人的感受性还可以通过实践获得提高。

知觉是人脑对直接作用于感官刺激物的整体属性的反映。按知觉对象的特点，知觉可以分为空间知觉、时间知觉、运动知觉。除正确知觉外，还存在错觉，即人在特定条件下对客观事物必然产生的某种有固定倾向的歪曲知觉。知觉具有四个基本特性：整体性、选择性、理解性、恒常性。

注意是心理活动对一定对象的指向和集中，具有指向性和集中性两个特点。注意具有以下四个功能：选择功能、整合功能、维持功能以及调节和监督功能。巴甫洛夫学派高级神经活动学说认为，注意的主要生理机制是高级神经活动的诱导规律。不同学者提出了不同的关于注意的理论模型，主要有注意的过滤器模型、注意的衰减模型及注意的反应选择模型。

根据产生和保持注意有无目的与意志努力程度的不同，可以把注意分为无意注意、有意注意和有意后注意三种。注意的品质主要有注意的范围、注意的稳定性、注意的转移和注意的分配。在教学中，教师要合理运用注意的规律进行教学，主要包括三个方面：充分利用无意注意、引起并保持有意注意及重视对学生注意力的培养。

本章名词术语

感觉是指人脑对直接作用于感官的客观事物的个别属性的反映。

外部感觉是指接受外部刺激，反映外界事物的个别属性的感觉，包括视觉、听觉、味觉、嗅觉、肤觉。

内部感觉是指接受机体本身的刺激，反映机体的位置、运动和内部器官不同状态的感觉，包括运动觉、平衡觉和机体觉。

视觉后像是指刺激停止作用于视觉感受器后，感觉并不立即消失而保留片刻的现象。与原刺激性质相同的后像称为正后像，与原刺激性质相反的后像称为负后像。

闪光融合是指当多次闪光相继出现并且间隔时间足够短时，人眼将不再分辨出单个的闪光，而将其感觉为一个稳定的连续的光。

马赫带现象是指人们在明暗变化的边界，常常在亮区看到一条更亮的光带，而在暗区看到一条更暗的线条。

颜色是指光波作用于人眼所引起的视觉经验。

明度是指光刺激的强度作用于眼睛产生的视觉结果。

饱和度是颜色的纯度，光谱上各单色光的饱和度最大，其中掺入白色越多，就越不饱和。

感受性是指人对刺激的感觉能力，即对刺激的感觉灵敏程度，可分为绝对感受性和差别感受性。

绝对感受性是指感官察觉微弱刺激的能力。

绝对感觉阈限是指刚刚能引起感觉的最小刺激量。

差别感受性是指对最小差异量的感觉能力。

差别感觉阈限是指刚刚能引起差别感觉的刺激物间的最小差异量。

感觉适应是指感受器在刺激物的持续作用下发生感受性变化的现象，既可以使感受性提高，也可以使感受性降低。

感觉对比是感受器在两种刺激的同时或先后作用下，使感受性发生变化的现象，感觉对比可以分为同时对比和继时对比。

联觉是一种感觉引起另一种感觉的现象。

感觉补偿是指某种感觉或机能不足，会促进其他感觉的感受性提高，从而取得弥补和代偿的现象。

知觉是指人脑对直接作用于感官刺激物的整体属性的反映。

空间知觉是指对物体的形状、大小、距离、方位等空间特性的知觉。

时间知觉是指人脑对客观事物延续性、顺序性的反映。

运动知觉是指人对物体空间位移的知觉。

真动知觉是指物体按特定速度或加速度从一处向另一处作连续空间位移而引起的知觉。

似动知觉是指在一定的时间和空间条件下，把静止物体知觉为运动，或者把没有连续位移的物体知觉为连续的运动。

动景运动是指当两个刺激物按一定空间间隔和时间间隔相继呈现时，人看到原来两个静止的物体的连续运动现象。

自主运动是指人在注视暗室内一个微弱的、静止的光点片刻后感到光点来回移动的现象，又称游动效应。

诱导运动是指由于一个物体的运动使其邻近的静止物体产生了运动的现象。

运动后效是指注视一个运动的视觉刺激一段时间后，转而注视静止的物体，会感到静止的物体似乎在朝相反的方向运动。

错觉是指人在特定条件下对客观事物必然产生的某种有固定倾向的歪曲知觉。

形状恒常性是指当观察角度导致物体视觉映象形状变化时，人对物体实际形状的知觉保持不变的知觉特性。

大小恒常性是指对物体的大小知觉不随视觉映象变化而变化，趋于保持物体实际大小的知觉特性。

明度恒常性是指不受外界照明条件的影响，保持对物体明度知觉稳定性的知觉特性。

颜色恒常性是指面对环境变化保持对物体颜色知觉不变的知觉特性。

知觉学习是指由经验或训练引起的个体对感觉信息加工能力的改变（多指提高）。

注意是指心理活动对一定对象的指向和集中，指向性和集中性是注意的两个基本特性。

斯特鲁普效应指一个刺激的两个维度相互干扰的现象。

无意注意指事先没有预定的目的，也不需要作意志努力的注意，又称不随意注意。

有意注意是指有预定目的，在必要时还需要做一定意志努力的注意，又称随意注意。

有意后注意是指有自觉目的，但不需要意志努力就能保持的注意，又称随意后注意。

注意的范围是指同一时间内能够清楚地把握对象的数量，又称注意的广度或者注意的广阔性。

注意的稳定性是指在一定事物上注意所能持续的时间，又称注意的持久性。

注意的转移是指出现新的任务时，主动地把注意从一个对象转移到另一个对象上。

注意的分配是指在同一时间内，把注意指向不同的对象。

第四章 认知过程(二)：记忆 思维 想象

"学而不思则罔，思而不学则殆。"

——孔子

"打破核桃就是分析的开端。"

——恩格斯

"思想是根基，理想是嫩绿的芽胚，在这上面生长出人类的思想、活动、行为、热情、激情的大树。"

——苏霍姆林斯基

第一节 记忆

一、记忆的分类

记忆是人脑对过去经验的反映。这种反映是人脑反映机能的一个重要方面。有了记忆，人才能保持过去的反映，使当前的反映在以前反映的基础上进行，并使反映更全面、更深入。记忆是心理在时间上的持续，有了记忆，先后的经验才能联系起来，使一个人的心理活动成为一个发展的、统一的过程，并形成他的心理特征。如果没有记忆，一切心理的发展、一切智慧活动，都将变得不可能。即使各种因素对记忆造成局部的或一时的影响，如因脑受伤或患精神病而发生的对某一时间阶段以前的经验或某一类的经验的全部遗忘，心理活动也会因此产生极大的问题。

根据不同的标准，记忆可分成不同的种类。

(一) 根据记忆的内容划分

感知过的事物、思考过的问题、体验过的情感、练习过的动作，在事情发生之后，其印象并不完全消失，其中有一部分作为经验在人脑中保持，以后在一定条件下可以重新恢复。这样，根据记忆的内容，记忆可以分为形象记忆、语义记忆、情绪记忆和动作记忆。

形象记忆是指对感知过的具体事物形象的记忆。例如，到苏州旅游后，会想起虎丘塔的形象。语义记忆，又叫逻辑记忆，即对语词概括的各种有组织的知识的记忆。例如，对于抽象概念“逻辑”“理性”等，保持着记忆。情绪记忆是指对自己体验过的情绪和情感的记忆。例如，拿到学校录取通知书时，感到激动兴奋，现在还清楚地记得。动作记忆是指对身体的运动状态和动作技能的记忆。例如，以前学会的打字、游泳，现在还都会做。

（二）根据信息加工和存储内容的不同划分

根据信息加工和存储内容的不同，记忆可以划分为陈述性记忆和程序性记忆。

陈述性记忆是指对有关事实和事件的记忆，即事实类信息，这类信息可以用言语表达，包括字词、定义、人名、时间、事件、概念和观念。

程序性记忆又称技能记忆，即对程序性知识进行记忆，如该怎样做事情或如何掌握技能，通常包含一系列复杂的动作过程，既有多个动作间的序列联系，也包括在同一瞬间进行的动作间的横向联系。

相较于陈述性记忆，程序性记忆想要用言语表述就比较困难。例如，让你示范如何骑自行车，你可以很轻松地完成任务。但如果一个不会骑车的朋友让你告诉他如何骑车，你就会觉得不容易表述清楚。这是因为，在练习动作技能获得程序性知识时，当练习达到一定次数时，就会无意识地把一连串复杂的动作当作一个单元来整体处理，这一过程被称为知识编辑。而当获得了程序性记忆后，再回过头来让我们分解讲述动作要领，就会变得比较困难。

（三）根据意识的参与程度划分

根据意识的参与程度，记忆可以划分为外显记忆和内隐记忆。

外显记忆是当个体需要有意识地或主动收集某些经验用以完成当前任务时表现出来的记忆。内隐记忆是指在不需要意识参与或不需要有意回忆的情况下，个体的已有经验自动对当前任务产生影响而表现出来的记忆。

有关内隐记忆与外显记忆之间差异主要来自对健忘症患者的研究。健忘症患者在外显记忆保持测验方面表现出严重的记忆缺损，其典型特征是只能回忆或再认很少的最近所学习过的刺激信息。有的患者极其容易遗忘刺激信息，以至于医生在每次见到病人的时候都要再次做自我介绍。沃林顿（Warrington）（1970）发现，健忘症患者的内隐记忆并不存在缺损。实验中首先让健忘症患者和控制组被试（没有患健忘症的被试）学习低频单词组成的词表，并采用回忆、再认、部分信息、词干补笔四种方式对他们的记忆情况加以测量。前两种方式测试外显记忆的学习，后两种测试内隐记忆的学习。结果发现，回忆与再认的情况下，健忘症患者的记忆得分显著低于控制组；而在部分信息与词干补笔的测量中，健忘症患者的记忆得分与控制组没有显著差异。说明健忘症患者外显记忆受损，但内隐记忆的学习不受影响。①

（四）根据保持的时间划分

根据保持的时间，记忆可划分为瞬时记忆、短时记忆和长时记忆。

1. 瞬时记忆

瞬时记忆又称感觉记忆，是保持一秒钟左右的记忆。瞬时记忆保持的时间极短，一般是 0.25—2 s。如此短暂的信息，若不加以注意，很快就会消失，若得以加工，就转入短时记忆。但是，瞬时记忆的容量较大。一般来说，凡是进入感觉通道的信息都能被登记，其记忆容量很大，以图像记忆为例，记忆容量为 9—20 个比特。

瞬时记忆具有形象鲜明的特点，它储存的信息未经任何处理，以感觉痕迹的形式存在，完全按客观刺激的物理特性编码，编码方式有视觉器官的编码和听觉器官的编码。它按感知的先后顺序被登记，信息原始，记忆痕迹容易消退。

影响瞬时记忆的因素：① 模式识别。模式识别是从瞬时记忆向短时记忆传送信息并赋予意义的过程。感觉记忆中的一部分信息由于模式识别而被传送到短时记忆中，并在那里被赋予意义。② 注意。注意使信息从感觉记忆传送到短时记忆，从而使信息得到进一步的加工，在确定选择哪些信息传送到短时记忆，哪些信息从感觉记忆到衰退的过程中，注意起主要的作用。

2. 短时记忆

短时记忆是信息从感觉记忆到长时记忆之间的一个过渡阶段。信息在头脑中储存的时间比瞬时记忆长一些，但一般不会超过 1 min。

不仅时间短，而且短时记忆的容量有限。一般为 7 ± 2 个组块。不同类别材料的短时记忆容量不同（表 4-1）。组块是某种有意义的刺激组合，人们熟悉的认知单元。例如，CIAFBIIBMTWA，可以视为 12 个组块，如果分为 CIA FBI IBM TWA，可视为 4 个组块。组块加工在短时记忆中具有重要的作用，短时记忆的信息量可以通过组块而得到扩充。

表 4-1　不同类别材料的短时记忆容量与加工速率②

不同类别材料	短时记忆容量/项目	加工速率/ms
数字	7.70	33.4
颜色	7.10	38.0
字母	6.35	40.2

---

① WARRINGTON E K, WEISKRANTZ L. Amnesic syndrome: Consolidation or retrieval? [J]. Nature, 1970, 228 (5272): 628 - 630.

② 杨治良. 记忆心理学 [M]. 上海：华东师范大学出版社，1994：77.

续表

不同类别材料	短时记忆容量/项目	加工速率/ms
字词	5.50	47.0
几何图形	5.30	50.0
随机图形	3.80	68.0
无意义音节	3.40	73.0

短时记忆是服从当前任务需要，是主体正在操作、使用的记忆。主体有清晰的意识。短时记忆又被称为工作记忆，操作性强，易受干扰。

短时记忆的编码方式可以分为听觉编码和视觉编码。影响短时记忆的因素包括觉醒状态、组块、加工深度。复述是短时记忆信息存储的有效方法，也是短时记忆向长时记忆转化的条件。复述分为两种：一种是机械复述，即将短时记忆中的信息不断地进行简单重复。例如，反复默念查到的电话号码，然后拨号。另一种是精细复述，即将短时记忆中的信息进行分析，使之与已有的知识经验建立起联系。例如，设定密码时用生日或者门牌号码，这样便于对密码进行精细加工。实验表明，精细复述是短时记忆存储的重要条件。

复述一方面帮助我们在信息消退之前重新激活它们，使之保持在短时记忆中。另一方面又使信息进入长时记忆，永久地保存起来。因此，我们在平时的学习时要注意对学习材料的理解，把新学习的内容与已有的知识建立联系，这样才能学得好记得牢。

3. 长时记忆

信息在记忆中储存时间在 1 min 以上，直至几天、几周或数年，甚至终生不忘，这种记忆称为长时记忆。

长时记忆的特点是容量无限，保存时间长久。在一般人的心目中，通常所谓的记忆不是感觉记忆或短时记忆，而是指长时记忆。

长时记忆以意义编码为主。研究者提出双重信息编码的观点，即在长时记忆中存在着两种独立的编码系统，一种是语义编码，另一种是表象编码。语义编码是按言语发生的顺序以系统方式来表征信息，包括言语听觉和言语运动两方面的信息。表象编码主要对非言语的对象和事件的知觉信息进行加工处理。在双重编码的研究中，研究者设计了具体词和抽象词的测验。具体词指那些可以用一个或多个感觉通道来知觉的客体。例如，“收音机”，“歌曲” 和 “牛”。与此不同，“荣誉” 和 “忠诚” 等词为抽象词。人在对具体词和抽象词的信息加工时，都可以由语义编码系统来处理。但是，具体词还可以在有限的范围内由表象编码系统来进行加工，而抽象词却只能够由一个编码系统来加工。因此，具体词在长时记忆中的加工过程以及在信息存储中都占优势。图画之所以比具体的或抽象的词更容易被记住，原因是图画可以被表象编码系统进行强有力的信息加工，同时还能够在中等强度上被语义编码系统加工处理。在人的学习与记忆中，这两个编码系统都很重要。

长时记忆中，信息的储存是一个构建过程。对于相关或相似的项目，会按一定类别来组织（专栏4-1）。当各种信息在概念上有一定层次的逻辑关系时，在记忆中他们就会按照他们共同特性构成一个多层次的概念体系。这种有层次的组织结构可以有效地提高记忆效果。科林斯（Couins）和奎利恩（Quilian）的研究认为，语义记忆可能以网络形式贮存材料。每个概念是个节点，它可以和上下概念相连，也可以和它的属性相连。回忆时，从一个概念开始，可以联系到上下左右的有关概念。从一个节点到另一个节点，层次越多，回忆所需的时间越长（图4-1）。

专栏4-1

你是如何记住这些单词的？

下面30个单词试着记一下。然后回忆一下，并想一想你是如何记这些单词的。

斑马	菊花	土豆	野猪	狐狸	玫瑰
书架	骆驼	茶花	老鼠	丁香	水牛
冬瓜	老虎	香菜	墨水	日历	山羊
橡皮	书包	洋葱	大象	蜡梅	番茄
茉莉	豌豆	铅笔	白菜	海豚	牡丹

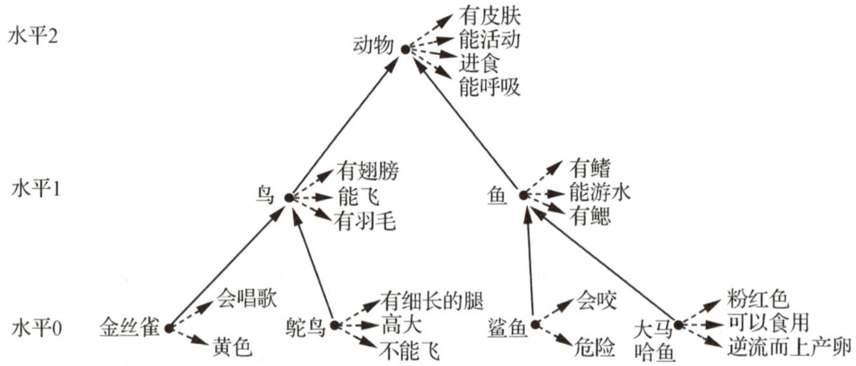

图4-1 具有三级层次的语义网络模型

——资料来源：彭聃龄，张必隐. 认知心理学[M]. 杭州：浙江教育出版社，2004：200.（有改动）

二、记忆的过程

在记忆过程中，从记到忆包括识记、保持、再认或回忆三个基本环节。从信息加工的角度来看，记忆过程是对输入信息的编码、储存和提取的过程。

（一）识记

识记是记忆过程的开端，是识别和记住事物的特点及事物间联系的过程。识记通常是一种反复的感知过程，借以形成比较稳固的联系。例如，识记外文单词，学习之后，是经过多次诵读，形成它的音、形、意的稳固联系，从而记住它。也可能经过一次感知就能记住，如有人对于一些曲调听过一次就能记住。

1. 识记的种类

根据识记有无目的性，可以把它分为无意识记和有意识记。

无意识记是事前没有明确目的，也不需要意志努力的识记。在生活中那些具有重大意义，适合人的兴趣、需要、活动目的和任务的事物，以及那些能激起人们情绪活动的事物，人们在无意之中就把它们记住了，并且日积月累，获得了大量的信息。但是，由于缺乏目的性，因而识记内容带有偶然性和片段性，缺乏系统性。有意识记是有明确的识记目的，并运用一定方法的识记，在识记过程中还需要一定的意志努力。学生的学习活动主要依靠有意识记。

根据识记的方法来分，可以分为机械识记和意义识记。

机械识记是指在不理解材料意义的情况下，采用机械重复的方法进行的识记。意义识记是在理解事物的基础上，依据事物的内在联系进行的识记。

意义识记和机械识记是识记的两种基本方法。意义识记一般以机械识记为基础。而机械设计也要靠意义识记来帮助，因为意义识记效果好。在机械识记的同时，利用意义识记，能取得更好的识记效果。例如，辛亥革命发生在 1911 年，而中国共产党成立于 1921 年。如果把这两个年代连在一起，就会发现这两个年代相差“10 年”，这样学生不仅能马上记住，而且会记得很牢。

2. 影响识记的因素

（1）目的和任务

识记的目的和任务越明确具体，识记效果越好。识记材料如果能够被直接操作或成为活动对象，识记效果会更好。

（2）材料的性质和数量

一般而言，直观、形象的材料比抽象的材料更容易识记；有意义的材料比无意义的材料容易识记；数量小的材料比数量大的材料容易识记。

（3）不同感觉通道的影响

研究表明，多种感觉通道结合，识记效果最好。

（4）识记方法

不同的识记方法，效果不同。每一个人应根据自己的学习情况，选择适合自己的有效方法。

在学习时，不少同学喜欢一边听音乐一边学习。听音乐对单词记忆有无帮助？具有什么样的影响？（见“一线研究”）

一线研究

听音乐对字词记忆的影响

学习时听音乐是否有利于记忆？为探讨背景音乐对中英字词记忆的影响，高淇等（2018）选取90名已通过CET6的大学生为被试，进行了3（背景音乐类型：无音乐，中文流行音乐，英文流行音乐）×2（词汇类型：中文词汇，英文词汇）因素的混合实验设计。

结果显示，无音乐条件下词汇的回忆量显著高于中文音乐和英文音乐条件下词汇的回忆量，英文音乐条件下词汇的回忆量显著高于中文音乐条件下词汇的回忆量（表4-2）。

表4-2 不同音乐类型的平均回忆量（标准差）

词汇类型	无音乐	中文音乐	英文音乐
中文词汇	14.73（2.95）	10.50（3.15）	13.20（3.43）
英文词汇	13.50（3.13）	10.10（2.74）	11.80（3.82）

有歌词的流行音乐会对记忆任务造成干扰。在记忆任务难度较低的情况下，熟悉度较高的歌词产生的干扰大于熟悉度较低的歌词产生的干扰，听觉输入语言的熟悉度是影响无关言语效应的因素。

——资料来源：高淇，白学军．中英流行背景音乐对大学生中英词汇记忆的影响［J］．心理学报，2018，50（1）：1－8．（有改动）

思考：说说这项研究对学习的启示。

（二）保持

保持是记忆的重要环节。保持不仅是巩固识记，也是实现再认或回忆的重要保证。在头脑中保持的经验并不是静止的，它会发生质和量的变化。数量上的变化表现为记忆量的减少，出现遗忘；质量的变化可表现为记忆内容的简化、概括，也可以表现为歪曲、替代等。

英国实验心理学家巴特利特（Bartlett）用实验证明个人的知识和经验是如何影响信息储存，并导致信息在储存过程中发生变化的。他研究英国学生记忆故事的方式，这些故事的主题和措辞都来自基于其他的文化背景的文本，其中最著名的《鬼魂的战争》是个美国印第安人的民间故事。巴特利特发现，英国学生复述的故事与原著发生了很大的变化，他们用自己文化中熟悉的词汇代替了原文中不熟悉的词汇：用小船代替了独木舟，用钓鱼代替了抓海豹。他们还经常改变故事情节，去掉那些他们在本文化中所不熟悉的、涉及超自然力的地方。巴特利特据此总结出信息储存过程中三种形式的变化。①趋平：简化故事，②精锐化：突出和过分强调某些细节，③同化：将细节变得更符合被试的背景或知识结构。

巴特利特还做了一个经典实验来证明信息储存过程中的变化和扭曲。他给被试呈现一张图片，要求被试看后依据自己的回忆画出来，然后将第一个被试画的图画交给第二个被试看，并让第二个被试根据自己的回忆画出来，然后将第二个被试画的图画交给第三个被试看……这样依次进行下去，直到第十八个被试。从图4-2可以看出，被试凭借自己记忆画的图画与原图画相比已发生了很大的变化。

图4-2　信息储存过程中的变化和扭曲

课后作业是课堂教学活动的延续，一方面帮助学生巩固所学知识，提升应用能力，另一方面帮助教师诊断学生学习上的问题，提供教学上的反馈，以便教师更好地掌握学情。“双减”背景之下，随着课后服务的深入开展，作业管理正在突破传统的固化体系，不断充实创新。作业转型是减轻学生负担、提高学生兴趣、优化课后服务内容的应然举措，需要立足课程改革的背景，在“教学”与“评价”的联结中，基于发展学生素养的视角，引导学生主动解决作业活动中的问题并尝试进行个性化的表达。作业转型要从目标、内容、实施、评价四个方面进行。

1. 作业目标的转型：从“学会”走向“会学”

学会学习是核心素养的具体表现，帮助学生学会学习，促进他们的主动成长和终身发展是作业转型的目标取向。作业目标要将结果目标和过程目标有效融合，让学生在作业活动中培养兴趣、养成习惯、增强实践、获得体验、发展素养，实现知识掌握与学习能力提升。

2. 作业内容的转型：从“文本性任务”走向“互动性任务”

作业内容的丰富性与多样性直接影响着学生的学习兴趣和学习效率。“互动性”任务可以减轻学生被动学习的单调感，激发学生主动学习的参与感。传统的文本性作业任务，因为有大量的信息元素需要加工，往往会加重学生的认知负荷，互动性任务可以通过不同形式的刺激和加强学生的关联认知实现对学生认知负荷的优化。

3. 作业实施的转型：从“静思”走向“对话”

作业实施要从学科视角转向生活视角，引导学生尝试综合运用各种知识、思维方式解决生活中发现的现象、问题。在作业活动的实施过程中，首先要注重人与物的对话，如与课本、教辅材料、课堂笔记本、网络等学习资料及信息工具的对话；其次要注重人与人的对话，如师生对话和同伴对话。

4. 作业评价的转型：从“知识中心”走向“素养中心”

作业评价要基于学生的身心特征和培养目标，实现评价主体的多元化、评价向度的综合化以及评价目标的过程化。以素养为中心的作业评价重视过程性和激励性，是对学生认知策略、元认知水平及学习情感等学科素养和学习素养的评价。

要提高课后服务质量，作业转型势在必行，有研究人员结合自身教育实践提出了课后作业转型的有效策略（见“一线研究”）。

一线研究

课后作业转型的有效策略

《关于全面推进中小学课后服务进一步提升课后服务水平的实施意见》中明确指出，小学生课后作业一般在学校完成。小学教师对于如何设计课后服务时空下的作业内容普遍存在困惑。研究人员针对目前课后服务现状，结合自身教学实践提出作业转型的有效策略：

A. 设计适切的作业内容，提升思维能力：设置“必做题”和“选做题”来进行作业分层。

B. 营造自主的作业环境，积累活动经验：结合学生特点，进行有针对性的作业活动。

C. 重现可视的作业过程，培养自学能力：可在作业活动中设计一些探究性问题，让学生在作业活动的过程中“重现”知识的探求过程。

D. 开发多元的作业价值，提升自我效能感：教师设计实践活动作业，学生自主完成，亲身感悟。

如教授苏教版数学教材三年级上册第二单元“千克和克”后，布置一项实践活动作业“A4 纸的承重”（表 4-3）。学生在“怎样让 A4 纸立起来？如何才能放更多的书？”的疑问中开始动手操作，在不断的尝试、研究、测量、比较中得到深刻的体验和感悟。学生通过亲身经历与感悟，所收获的远远超越了知识本身，这样的作业体验丰盈了学生的内心世界，提升了学生的生命意义。

表 4-3 实践类作业实例

布置时机	“认识千克和克”学习之后
作业内容	将 A4 纸平均分成两份，想办法让两半张纸立起来，立起来后试着在上面放书，看看一张 A4 纸最大的承重力是多少？
作业目的	在尝试、操作活动中感悟量感，深化对重量单位的认识

在学生利用课后服务时间自主完成作业的过程中，教师作为组织者，要保证作业活动的自主性和独立性；作为引导者，需要为学生的作业活动提供更具结构性的作业设计；作为合作者，在反馈交流的过程中要适时参与讨论，与学生一起展开思辨，深化理解和感悟。

——资料来源：潘秋英. 课后服务时空下的作业转型［J］. 江苏教育研究，2022（10）：60－63.

（三）再认和回忆

1. 再认、回忆

客观事物在眼前，感到熟悉，确认以前感知过的，这是再认。以前感知过的事物不在面前，把对它的反映重新呈现出来，这是回忆。例如，我们以前听过一个曲调，不看谱哼出来，这是回忆；别人演奏时能听出是以前听过的，这就是再认。近年来，抑郁症的高发病率引起各界重视。心理学家曾对具有抑郁症状中学生的回忆特点进行了实验研究（见“一线研究”）。

一线研究

抑郁症状中学生的回忆特点

2020 年 9 月，国家卫生健康委办公厅发布了《探索抑郁症防治特色服务工作方案》。其中，将青少年抑郁症筛查纳入学生健康体检内容，要求对测评结果异常的学生给予重点关注。

张大均等（2008）曾对具有抑郁症状的中学生的记忆特点进行过实验研究。实验选取 79 名中学生作为被试，包含 39 名有抑郁症状的学生（男性 19 名，女性 20 名），40 名心理正常的学生作为对照组（男性 20 名，女性 20 名）。实验过程分为学习、回忆测验两个阶段。

对比抑郁症状中学生自我相关生活事件故事中正性、负性和中性句（条目）的回忆特点，数据显示，在中性条件下，抑郁组回忆出的正性和中性条目数少于非抑郁组，而回忆出的负性条目数多于非抑郁组（图 4-3）。

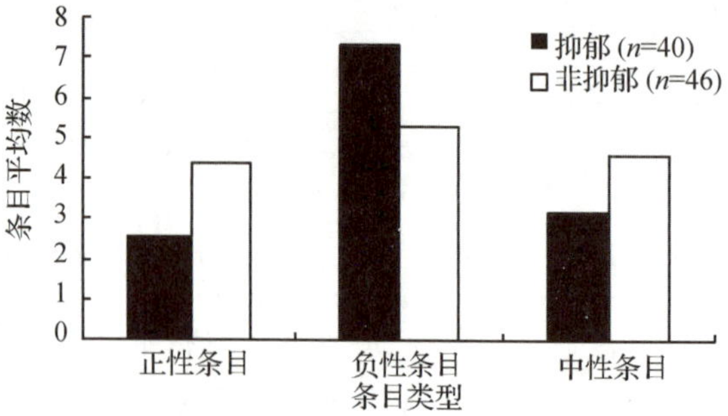

图 4-3　中性条件对抑郁症状和非抑郁中学生回忆的影响条形图

实验证明，有抑郁症状的中学生对自我相关生活事件信息加工存在负性回忆、负性再认、负性启动和负性加工偏向。

——资料来源：冯正直，张大均，杨国愉．抑郁症状中学生自我相关生活事件的回忆、再认和启动效应特点［J］．心理学报，2008，40（2）：166－174．（有改动）

思考：在你的自我相关生活事件回忆中，有哪些负性回忆？

2．遗忘

遗忘是指不能对识记的信息进行再认和回忆，或者发生错误的再认和回忆。从信息加工的观点看，遗忘是指信息不能够从记忆系统中提取，或者提取时发生错误。

德国心理学家艾宾浩斯（Ebbinghaus）是用实验方法研究学习和记忆的先驱。他通过实验总结了遗忘曲线（图 4-4），揭示了遗忘发展的规律：遗忘的进程是不均衡的，呈现“先快后慢”的趋势。在识记后短时期内遗忘较多，在经过了较长时间的间隔后，记忆保持的量变少，遗忘的速度也变慢。

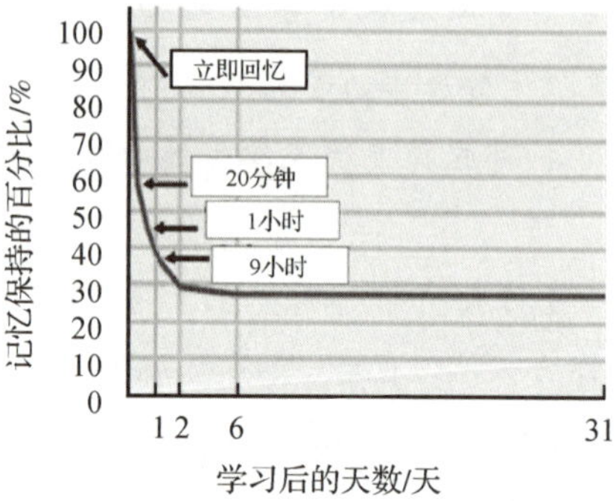

图 4-4　艾宾浩斯遗忘曲线

对于遗忘的原因，主要有以下三种理论假说。

（1）痕迹衰退说

痕迹衰退说认为，遗忘是记忆痕迹得不到强化而逐渐减弱，以致最后消退的结果。从巴甫洛夫（Pavlov）的条件反射理论来看，记忆痕迹是人在感知、思维、情绪和活动时大脑皮层上有关部位所形成的暂时神经联系，联系形成之后在神经组织上会留下一定的痕迹，痕迹的保持就是记忆。人在刺激的作用下会激活痕迹，使暂时神经联系恢复，保持在大脑中的过去经验便以回忆和再认的方式表现出来。那些没有被强化的痕迹，则会随着时间的推移逐渐衰退，最终造成遗忘。

（2）干扰抑制说

干扰抑制说认为遗忘是由其他刺激的干扰所致。一旦干扰被排除，记忆就能恢复。干扰主要有前摄抑制和倒摄抑制两种。

前摄抑制是指先学习的材料对后学习材料的记忆的干扰作用。这种现象得到了实验证实。实验者要求两组被试学习字表，第一组被试在学习前进行了大量类似的学习和练习，第二组被试没有进行这种练习。结果表明：第一组背时只记住了字表的25%，而第二组记住了70%。

倒摄抑制是指后学习的材料对先学习材料的记忆的干扰作用。证实这种现象的实验是这样的：让被试识记无意义音节后，休息5分钟，再进行回忆，结果回忆率为50%，如果被试在识记与回忆间从事了其他活动，回忆率就只有26%。这说明后面从事的活动对前面的学习起了干扰作用，因而使成绩下降。

前摄抑制和倒摄抑制会同时对记忆产生影响。在记忆系列材料时，在开头或最后呈现的材料遗忘得较少，在中间呈现的材料遗忘最多。例如，记26个英文字母，一般是开头的字母（A、B、C）记得好，最后的几个字母（X、Y、Z）记忆的效果也不错，但是对字母表的中间部分则容易遗忘。这是因为开头呈现的材料没有受到前摄抑制，最后呈现的材料没有受到倒摄抑制，而中间的材料既受到前摄抑制，又受到倒摄抑制的干扰。

（3）动机性遗忘说

动机性遗忘说又称压抑说。这一理论认为遗忘是由于情绪或动机压抑作用引起的，如果这种压抑被解除，记忆就能恢复。记忆的压抑性遗忘现象是精神分析理论创立者弗洛伊德在临床实践中发现的。他发现在催眠作用下，病人能回忆起早年生活的许多事情，而这些事情在平时是回忆不起来的。弗洛伊德认为这些事情之所以在平时不能回忆，是因为回忆它们时，会使人感到痛苦、不愉快和忧愁，于是便拒绝它们进入意识，而是将其储存在无意识之中，也就是被无意识动机所压抑。在催眠状态下，这种被压抑遗忘的材料被回忆了起来。在日常生活中，由于情绪紧张而引起遗忘的情况也时常见到。例如，考试时情绪过分紧张，致使一些学过的内容怎么也想不起来。动机性遗忘说注意到了个体的需要、欲望、动机、情绪等因素对记忆的影响，尽管没有实验的支持，仍然是一种值得重视的理论。

此外，从信息加工的观点来看，遗忘指的是一时难以提取所需要的信息。一旦有了正确的线索，经过搜索，那么所需要的信息就能被提取出来，这就是遗忘的提取失败说。提取失败是对“舌尖现象”的一种解释（专栏4-2）。同化说是教育心理学家奥苏伯尔（Ausubel）对遗忘原因的看法。这一学说认为，遗忘实际上是简化知识的组织与认知结构的过程。遗忘是学习到更高级的概念与规律以后，高级的概念代替低级的，使低级的概念被遗忘，从而简化知识，减轻记忆量，是一种积极的遗忘。相反，若巩固原有知识导致新旧知识混淆，甚至导致记忆错误，则是消极的遗忘。

专栏 4-2

“舌尖现象”的不同解释

舌尖现象（tip of tongue phenomenon，简称 TOT）是日常生活中的一种常见现象。主要表现为说话者不能说出某个单词，但是认为自己肯定知道那个单词，觉得它就在自己的舌头边上，只是说不出来。它不仅是日常生活中的一个有趣现象，也受到研究者的关注。语言心理学、元认知、记忆等方面的研究者对这一现象作出了不同的解释。

- 舌尖现象是言语产生过程中的一种词汇提取失败现象。对提取失败，有两种观点的解释。一种观点认为，被试之所以说不出某些单词，是由于这些单词的语音表征没有得到充分激活。另一种观点则认为，说不出某些单词，是由于相似单词的阻碍。
- 舌尖现象是一种元认知状态，它和词汇提取是两个独立的过程，反映了个体试图调节自身所处的冲突以便解除困境的努力。
- 舌尖现象是由某些神经网络没有经过记忆复述导致受损造成的，假如给处在舌尖现象状态下的被试提供语音线索，可以修复受损的神经网络，从而缓解舌尖现象。

——资料来源：郭桃梅，彭聃龄. 舌尖现象的研究进展［J］. 心理科学，2005，28（2）：494－496.

影响遗忘的因素很多，主要有以下方面。

（1）学习材料的性质

学习材料的性质是指材料的种类、长度、难度、系列位置及意义性。从材料的种类看，有意义的材料比无意义的材料遗忘得慢，形象、直观的材料比抽象的材料遗忘得慢。

（2）识记材料的系列位置

由于前摄抑制和倒摄抑制的干扰，回忆系列材料时，开头和末尾的记忆材料的回忆效果好于中间部分的回忆效果，这种现象称为系列位置效应。

（3）识记材料的数量和学习程度的大小

一般来说，材料越多，需要平均诵读的次数和时间越多，不及时复习，就越容易遗忘。对材料的学习程度也在一定程度上影响遗忘，学习程度太小或太大，都不利于对知识的记忆。

（4）记忆任务的长久性与重要性

是否有长久的记忆任务及记忆材料的重要性，也是影响遗忘的因素之一。一般来说，长久的识记任务有利于延长材料在头脑中保持的时间，不重要和未经复习的内容则容易遗忘。

（5）识记的方法

识记方法是学生学习的重要手段。研究表明，以理解为基础的意义识记比机械识记的效果好得多。

（6）时间因素

根据遗忘规律，记忆的最初阶段遗忘速度快，随后逐渐变慢。学习内容的保存量随时间而减少。

（7）识记者的态度

识记者对识记内容的需要、兴趣等，对遗忘的快慢也有一定影响。

总之，识记、保持、再认或回忆是记忆过程的三个基本环节，它们相互联系、相互制约，构成完整统一的记忆过程。

三、记忆的测量

记忆力及记忆效率是可以通过一定方法测量的。记忆的测量方法很多，一般有以下几个方法。

（一）回忆法

在测试中，不将被试原来学习或识记过的材料呈现在其面前，要求被试把他们复述出来或默写出来。保持量的计算以正确回忆的项目量占原来学习的项目量的百分比为指标。计算公式如下：

$$保持量=\frac{正确回忆的项目量}{原来学习的项目量}\times 100\%$$

（二）再认法

在测量时，把数量相等的识记过的材料与未识记的材料混杂起来，然后按随机方式向被试呈现，要求被试把识记过的材料和没有识记过的材料区分出来，即由被试报告每个项目是否识记过。保持量按下列公式计算：

$$保持量=\frac{(认对数-认错数)}{呈现材料的总数}\times 100\%$$

（三）节省法

这是德国心理学家艾宾浩斯提出的一种方法。具体做法：先让被试学习一些材料，经过一定的时间后，让他们重新学习这些材料，然后比较先后两次所用时间或次数的相差数值，以节省的时间或次数的多少为指标来衡量记忆的效果。保持量可以用以下公式来计算：

$$保持量 = \frac{(初学时间或次数 - 再学时间或次数)}{初学时间或次数} \times 100\%$$

（四）重建法

又称重构法，在测量中要求被试再现学习过的刺激次序。实施方法：先在被试面前呈现按一定次序排列的若干刺激，呈现后把次序打乱，要求被试按原来的刺激次序重建，重建的成绩以排对的次序数来计分。

四、记忆力的培养

（一）中学生记忆发展的特点

中学阶段是人的一生中记忆力最佳的时期。研究发现，在同样长的时间里，高中二年级学生记住的学习材料的数量，比小学一二年级学生几乎多 4 倍，比初中一二年级学生多 1 倍多，达到了记忆的“高峰”。中学生不同类型记忆的发展特点有以下方面。

1. 中学生有意记忆和无意记忆的特点

在有意记忆方面，中学生逐渐学会根据不同的教材内容，由自己提出记忆的目的任务，并且，提出的任务是适当和长远的。从初中二三年级起，学生能逐步自觉地、独立地检查自己的记忆效果，主动地根据记忆任务的具体内容与自己的具体特点选择良好的记忆方法。不仅有意记忆在发展，无意记忆及其效果也在发展。

2. 中学生机械记忆和理解记忆的特点

随着年级升高，理解记忆成为中学生主要的记忆方法，而且效果越来越好。相对于理解记忆，机械记忆的运用减少，但是仍然在使用。原因在于：① 记忆人名、地名、年代、外文单词等就要运用机械记忆；② 学生对教材不理解或理解不透的情况下，只得运用机械记忆；③ 限于知识经验与智力水平，中学生难以展开一系列运用技能、技巧、方法等的智力活动，容易使用机械记忆；④ 智力活动的积极性较低，习惯运用机械记忆。

3. 中学生形象记忆和抽象记忆的特点

中学生在学习过程中，必须大量掌握各种科学概念，进行逻辑判断、推理和证明。同时，随着中学生言语和思维的发展，其语词的、抽象的记忆能力日益发展。在中学阶段，学生的知识表征发生了由形象记忆向抽象记忆的转变。初中三年级之后，形象记忆略有下降的趋势。但是，不能把形象记忆看作是低于抽象记忆的记忆。形象记忆和抽象记忆对于中学生来说都必不可少。

4. 中学生工作记忆的特点

工作记忆是一种对信息进行暂时加工和储存的、能量有限的记忆系统。工作记忆能力对学习、运算、推理、语言理解等认知活动都起着重要作用。研究发现，工作记忆广度在16—19岁时达到顶峰。数字工作记忆从8岁到成年持续增长，词语广度在18岁达到顶峰，视空间工作记忆广度在14—16岁时达到高峰。在工作记忆策略方面，中学生能够根据任务要求使用多种多样的工作记忆策略。中学阶段是工作记忆能力表现最好的时期。

5. 中学生元记忆的特点

元记忆是对自己记忆活动的认知和调节。元记忆包括元记忆知识、元记忆监测和元记忆控制三个成分。中学生能认识到诸如年龄、经验等与记忆的关系，其元记忆知识有了较大发展，能够意识到可以采用各种记忆策略来帮助记忆，并较多采用联想策略和精细加工策略，较少采用简单复述策略。中学生的元记忆监控能力也在不断发展，他们能够对自己的记忆进行有效的监控。15岁中学生的元记忆监控能力已发展到较高水平。①

（二）记忆力的培养方法

培养中学生的记忆能力，主要是让他们掌握记忆规律，学会记忆方法，掌握记得快、记得牢、记得准的要领。具体有如下方面。

1. 明确记忆目的，增强学习的主动性

有目的才会有动力，才会有责任感和主动性。为此，第一，要有长远的记忆目标和意图，学习记忆应有计划。第二，应明确记忆的时间意图，以便提高记忆效果。第三，要培养学生直接和间接的学习兴趣和求知欲。

2. 理解学习材料的意义

意义识记的材料保持时间长，利用提取快，受干扰少。在学习中，要以意义识记为主，机械识记为辅，发挥两种识记各自的长处，从而提升整个记忆的效果。

3. 对材料进行精细加工，促进对知识的理解

为了理解记忆的材料，需要对材料进行分析，把它的观点、论据以及逻辑标示出来，然后概括并确切地叙述出来。精加工的材料组织得好，提取的线索多，就更容易利用。

4. 运用组块化学习策略，合理组织学习材料

对材料的组块化，实际上就是把若干个组块组合成数量更少的、体积更大的组块的心智操作，它能使输入信息有效地进入长时记忆。常见的组织加工方式是类别群集，把一系列项目按一定的类别来记忆。

---

① 林崇德. 中学生心理学［M］. 北京：中国轻工业出版社，2013：201－209.

5. 运用多重信息编码方式，提高信息加工处理的质量

运用多重信息编码方式，对信息进行转换，使之适合于记忆储存。

6. 重视复习方法，防止知识遗忘

（1）及时复习

在学习的当天进行复习。

（2）合理分配复习时间

在识记后不久，复习的次数要多一些，时间间隔要短一些。

（3）做到分散与集中相结合

集中复习就是把材料集中在一段时间内进行复习，分散复习就是把材料分配到几段相隔的时间内进行复习。复习难度小的材料可适当集中，复习难度大的材料可以采取分散复习的方式。

（4）反复阅读与试图回忆相结合

这种方法能使学习者及时了解到识记的成绩，从而提高学习的兴趣，激发进一步学习的动机。另外，这种方法还可以及时检查记忆效果，有利于提高复习的针对性。

（5）复习方法多样化

单调的复习方法容易使人产生疲劳和厌倦情绪，会降低复习的效果，在组织学生复习时，方法要灵活多样。

（6）运用多种感官参与复习

多种感官参与可以更好地提升记忆效果，在复习时应尽量运用多种感官参与，要眼看、耳听、口读、手写相结合。

（7）掌握复习的量，坚持适度超额

一是复习内容的数量要适当，一次复习内容的数量不宜过多。提倡适当的过度学习。所谓过度学习，是指在学习达到目的后的附加学习。研究表明，学习的熟练程度达到学习量的150%（即过度学习程度达到50%）时，记忆效果最好，知识最牢固。

（三）记忆规律在教学中的运用

1. 合理安排教学

（1）合理排课

在排课时应尽可能避免把性质相近的课程排在一起，这样能减少由于材料相似性引起的前摄抑制、倒摄抑制对记忆的干扰。

（2）保证学生的课间休息

课间休息有利于学生巩固上一节课所学内容，提高保持效果；同时，也有助于削弱由于前、后课之间的间隔时间过短引起的对记忆材料产生前摄抑制、倒摄抑制的影响。

（3）控制每堂课的信息投入量

过多的信息投入不利于学生课上对学习内容的消化、吸收和记忆，不利于学生获

得更多的知识。

2. 向学生提出具体的识记任务

有意识记是教学活动中最主要的识记种类，教师应根据不同的教学内容，提出明确的识记任务。教师每节课讲的内容要求学生记忆的程度是不同的，有的需要完整记忆，有的需要部分记忆，有的需要记忆大意，有的需要精确记忆，有的需要短时记忆，有的需要长时记忆。这就需要教师向学生提出具体的识记任务，让学生知道应该记什么、记忆的程度如何，以避免学生浪费时间和精力。

3. 使学生理解所学内容并把它系统化

只有被理解的、系统的知识，才能长久地保持在记忆中，并在需要时很快地提取出来。因此，教师在教学中，要使学生通过思考去理解所学内容，使所教内容在学生头脑中建立多方面的联系，使知识系统化，避免死记硬背。

4. 营造良好记忆的心理环境

学生记忆时的心理环境，如愉快的情绪、浓厚的兴趣、高度集中的注意状态等，直接影响着记忆效果。情绪对记忆有明显的影响，尤其是识记和回忆两个环节，最容易受到过分紧张、焦虑等负性情绪的干扰。教师要善于调节课堂情绪气氛，使学生在轻松、愉快、平和的气氛中学习和记忆，尽可能排除不利于记忆活动的负性情绪的干扰。此外，教师在要求学生识记时要特别唤起他们的注意，因为注意对记忆具有选择和组织的作用，材料只有受到注意才能被记住。

一线研究

使用眼动追踪技术考察在视频学习中嵌入反思环节的过程和效果

在新冠的影响下，为了保障学生和社会的安全，大多数学校都采取了线上教学的方式。近三年来，许多研究者将研究重点聚焦于线上教学的效果上。其中，在线视频学习中的反思活动是备受关注的课题。

刘哲雨等（2021）曾以“囚徒困境”为实验材料，结合眼动追踪技术，皮肤电反馈技术和皮肤温度指标，基于视频学习活动中的过程和结果的差异，来探究高低反思水平下的学习效果。实验选取 60 名本科生作为被试，分为反思组和批判反思组。反思组的被试被要求回答“你刚才学到了什么?”，而批判反思组的被试被要求回答“如果嫌疑人 A 和 B 都知道被判 10 年徒刑的人在服刑结束后会报复背叛自己的人，他们还会选择坦白吗?”实验分为前测、观看视频并报告和后测三个阶段（图 4-5 ）。

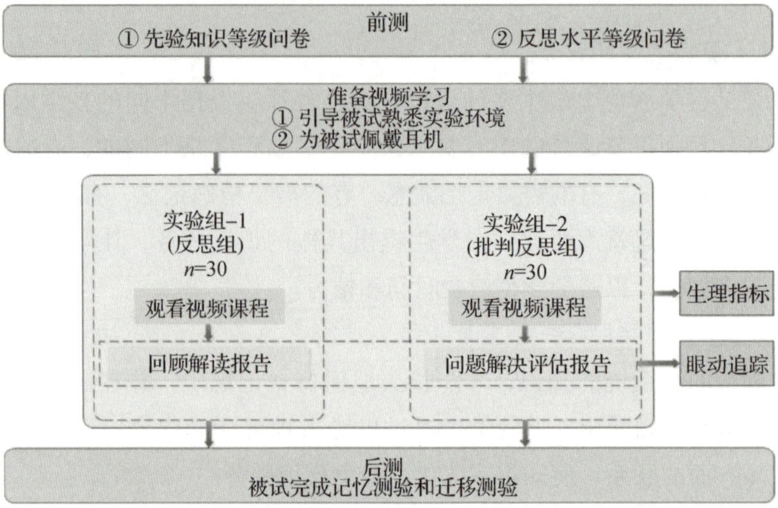

图 4-5　实验过程流程图

实验证明，高反思水平在不产生更多压力的情况下产生了更好的学习效果。同时，尽管低水平和高水平的反思都能支持学习者实现记忆目标，但低水平的反思会增加学习者提取信息的难度。

未来中小学教师应充分利用好反思，在线上教学或教学录像中嵌入反思活动。同时，教师不仅可以根据学生的反应来评估学生的反思水平，还可以引导学生进行反思或批判反思的自我报告，以提高在线视频学习的学习效果。

——资料来源：LIU Z Y，YIN H B，CUI W J，et al. How to reflect more effectively in online video learning：Balancing processes and outcomes ［J］. British Journal of Educational Technology，2021，53（1）：114－129.（有改动）

第二节　思　维

一、思维的特征

思维是人脑对客观事物的本质属性和事物间规律性联系的间接的和概括的反映。间接性和概括性是思维的重要特征。

思维的概括性，指把同一类事物的共同特征和本质特征抽取出来加以概括。例如，日光灯、台灯、路灯，用“灯”一词可以概括大小各一、形状不同的这一类事物。幼儿只具有概括水平很低的具体思维。儿童能从成人那里学会一些概括的词，但是往往并不掌握它们的概括的意义。例如，儿童说“狗”，不是指一般的狗，而是指他家中养的那只狗。随着思维的发展，逐渐出现较高水平的概括。从不同形状的枣树都可以叫作枣树，到把枣树、杨柳、海棠等等都叫作树，以后更把树和花草等都叫作植物，这是不同水平的概括。概括的水平越高，人就越能深入地反映事物的内部的本质特征。在深入概括的过程中，人的反映经常涉及对象的作用、价值和人对它的动作。例如，在对“椅子”这类对象的进一步概括中，除了椅子有四条腿、有座和靠背等这些外部特征以外，还包括“人可以坐”这一属性。这样，对象的内部特征，它和其他对象的联系，也就获得了反映。因此，思维的概括性不只表现在它反映客观事物的本质特征上，也表现在它反映事物之间本质的联系和规律上。①

思维的间接性，指凭借已有的知识和经验或以其他事物为媒介来理解或把握那些没有直接感知过的，或根本不可能感知到的事物，以推测事物过去的进程，认识事物现实的本质，推知事物未来的发展。例如，科学家根据古生物化石及相关资料，可以了解人类进化的规律；医生根据体温、血压、血液成分、心电图等可以确诊病因；教师根据学生的行为表现，可以推断学生的内心活动等。思维的间接性使人能够摆脱感官功能的束缚，超越时空的限制，对不能亲身经历、感受的事物依然能够准确地把握和揭示其本质和规律。

思维的概括性和间接性紧密联系，不可分割。概括反映是间接反映的基础，间接反映又是概括反映的发展和深化。正因为如此，思维极大地扩展了人对事物认识的深度和广度，使人能够从个别中看到一般，从现象中透视本质，从偶然中洞察必然，从现在推测过去、预见未来，使人具有无穷的智慧和创造力。因此，思维是人脑对现实的概况的、间接的反映，这种反映借助词来实现，并以已有的知识为中介。同时，思维虽然是概括的、间接的反映，超出感觉和知觉的范围，但它是在感性材料的基础上产生的，仍然和感性认识密切联系。

二、思维的分类

根据不同的标准，可把思维分成不同的种类。

（一）根据思维过程中的凭借物划分

根据思维过程中的凭借物，思维可分为动作思维、形象思维和抽象思维。

1. 动作思维

动作思维是在思维过程中将实际动作作为支柱的思维。3 岁以前的儿童的思维常常是伴随着动作进行的。例如，他们骑在凳子上就会说“骑马”，拿着圆盘转转就说在“开汽车”。当丢开凳子、圆盘玩其他玩具时，“骑马”“开汽车”就让位于其他的思维

① 曹日昌. 普通心理学（上）[M]. 2 版. 北京：人民教育出版社，1980：232－233.

活动了。他们不能脱离动作来默默思考，更不能计划自己的动作、预见动作的结果。

成人同样具有动作思维，如找出电灯不亮的原因，先要看看灯丝是否烧断、查查保险丝是否完好、线路是否接触正常，最终才能解决问题，所有过程都是通过具体的动作来完成。但成人的动作思维与没有掌握语言的儿童的动作思维有着本质的不同，不可混为一谈。

2．形象思维

形象思维是以具体事物的形象和表象为支柱的思维。其特点是利用表象进行分析、综合、抽象和概括。表象是形象思维的基本单位。学龄前儿童（3 到 6 或 7 岁）的思维以形象思维为主。例如，儿童在做算术时，往往要借助于一些具体的形象，如掰手指、数苹果等。即使在小学低年级学生中，思维的具体形象性特点也明显存在。

正常成人虽然以概念思维为主，但不可能完全抛弃形象思维。特别是在解决复杂问题时，鲜明生动的形象或表象有助于思维过程的顺利进行。艺术家、作家、工程师、设计师等则更多地使用形象思维。

成人的形象思维与儿童的形象思维有着明显的不同。例如，画家所创造的鲜明而富于表现力的形象和音乐家所创造的音乐形象都是“物质化”的概念，是概括的形象思维。成人的形象思维水平并不低于抽象思维水平。幼儿所运用的表象仅仅是笼统地感知个别对象后留存的图式的不充分形象，是具体的形象思维。

3．抽象思维

抽象思维以概念、判断和推理等形式来反映事物的客观规律，是对事物的本质特征和内部规律进行认识的过程。它是以概念为支柱、语言为条件的思维。

抽象思维又称逻辑思维，是思维发展的又一阶段。这一阶段又可分为形式逻辑思维和辩证逻辑思维两个部分。成人的思维主要是抽象思维，而且向动作思维和形象思维渗透。科学家总结出来的自然和社会规律，推导出来的定义、定理和法则都是抽象思维的成果。对这些成果的理解、掌握也必须通过抽象思维才能完成。但无论是儿童还是成人，如果不掌握语言，不在学习、工作、生活中获得丰富的文化知识和实践经验，是不会有高度发展的抽象思维的。

（二）根据思维探索目标的方向划分

根据思维探索目标的方向，思维可分为集中性思维和发散性思维

1．集中性思维

集中性思维，又叫聚合思维、求同思维等，是指把问题所提供的各种信息聚合起来，朝着同一方向得出一个正确答案的思维。其主要特点是利用已有的知识和经验或传统的方法解决问题。例如：设计一个新颖的儿童玩具，在颜色鲜艳、能活动、有声音等多种设计方案中，选择一个最佳设计，采用的就是集中性思维。

2．发散性思维

发散性思维，又叫求异思维、分散思维，是从一个方向出发，沿着各种不同途径

去思索，探索多种答案的思维。主要特点是求异和创新。当一个问题存在多种答案，但又不能确定哪一种最正确的时候，往往会引起人的发散性思维。科学家的发明创造、艺术家的艺术作品、理论家的新观点和新见解，主要是发散性思维的结果。发散性思维是不依赖常规、寻求变异、从各方面搜寻答案的思维。但它开始时往往在常规范围中进行思考，沿着常规方向开展，只有通过不断变换方向、反复变通，才能找到新的发展方向，产生更多新颖独特的想法。解数学题时，思考不同的解题思路，所使用的就是发散性思维。

发散性思维和集中性思维有着明显的区别，但是，在日常生活、工作、学习中，既需要发散性思维，也需要集中性思维，两者相辅相成，融合于统一的思维过程中。

（三）根据思维的主动性和创造性划分

根据思维的主动性和创造性，思维可分为习惯性思维和创造性思维。

1. 习惯性思维

习惯性思维，又称常规性思维，是指用惯常的方法、固定的模式来解决问题的思维。这种思维较为普遍，因为人们总是愿意用习惯的方法、途径、模式去解决问题。这样，既不费时间，又不需要多大的努力，就可以得到一个答案。但是，这种思维缺乏主动性和创造性，容易形成功能固着，有时还会形成错误的认识。

2. 创造性思维

创造性思维是指有主动性和创造性的思维。这种思维没有现成的方法和答案，方法和答案越新颖、越能解决问题，创造性就越高。创造性思维不因循已有的思路与结论，而是根据具体问题和情境创造性地探索答案，这是一种我们应该具有的良好思维。人们在发现、发明、革新、创造等活动中的思维以创造性思维为主。

（四）根据思维过程的依据划分

根据思维过程的依据，思维可分为经验思维和理论思维。

1. 经验思维

经验思维是以日常生活经验为依据，来判断生产、生活中的问题的思维。如人们对“月晕而风，础润而雨”的判断；儿童凭自己的经验认为“鸟是会飞的动物”；人们通常认为“太阳从东边升起，往西边落下”等都属于经验思维。

2. 理论思维

理论思维是以科学的原理、定理、定律等理论为依据，对问题进行分析、判断的思维。如根据“凡绿色植物都是可以进行光合作用”这一原理，去判断某一种绿色植物能否进行光合作用；科学家、理论家运用理论思维发现事物的客观规律；教师利用理论思维传授科学理论；学生运用理论思维学习知识。

除了上述四个分类，近年来批判性思维日益受到重视，如何翻译和界定这一概念？学界至今仍有不同的看法（专栏4-3）。

专栏4-3

什么是批判性思维?

随着互联网技术的快速发展，当今社会已经处于信息大爆炸的时代，真假难辨的信息不断出现在我们的视线中。在这样的环境下，批判性思维（critical thinking，简称 CT）获得了社会各界的重视，也成为教育界的一个热词。尽管对批判性思维的研究已经持续了较长的一段时间，但是学界对于其定义仍然存在不一致的地方。主要的一些定义如下。

- 批判性思维是对思维的展开，像思维的教练一样对自己的思想展开批判。
- 批判性思维是识别、构造、评价实际思维中的各种推理和论证的能力。
- 批判性思维是指面对相信什么或者做什么做出合理决定的思维能力。
- 批判性思维包括提出一系列相关的批判性问题的意识，以及在适当的时机提出并回答问题的能力和意愿。
- 批判性思维是基于问题意识和反思意识，指向个体思维发展与成熟，而做出的一系列合理、严密、系统的认知、推理、判断、论证、决定的大脑反映过程。

思考：谈谈你对上述批判性思维的定义的看法。

三、思维过程

（一）思维的基本过程

人类的思维活动过程表现为分析、综合、比较、抽象、概括、一般化和具体化。其中，分析和综合是思维的基本过程，其他过程都是由它们派生出来或通过它们来实现的。

1. 分析和综合

分析和综合是思维的基本过程。分析是在头脑中把事物的整体分解为各个部分、特性或方面分别加以考察的过程。综合是在人脑中把事物的各个部分或不同特性、不同方面结合起来，从而形成一个整体的过程。分析和综合是彼此矛盾而又紧密联系的过程。分析是把部分作为整体的部分分出来，是从它们的相互关系上来做分析，综合是被分出来的各部分的综合，是通过对各个部分、各个特性的分析而实现的。分析和综合是同一思维过程的两个方面，它们相互联系，相互制约。

思维过程是从对问题的分析开始的。思维的分析有两种形式：一是过滤式的分析，这是通过尝试对问题情境作初级的、淘汰掉无效尝试的分析；二是综合的、有方向的分析，是通过对问题的条件和要求的相互联合的综合而实现的分析。例如，解决“六根火柴问题”。实验中要求被试“用六根火柴摆出四个等边三角形，使三角形每边都由一根火柴构成”。在解决这个问题时，由于一般三角形是平面的，材料也是在平面上出现的，大多数被试都会在平面上做种种尝试（这是过滤式的分析）。在多次尝试失败以后，被试逐渐做出条件和要求的联系，例如有被试说："三角形有三个边，四个三角形要有十二个边。但火柴只有六根，这就意味着每根边都是公共的。"这样，综合的分析就出现了，这个考虑方向促使被试从立体方面去寻找解决问题的办法。在解题中，综合的分析的作用更为明显（专栏 4-4）。[①]

专栏 4-4

"综合的分析"在解题中的应用

问题：$\triangle ABC$ 的 $\angle B$ 和 $\angle C$ 的平分线相交于 O 点，过 O 点作平行于底边 BC 的直线，直线交 AB 边于 D 点，交 AC 边于 E 点。求证 $DE = DB + EC$。

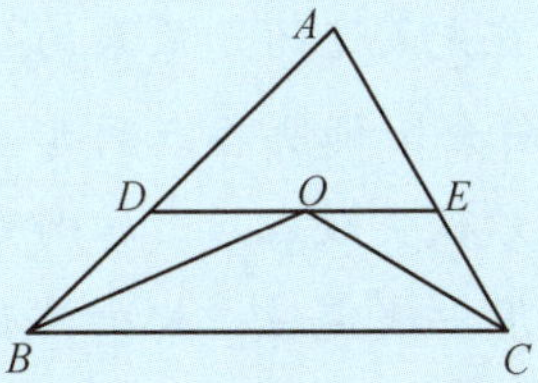

在解题中，需要证明 $\triangle BDO$ 和 $\triangle CEO$ 是两个等腰三角形，如此 DB 和 EC 才能分别等于 DO 和 OE，$DB + EC$ 才能等于 DE。这就要求解题者既看到 BO，OC 是三角形的角平分线，又看到它们是平行线 DE 和 BC 的截线，最后，又把它们看成三角形的底边。

可见，将同一条直线放在不同的联系中加以分析，每一次都能发现它的新特性。这些特性彼此相互联系着，并且只有把它们相互联系起来进行分析，才能使问题得到解决。

在分析综合过程中，言语起着重要的作用。研究证明，对任务用不同的言语表述，会影响分析综合的方向和解决问题的方式。例如，在下面实验中采用的表述方式不同，结果也不同。

a. "有三个相等的分力附着在一点上，其彼此间的夹角为 120°，试找出它们的合力。"

b. "在一个点上附着有三个相等的分力。如果这些分力彼此成 120° 的角运动，那么在施力的作用下那个点将顺着什么方向运动?"

实验结果表明：面对 a 的表达方式，全体被试都以平行四边形法则确定合力的方法解决了问题。面对 b 的表达方式，全体被试都没有经过求合力，便直接获得三个力互相抵消的正确答案。显然，言语表述不同，问题的各种条件与条件和要求所处的相

① 曹日昌. 普通心理学（上）[M]. 2 版. 北京：人民教育出版社，1980：257－258.

互关系不同。问题的理解和解决过程对言语表述形式具有依存性。此外，言语对分析综合的作用还表现在“重述”问题的现象上（见“一线研究”）。[①]

一线研究

言语对分析综合的作用——“重述”问题研究

在通过综合进行分析的过程中，问题的诸因素如果在新的联系中表现了新的性质和新的概念特征，就会经常出现重述问题的现象。重述可以说是思维工作的言语表现。随着思维活动的逐步开展，重述概括着每一阶段的活动结果。在解答几何题时，随着解决问题的每一步证明的展开，都出现正确或错误的言语重述。

例如：要求证明四边形各边中点的连线构成一个平行四边形。在一个被试的记录中可以看到七次重述。首先表述的是原来的要求：“证明两对对边平行且相等。”然后，沿着错误的方向企图证明各三角形相等，这时出现了错误的重述：“证明各个三角形相等。”在尝试失败以后，转而寻找其他可利用的条件，作出四边形各对角的连线，要求利用中线定理，就要“证明各边中点所连的线是中线”（第三次重述）……继续进行分析和重述，最后，才综合为第七次，也是最后一次足以解决问题的重述：“我们首先要证明，在一个三角形两边中点连线平行于底边，然后在另一个三角形中，要证明另一条中点连线平行于同一底边，两者都等于底边的1/2。因此，它们是相互平行并相等的。”可见，每次重述都是问题分析的新阶段，并对分析出来的因素进行新的综合，并作进一步的分析。

通过重述而进行的分析综合活动，通常导致利用其他有关情况来分析和解决当前问题。实验中的问题原来是四边形的问题，通过重述，引进了三角形中线与底边的关系，从而有助于问题的解决。

2. 比较、抽象、概括、分类、系统化、具体化

通过分析综合在思想上把不同的对象或对象的个别部分、个别特性区分出来，人就有可能对它们加以比较，确定它们之间的异同和关系。通过比较，把各个对象中或对象中的一般的东西在思想上分出来，并以此为基础，在思想上把它们联合起来（概括），把本质的东西和非本质的东西区别开来（抽象）。因此，比较是概括和抽象的必要前提。

在对现实的认识中，比较起着极其重要的作用。人认识一切客观事物都是通过比较来实现的。人只有在将对象和现象加以比较的时候，才有可能正确地在周围世界中确定自己活动的方向。研究表明，小学生确定对象和现象之间的差异，比寻找它们之间的相似点进行得更顺利。此外，言语的指示可以影响比较的结果。完成同一类型、

① 曹日昌. 普通心理学（上）[M]. 2版. 北京：人民教育出版社，1980：258.

但差异依次由大到小的课题，有利于比较能力的提高。

概括有初级的、经验的概括和高级的、科学的概括两种不同的形式。前者是根据事物的外部特征，对不同事物进行比较，舍弃它们互不相同的特征，对它们共同的特征加以概括，这是知觉表象阶段的概括。高级的、科学的概括则是提出某一现象或某一系列现象的本质，这是思维水平的概括。

在概括的基础上，人就有可能把对象加以系统化，进行分类，即在思想上把它们分成组。例如动物、植物、矿物，都可以按一定的特征加以分类。分类的必要前提是比较。比较事物之间的异同，并据此在思想上加以划分。由于思维的发展水平不同，幼儿和小学生在分类的时候，不是根据事物的本质特征，而常常是根据事物的外部特征或它们的功能和效用。例如，他们不认为鸡和鸭可以归入鸟类。因为在外形上鸡、鸭和飞鸟有很大的差异。少年容易把本质特征和非本质特征并列起来进行分类。一般说来，青年初期的学生才会按事物的本质特征进行分类，并在掌握某一类以后能把其他有关的对象归入相应的类。

通过不同形式的实验可以揭示在思维活动中概括对分析的依赖关系。实验结果显示，分析的环节越少，概括完成得越快（专栏 4-5）。①

专栏 4-5

分析的环节越少，概括完成得越快

实验给被试（3—6 岁的儿童）提出任务：利用“工具”从器皿中取出带有金属圈的糖果。器皿旁边放着形状不同、颜色各异的工具，其中只有带小钩的工具才能取出糖果，任务是选择适当的工具。

实验分三组。第一组给儿童的工具，形状和颜色都不相同。第二组给儿童的工具，颜色相同，形状各异。第三组给儿童的工具虽然颜色形状都不相同，但在不同的试验阶段，鲜明的颜色（强刺激）对应的都是适用的（或不适用的）工具。这三组需要分析的环节各不相同。

第一组有两个环节，必须分出本质的（形状）和非本质的（颜色）特征，才能解决问题。第二组由于颜色相同，需要分析的只有形状一个环节。第三组虽然颜色也有变化，但是它与本质特征（形状）之间有固定联系。因此，分析的任务显然比第一组简单。

实验结果表明：第一组被试解决任务所需要的尝试次数比其他两组多一倍，从尝试动作过渡到在认识中解决任务的时间也比其他两组多一倍。

---

① 曹日昌. 普通心理学（上）[M]. 2 版. 北京：人民教育出版社，1980：259－261.

人在对对象或现象进行概括，从中分出本质特征的时候，也在思想上舍弃非本质的特征。分出本质的特征而舍弃非本质的特征的过程就是抽象。抽象和概括密切联系着。人如果不能从概括的东西的差异中进行抽象，就不能概括。例如，不从树木之间的差异进行抽象，就不能在思想上把一切树联合起来。与此同时，被抽象的特征本身，是以概括的形式被思考着。人在思想上依据高出于海面这个特征把山联合起来的时候，所思考的不是某一个山的具体高度，而是山的一般特点。抽象同词紧密联系着，言语使概括作用成为可能。

同抽象相反的过程是具体化。具体化是关于同某种一般东西相适应的特殊东西的思想。一般的东西的具体化，可以使人更好地了解一般的东西，把它跟感性经验中呈现的东西联系起来，从而得到更好的理解。不过，要注意不能使具体化的例子脱离一般的东西，否则局限于特殊的东西，也就妨碍了对一般的东西的理解（专栏 4-6）。①

专栏 4-6

同样是平行四边形，为什么不会解题了？

在几何教学中，讲解平行四边形的面积计算时，如果总是用图（1）举例，学生会用加线化作长方形去求解。可是，学生的理解有时就局限于这个特殊的具体实例。当同样的图形改变了方向，采用图（2），许多学生就不会解决。这说明，学生并没有掌握一般的求解平行四边形的面积的方法。

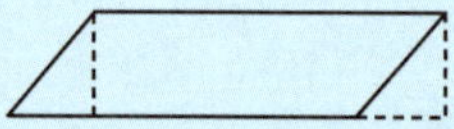
(1)

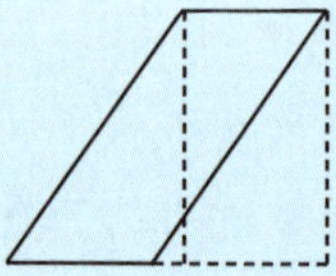
(2)

思考：如何改进教学，避免上述问题的发生？

具体化是将通过抽象、概括而获得的知识、概念、原理和理论返回到实际，以加深、加宽对概念和原理的认识和理解。系统化是在概括的基础上，在头脑中把一类事物按照不同顺序与层次组成一定系统的思维过程。

（二）思维的基本形式

无论分析综合或抽象概括过程，总表现为一定的思维形式，并体现在具体的思维活动中。思维的基本形式是概念、判断和推理。

1. 概念

概念是人脑对客观事物的一般特征和本质特征的认识，是思维最基本的形式，它

① 曹日昌. 普通心理学（上）[M]. 2 版. 北京：人民教育出版社，1980：262－263.

用词来标示。概念的种类很多。根据概念所包含的属性的抽象与概括程度，可将概念分为具体概念和抽象概念；根据概念反映事物属性的数量及它们的相互关系，可将概念分为合取概念、析取概念和关系概念；根据概念形成的自然性，可将概念分为自然概念和人工概念。

“粗心”是在学习过程中很常见的一种现象，很多学生因为“粗心”失掉了该有的分数。面对孩子的粗心，有的家长埋怨、批评，甚至责打孩子。事实证明，这样的方法效果甚微。克服粗心，一方面可以提高感知的完整性和准确性，另一方面，也可以抓好概念教学（见“一线课堂”）。

一线课堂

抓好概念教学　克服“粗心”

“粗心”，特别是习惯性的“粗心”，反复出现绝对不仅仅是一时的心理偏差，更多的是知识上出现漏洞、数学思想方面不成熟的反映。针对粗心，一种办法是抓好概念教学，培养思维的深刻性，克服肤浅性。

数学概念是整个数学知识结构的基础。数学概念丰富的内涵和严格的外延最为鲜明地体现了数学深刻性的本质。学习数学概念如果只限于文字表象，“走马观花”，流于肤浅，势必导致解题“粗心”。例如，判断题：异面直线是____

（a）在空间两条不相交的直线

（b）分别位于不同平面内的两条直线

（c）不同在一个平面内的两条直线

对照定义，以上三种说法都不完全具备“不同在任何一个平面内”这一本质属性，因而都是错误的。但不少学生或因忽略了定义中“任何”一词的极端重要性，或因缺乏空间想象力而对“任何”一词理解得空泛、狭窄，从而导致辨析中的困惑。

要想帮助学生避免在运用概念时发生问题，就需要在概念教学中利用正面讲述、反面设疑、多方举例辨析等方法将概念充分展开，使学生能发现和辨别事物的本质属性，从中揭示隐蔽的条件，并发现最有价值的因素，以培养学生思维的深刻性，为他们今后的“主动发展”奠定深厚的基础。

——资料来源：赵计芳. 培养良好的思维品质克服解题“粗心”的毛病［J］. 中小学教育与管理，2000（4）：41－42.（有改动）

2. 判断

判断是用概念去肯定或否定事物具有某种属性的思维形式。它是事物之间的联系和关系在人脑中的反映。判断大都是借助语言、词汇并用句子形式来实现的。判断有肯定判断和否定判断之分。

3. 推理

推理是指从具体事物归纳出一般规律，或者根据一般原理推出新结论的思维过程。推理可分为归纳推理和演绎推理。

四、问题解决

（一）问题与问题解决

所谓问题，包括起始状态、目标状态和障碍三个基本成分。起始状态也称给定，就是一组已知的关于问题条件的描述。目标状态是关于构成问题结论的描述，即问题所要求的答案。障碍指正确的解决方法不是显而易见的，而是必须通过一定的思维活动才能找到答案，达到目标状态。例如，六根火柴问题。要求用六根火柴，摆出四个正三角形。六根火柴是已知条件，摆出四个正三角形为目标状态。因此，问题是给定信息和要达到的目标之间有某些需要被克服的障碍的刺激情境。

问题解决是指为了从问题的初始状态到达目标状态，而采取一系列具有目标指向性的认知操作的过程。它具有如下特征：① 目的性——问题解决具有明确的目的性，它总是要达到某个特定的目标状态；② 序列性——问题解决包含一系列的心理活动，即认知操作，如分析、联想、比较、推论等，而且这些心理操作是存在一定序列的，一旦序列出错，问题就无法解决；③ 认知性——问题解决活动必须由认知操作来进行，即通过内在的心理加工实现。

根据清晰程度，可将问题分为清晰规定的问题和含糊规定的问题两类。

清楚规定的问题又称结构良好问题，指目标明确、潜在的达到目标的途径能容易发现的一类问题。它可分成归纳结构问题、转换问题和重新排列问题三种类型。归纳结构问题要求解决者对自己所面临问题中诸成分之间的关系做出鉴别，并要在他们之间建构一种新的关系来解决问题。转换问题要求问题解决者运用一系列算子或者操作过程，把问题的初始状态转换为目标状态。重新排列问题要求问题解决者将所面临的问题中的诸成分在头脑中重新排列，或者以满足某一种标准的方式进行重新组合。

含糊规定的问题又称结构不良问题，指目标不明确、没有现成的解决方法可供参考的一类问题。这类问题的解决常常会失败的原因主要有三方面。第一，所用的解决方法本身就不清楚，具有含糊性。第二，在解决这种问题的时候，个体经常愿意采用可用的方法而不去追求更好的方法，即仅仅满足于满意，而不期望最优。第三，在解决这种问题时，个体受到自己的信念、表征或动机的影响，而这些心理活动本身就不正确。

在实际生活和工作情境中，更多的是结构不良问题。因而，在教学中，应设计并指导学生解决结构不良问题，以提高学生解决问题的能力。下面是化学课程中融入的一个典型的结构不良问题。

试进行角色扮演，假设你是下列人物：

（a）制铝罐的工厂工人（b）使用铝罐的饮料公司所有者

（c）环境保护局的官员（d）发展中国家的铝矿开采工人

你对以下问题有什么意见？

"我们是否应该停止用铝制造饮料罐？"

考虑因素：① 铝会污染环境；② 开采铝会对环境造成破坏；③ 可以用玻璃取代铝制造饮料罐；④ 铝的性质适宜用来制造饮料罐；⑤ 我需要工作；⑥ 需要铝业带动经济；⑦ 我们可以循环使用铝罐；⑧ 地球上仍有大量铝可以开采。

（二）问题解决的一般过程

问题解决的一般过程是发现问题、理解问题、提出假设和检验假设。

1. 发现问题

问题就是矛盾，矛盾到处都有、时时都有，发现问题也即发现事物之间的矛盾并提出疑问。爱因斯坦说："提出一个问题比解决一个问题更重要，因为后者仅仅是方法和实验的问题，而提出问题则要找到问题的关键、要害。"发现问题是解决问题的起点和动力。能否发现问题，依赖于下列几个条件：首先，依赖于主体活动的积极性。一般而言，主体活动范围越大，接触面越广，越善于思考，越容易发现和提出问题。其次，依赖于主体的求知欲。求知欲高的人，能在别人发现不了问题或在已有公认解释的地方提出疑问。他们不满足于现成的结论，而要打破砂锅问到底，非把问题弄清楚不可。最后，依赖于主体的知识水平。知识经验越丰富的人，越容易发现问题，知识贫乏者则相反，即使提出问题也往往显得肤浅，抓不住问题的主要矛盾，更不可能提出复杂而有意义的问题。

2. 理解问题

理解问题就是把握问题的性质和关键信息，摒弃无关因素，并在头脑中形成有关问题的初步印象，即形成问题的表征。通过对问题的分析、解剖，找出问题的关键，即找到主要矛盾和解决问题的突破口。这一阶段的主要特点就是分析、整理、收集与问题有关的信息资料，并形成相应的问题空间。影响这一阶段的主要因素是，是否具备丰富的知识经验和能否对问题进行全面系统的分析和解剖。

3. 提出假设

解决问题的关键是找出解决问题的方案，即解决问题的原则、途径和方法。要做到这一点，首先要对问题的答案和解决方案提出设想，即提出假设，这为解决问题架起了从已知到未知的桥梁。在提出假设的过程中，要做到大胆假设，同时又不胡乱假设，主体已有的知识经验和是否已正确地理解问题，对提出的假设的质量有着重要的影响。

4. 检验假设

检验假设是指借助一定的方法来确定早先提出的假设是否可行，是否符合实际。

它是解决问题的最后一步。实践是检验真理的唯一标准，如果经过检验，发现假设是错误的，就需要寻找新的解决问题的方案，重新提出假设。分析假设失败的原因，对找到新的正确的方案有很大的帮助。

一线研究

如何做好结构不良问题的教学？

传统教学呈现给学生的是结构良好问题。解决一个问题需要什么样的信息，以及从何处获得这些信息，往往是比较充分和明确的。学生需要做的，只是在信息充分的情况下做出抉择。只要采取了特定的解决步骤，就可以获得相应的确切答案。受建构主义思想的影响，以结构不良问题的解决为中心进行教学研究，已成为教学发展的新趋向。那么，如何做好结构不良问题的教学？

- 创设有意义的情境来呈现问题。传统课堂教学呈现给学生的问题几乎都是去情境化的、高度抽象的问题。学生在解决这类问题时，无须考虑具体的情境因素。一个习惯于解决细线悬挂小球的摆动问题的学生，对小孩荡秋千的问题往往一筹莫展。

- 重视元认知在思维发展过程中的作用。教师要引导学生监控自己认知活动的进行，使学生在结构不良问题的解决过程中，获得反省思维、深化自我的经验，从而在面对新的情境时能做出自己的选择。

- 鼓励独创性的解决方案。结构不良问题存在多种解决方案，因此教师要鼓励独创性的解决方案，为学生创造合作解决问题的环境，发挥小组互动对解决问题的影响，使每个学生在解决问题的过程中获得具有独特意义的知识。

- 提供示范和支架。教师自身应由传统教学中作为专家的教师变为教练，将学生从一个被动的信息加工者变为一个主动投入复杂情境的问题解决者。教师的作用是引导学生以独特的心灵直觉事物，获得独特的经验和认知。

——资料来源：鲁志鲲，申继亮. 结构不良问题解决及其教学涵义［J］. 中国教育学刊，2004（1）：47－50＋57.（有改动）

（三）问题解决的策略

1. 手段-目的分析法

通过分析去发现问题的当前状态与目标状态之间的差别，并寻找一定的操作手段去消除这种差别。这一方法的基本步骤如下：首先，比较初始状态和目标状态，提出第一个子目标；其次，找出完成第一个子目标的方法或操作；再次，实现子目标；最后，提出新的子目标。

2. 逆推法

逆推法是指在解决问题时，从问题的目标状态出发，向问题的初始状态逆向推理，以寻找问题的解决方法。

3. 选择性搜索

选择性搜索是指在解决问题时，根据已知的信息和某些有关规则，选择问题解决的突破口，并从突破中获得更多信息，以便进一步搜索直到解决问题。

4. 爬山法

爬山法是以一个接一个的较容易的目标的达成来鼓励问题解决者，最后使问题得到解决的方法。

爬山法是问题解决的策略，在解决问题的过程中，把目标假定为山顶，人不能从山下一下子爬到山顶，而是先在山下确定一个较低的目标，爬到这个目标后，再确定比较高的一个目标。如此循环，最终达到山顶，使问题获得解决。

（四）影响问题解决的主要因素

1. 原型启发

原型启发是指在其他事物或现象中获得的信息对解决当前问题的启发。其中具有启发作用的事物或现象叫原型。自然景物、日常用品、机器图表、动物行为等，只要它们与人的活动目标具有相同或相似之处，都可以成为对人有启发作用的原型。例如，鲁班因丝茅草割破手指获得启发，发明了锯子；阿基米德从身子浸入浴缸可使水溢出的现象中得到启示，解决了皇冠含金量的鉴别问题；科学家从动物的形态、动作和某些机体结构中获得启示，解决了大量生产、生活和军事等其他领域的问题，建立了仿生学这一学科。在日常生活中做个有心人，不断积累丰富知识，善于发现事物之间的联系与区别，就能从中获得有益的启迪。

2. 动机强度

动机虽然不能直接影响问题解决的最终结果，但会影响问题解决的积极性和活动效率。它们之间的关系可用一条倒 U 曲线来直观地加以显示。动机过弱，不能激起活动的积极性，效率不高；动机过强，活动效率也很低，只有动机强度处于适中状态时才有利于提高问题解决的效率，才能增进问题解决的速度和质量。

3. 情绪状态

不同的情绪状态对问题解决的效果有直接的影响。研究表明，处于痛苦等消极情绪下的婴儿，会在任务面前凝视呆坐，动机低落。消沉的情绪背景不利于激活脑的活动水平，从而无助于智力加工。苏联的心理学家基赫尼罗夫（D. K. TNXOHNPOB）等认为："协调思维活动的各种本质因素正是同情绪相联系，保证了思维活动的灵活性、重新调整、修正、避免刻板性和更替现有的定势。"一般而言，高度的紧张和焦虑会抑制思维活动，阻碍问题的解决，而愉快——兴奋状态则为思维和想象提供了良好的情绪背景。

4. 定势

定势是指在原有的知识经验影响下，心理活动所处的一定的准备状态，它使思维和想象具有一定的倾向性。心理定势有时有助于问题的解决，有时则妨碍问题的解决。陆钦斯（Luchins）（1942）的量杯实验是说明定势消极作用的典型。该实验要求被试计算如何用不等容量的杯子量出一定数量的水（如表4-4）实验组按题号顺序从例题之后逐题回答8道题目，而控制组则在例题之后只做第6、7、8题。结果实验组81%的被试受前面5题所形成的定势影响，套用B-A-2C的算法求解第6、7、8题，使算法重复，而控制组由于未受到定势的影响，100%的被试采用非常简洁的方法求解第6、7、8题。

表4-4　陆钦斯的量杯实验

题序	三个杯的容量/夸脱①			要求量出水的容量/夸脱
	A	B	C	
1	21	127	3	100
2	14	163	25	99
3	18	43	10	5
4	9	42	6	21
5	20	59	4	31
6	23	49	3	20
7	15	39	3	18
8	28	76	3	25

克服定势的消极影响的方法有很多，其中“思维停顿”是一种常见的方法，即通过暂停思维和想象来消除或消散定势，以拓宽思路，产生新方法。

5. 功能固着

功能固着是指个体在解决问题时往往只看到某种事物的通常用途和功能，而看不到它的其他功能和用途。这是人们在长期的日常生活中所形成的对某种事物的功能和用途的固定看法。就如“砖头的用途”，只知道它可作为建筑材料，看不到它还可作为攻击的“武器”，丈量用的“尺”等其他用途，这就是功能固着的体现。

心理学家邓克（Duncker）曾做过一个实验：在桌子上放着一个火柴盒、几只图钉、一支蜡烛，要求被试完成把蜡烛支在门上的任务。结果发现被试在完成任务的过程中遇到的困难是，只想到火柴盒是一个容器，而想不到用图钉把火柴盒钉在门上构成平台。功能固着干扰问题的解决，尤其不利于创造，因此必须超越功能固着。如“一物多用”“物体活用”就是有效的方法。

6. 问题的特征

解决抽象而不带具体情节的问题时比较容易，解决具体而接近实际的问题时比较困难。此外，由于问题的陈述方式或所给图式的不同，也会直接影响问题解决的过程。

① 夸脱为容量单位，美制1夸脱约等于946.353毫升（湿量单位）或1 101.220毫升（干量单位）.

7. 迁移

迁移是指已有的知识经验对解决问题的影响，分为正迁移和负迁移。正迁移是指已获得的知识经验对解决新问题有促进作用；负迁移是指已获得的知识经验对解决问题有阻碍或干扰的影响（详见第八章）。

五、中学生思维发展的特点与教学

中学生的思维在小学阶段思维发展的基础上，在新的教学条件和社会生活条件影响下，表现出以下三个方面的特点。①

（一）抽象逻辑思维处于优势地位

抽象逻辑思维的发展是一个过程。少年期，抽象逻辑思维开始占优势，但在很大程度上属于经验型，因为其抽象逻辑思维需要感性经验的直接支持。青年初期的抽象逻辑思维属于理论型，他们已经能够用理论做指导来分析综合各种事实材料，从而不断扩大自己的知识领域。青年初期的思维过程既包括从特殊到一般的归纳过程，也包括从一般到特殊的演绎过程，也就是从具体提升到理论，又用理论去指导获得知识的过程。

中学生的抽象逻辑思维的特点具体体现在五个方面。

（1）通过假设进行思维

从青少年开始，能够撇开具体事物运用概念进行抽象逻辑思维，并且按照提出问题、明确问题、提出假设、检验假设的途径进行思维。

（2）思维具有预计性

在复杂活动前，事先有了诸如打算、计谋计划、方案和策略等预计因素。通过思维的预计性，在解决问题之前，主体已采取了一定的活动方式和手段。

（3）思维的形式化

逐步地由具体运算思维占优势发展为由形式运算思维占优势。能在自己的生活和活动范围内，积极地解决各类形式化的逻辑课题。

（4）自我意识或监控能力的明显化

自我监控能力的发展呈现出逐渐从他控到自控、从不自觉经自觉到自动化、迁移性逐渐提高、敏感性逐渐增强、从局部到整体等基本规律。但是，这一时期的自我监控能力的发展还落后于其他能力的发展。

（5）思维能跳出旧框架

由于发展了通过假设的、形式的、反省的抽象逻辑思维，思维能跳出旧框架，创造性思维或思维的独创性迅速发展。与学前、小学儿童的创造性相比，中学生的创造

---

① 林崇德. 中学生心理学 [M]. 北京：中国轻工业出版社，2013：147 - 152.

性又另有特点（专栏 4-7）。

此外，青少年思维发展的特点还表现在最高级的抽象逻辑思维即辩证逻辑思维的发展上。

专栏 4-7

中学生创造性的特点

- 中学生的创造力不再带有虚幻的、超脱现实的色彩，而更多地带有现实性，更多地由现实中遇到的问题和困难情境激发。
- 中学生的创造力带有更大的主动性和有意性，能够运用自己的创造力去解决新的问题。
- 中学生的创造力正逐步走向成熟。中学生的创造性在不同学科中有不同表现。

例如，在作文中表现为运用不同的方式灵活表达自己的思想；在数学学习过程中，表现为解决数学问题时善于提出问题、做出猜测和假设，并加以证明；在物理和化学中则表现为对实验现象进行思考和探索，尝试去揭示和发现事物的内在规律，运用对比归纳等方法加深对规律的理解，并运用这些规律来解释现象，解决问题。

——林崇德. 中学生心理学［M］. 北京：中国轻工业出版社，2013：150.（有改动）

一线课堂

反思知识的形成过程

在目前的中学教育中，无论是教科书还是课堂上，数学对学生来说是一些已经完成了的形式、固定了的理论。课堂中教给学生的各种定义、规则、算法都是现成的结论，数学知识的发现和创造的过程早已远离了学生。那么怎样才能使学生去真实体验发现和创造的过程呢？这就要求在教学中创设合适的情境，积极引导学生通过反思去探索知识的形成过程，用自己的思维方式去发现或创造有关的数学知识，从而了解问题本质，揭示一般规律，体验数学发现的艰辛和成功的喜悦。

例如：平面内有 n 条直线，其中任何两条不平行，任何三条不过同一点，证明交点的个数 $f(n)=\frac{1}{2}[n(n-1)]$。

这是高中《代数》（下）中的一道例题，教材要求用数学归纳法证明。那么是如何发现 $f(n)=\frac{1}{2}[n(n-1)]$ 的呢？怎样去探索 $f(n)$ 的规律呢？教学中可引导学生从求 $f(2)$、$f(3)$、$f(4)$ 等简单情形着手归纳出 $f(n)$ 的一般规律，猜想 $f(n)=$

$\frac{1}{2}[n(n-1)]$。这样从探索 $f(n)$ 的一般规律开始研究问题，而不只是证明现成的结论，不仅可以使学生对这一问题有一个深层次的认识，也有利于学生用数学归纳法正确证明这一问题。进一步还可以引导学生去探索下面的问题：(1) 这 n 条直线相互分割成多少条线段（或射线）？(2) 这 n 条直线可以把平面分割成多少块区域？(3) 如果将例题中的直线改成抛物线或圆，又将如何？数学学习是一个再创造的过程，弗赖登塔尔（Frendenthal）认为数学教学方法的核心是学生的再创造。在教学中，应引导学生积极反思知识的形成过程，多问几个为什么，例如这个定理或公式是怎么来的，怎样去证明它，是否有类似的问题，与其他问题有何联系和区别等，这样就可使学生能运用自己的思维方式去探索、研究问题，实现对知识的再创造。

——资料来源：鲁锋武. 在数学教学中要引导学生反思［J］. 数学通报，2001（5）：7－9.（有改动）

一线研究

反思对教师课堂行为的积极作用

反思思维是有别于信仰、想象、意识流的心理过程，是个体基于“经验证据”对特定问题反复地、严肃地、持续不断地进行深思的过程。而教师反思分为价值反思、教学反思和学术反思三个维度，是推动中小学教师专业发展的重要路径。

杨帆等（2022）曾对301名（男性148名，女性153名）中小学教师开展了历时一年的三次追踪调查，描述了教师课堂行为的变化趋势以及反思对教师课堂行为变化趋势的影响，探讨了持有不同教学理念的教师进行反思的课堂行为效果。

结果发现：反思对教师课堂行为具有持续的积极影响，其中教学反思是对中小学教师影响最大的反思类型，是指对教学知识与能力的反思，涉及的具体教师活动包括学科集体备课、撰写教学笔记、开展教育叙事等，与教师课堂教学的联系最为紧密；反思对持有不同教学理念的教师的持续性影响存在差异，尊重学生主体地位的教师更容易通过反思获得课堂行为的积极效应。

鉴于反思对教师课堂行为持续性的积极作用，未来中小学教师应不断扩大反思对教师课堂行为的积极效应。比如通过价值反思加强自身对学生的理解与关怀；通过教学行为反思、教学情境反思改善教学方法，提高使用体验式、启发式教学方法的频率；通过学术反思形成超越具体教学情境的个人教育理论体系以及自成一体的课堂管理风格，加强教师对课堂活动的引导、鼓励等行为，弱化对课堂活动的组织、控制等行为。

——资料来源：杨帆，何雨璇，夏之晨. 反思会持续改善教师的课堂行为吗?：基于对不同

教学理念教师的追踪调查［J］. 华东师范大学学报（教育科学版），2022，40（10）：17－28.（有改动）

（二）思维品质的矛盾性

从中学阶段开始，青少年思维的独立性和批判性有了显著的发展，达到了一个新的、前所未有的水平。他们喜欢怀疑、辩论，不再轻信成人，经常要独立地、批判地对待一切。开始比较自觉地对待自己的思维活动，有意识地调节、支配和论证自己的思维过程，体现出独立性与自觉性。同时，他们看问题容易片面化和表面化。这些缺点，与他们的知识、经验不足以及辩证思维尚未发展成熟有关。

一线研究

结合学科教学，培养个体思维品质

林崇德等提出深刻性、灵活性、独创性、批判性和敏捷性是完整的思维品质的组成因素，它们相互联系、密不可分。研究者还结合数学学科的特点，制订出一整套培养思维品质的具体措施，开展了教学实验。

研究以20个实验班（一至五年级各4个班）和相应的控制班为被试。按随机取样每班人数规定为35人，共1 400名被试。实验班的教师通过思维发展心理学的系统学习，定期集体备课，统一实验的指导思想与具体措施，开教学观摩课，不断改进培养计划，突出教学方法的改革。

实验培养的思维品质有四种（小学阶段不强调批判性）。各自的指标分别是：思维敏捷性以运算的速度与正确度为指标，思维灵活性以一题多种解法、一题多变化数为指标，思维深刻性以完成五个方面（数学概括能力、空间想象能力、数学命题能力、推理能力和运用法则能力）逻辑抽象试题的成绩为指标，思维独创性以自编应用题的数量为指标。

实验结果表明，运算中的四种思维品质在实验组和控制组之间存在着显著的差异，说明运算思维活动的敏捷性、灵活性、深刻性和独创性是可以通过培养而得到提高的。研究还发现，在不额外增加作业的情况下，在培养小学生的运算过程思维品质的同时，促进了学生数学学习成绩的提高。

——资料来源：林崇德，辛涛. 智力的培养［M］. 杭州：浙江人民出版社，1996：96－123.（有改动）

（三）青少年社会认知的发展

不同于对物理世界的认知，社会认知是对社会世界的认知。社会认知的特点首先体现在人与人之间的关系上；其次，其发展与非智力因素有密切联系；再次，社会互动经验的影响明显；最后，情感起重要的作用。认识社会认知的特点，能帮助分析思想政治课学科能力（专栏4-8 ）。

专栏 4-8

认识社会认知的特点，分析思想政治课学科能力

社会认知的特点	思想政治课学科能力
1. 社会认知的对象是个体生活于其中的社会环境 2. 社会认知能力与非智力因素有密切的关系 3. 社会互动经验对社会认知的内容、结构、发展速度以及发展水平起重要的作用 4. 情感在学生的社会认知中起着重要作用 学习思想政治课的过程，是一种社会认知的过程，对思想政治课学科能力的分析，应考虑社会认知的四个特点	第一层次，思想政治学科的一般能力 包括分辨是非的能力、参加社会实践的能力和观点采择的能力 第二层次，学生的思想政治课学科的能力结构 以对思想政治课知识的概括为基础，把分辨是非能力、参加社会实践能力、观点采择（或分析问题）能力与五种思维品质（思维的深刻性、灵活性、独创性、批判性、敏捷性）组成有 15 个交结点的开放性的动态系统 第三层次，信念因素是学生的思想政治课学科能力的深层结构 社会认知的特点强调情感和非智力因素。信念因素是思想政治课的学科能力与其他各学科能力最大的区别之处，是学生的思想政治课学科能力的深层结构成分

——资料来源：林崇德. 从社会认知看思想政治课学科能力［J］. 思想政治课教学，1996(3)：27-28.（有改动）

第三节 想 象

一、表象与想象

想象是人脑对已储存的表象进行加工改造，形成新形象的心理过程。表象是想象的原材料。所谓表象是指感知过的事物不在面前时，人们在头脑中出现的关于事物的形象。例如，到过苏州虎丘，头脑中会有虎丘塔的形象。

表象具有形象性。表象在知觉的基础上产生，和知觉中的形象具有相似性。表象类似于客观世界的事物，保存着物体的大小、距离等空间特性。人在头脑中产生某个事物的表象，如同直接看到它们一样。但是，表象和知觉的形象又不同。知觉的形象鲜明生动，表象的形象总体而言比较暗淡模糊。在某些条件下，表象也呈现知觉的细节，它的基本特征是直觉性。例如，在儿童中可发生一种遗觉像。向儿童呈现一张内容复杂的图片，几十秒钟后把图片移开，使其目光投向一灰色屏幕上。儿童会“看见”同样一张清晰的图画。他们根据当时产生的映象可准确地描述图画中的细节，如同图片就在眼前。遗觉像是部分学龄儿童特有的现象，一般到青年期就消失。此外，知觉的形象持久稳定，表象的形象不稳定、易变动；知觉的形象完整，表象的形象不完整。表象是真实物体的类似物，对表象可以进行心理操作（专栏 4-9）。

表象具有概括性。表象是知觉多次概括的结果，是对某一类对象的表面感性形象的概括性反映。这种概括常常表征为对象的轮廓而不是细节。表象的概括性有一定的限度。对于复杂的事物和关系，表象难以概括。例如，让儿童产生遗觉像的图片，如果是表现一个故事的片段，那么，关于整个故事的前因后果，人物关系相互作用的来龙去脉，则不可能在表象中完整地呈现。

表象具有直观形象性，与知觉相似；又具有概括性，同思维很接近。因此，表象是介于知觉与思维之间的中介环节，是由知觉过渡到思维的桥梁，是从感性认识到理性认识的过渡阶段。表象打破了人的认识受当前事物直接作用的局限，使认识更趋概括化。

专栏 4-9

心理旋转加工中的表象表征

库柏（Cooper）和谢巴德（Shepard）（1973）在之前研究的基础上，通过研究被试对不同倾斜角度的字母或数字（包括正反两个方向）的加工进一步探究了心理旋转的本质。实验材料为旋转至 6 个不同角度的字母 R 及其镜像，以 0° 为初始位置，在二维平面上分别对字母按顺时针旋转 60°、120°、180°、240°、300° 或 360°，相邻字母的方位相差 60°，这样每个字母就有 6 个正写样本和 6 个镜像样本（图 4-6）。

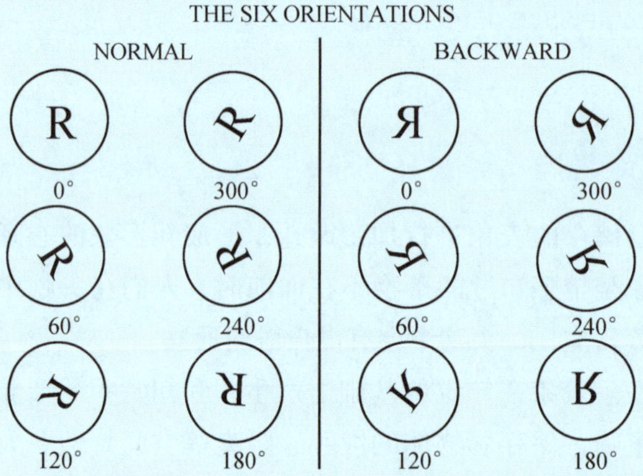

图 4-6　心理旋转实验的字母图形

在实验中，对每一个字母进行单独的实验，使用速示器向被试呈现某一字母的各个样本，要求被试判断看到的字母是正字还是镜像，通过按键进行反应，不需要判断具体角度方位，并记录反应时和准确率；每个字母正写和镜像共12个样本各随机呈现一次。实验结果表明：当旋转角度为0°或360°即字符为初始位置时，无论是正像还是镜像，所需反应时最少；判断反应时随着字母旋转角度的增加而增加，在180°时达到最大，之后随着旋转角度的进一步加大，反应时逐渐下降。

———资料来源：COOPER L A. Chronometric studies of the rotation of mental images, W. G Chase (Ed.) . Visual Information Processing, New York Academic Press,1973:75 – 176.(有改动)

二、想象的分类

(一) 根据想象活动是否具有目的性，分为无意想象和有意想象

无意想象也称不随意想象，它是没有预定目的，在一定的刺激影响下，不由自主地引起的想象。例如，我们看到天上的云，不自觉地把它想象成棉花、羊群等；我们看到窗上的冰霜，不自觉地把它想象成美丽的花瓣、陡峭的山峰等。

梦是无意想象的极端情况。它是人在睡眠状态下的一种漫无目的、不由自主的奇异想象。

有意想象也称随意想象，它是有预定目的、自觉进行的想象。人在多数情况下，总是根据一定的目的，自觉地进行想象活动。例如，在学雷锋活动中，通过建立起对雷锋的形象及他做好事不留名的事迹的想象，理解体会雷锋助人为乐的思想情感。

(二) 根据想象的新颖性、独特性和创造性，分为再造想象和创造想象

再造想象是根据词语的描述或非语言（图样、图解、符号等）的描绘，在头脑中产生有关事物新形象的过程。阅读文艺作品、历史文献，看建筑或机械图纸，听教师生动形象地描述课文时，头脑中出现的有关事物的形象，都属于再造想象。例如，根据设计图纸想象出装修后的效果；读了《枫桥夜泊》，可在头脑中形成姑苏城外寂寞清静的寒山古寺，以及月亮已落下，乌鸦啼叫，寒气满天的江边景象。已有的描述和提示是形成再造想象的前提条件，再造想象的形成要求有充分的记忆表象作为基础。表象越丰富，再造想象的内容也就越丰富。同时，再造想象是在词语指导下形成的，离不开词语思维的组织作用。

创造想象是不依据现成描述而独立地创造出新形象的过程。在创造新产品、新技术、新作品时，人脑所构成的新事物的形象都是创造想象。它的特点是新颖、独创、奇特。创造想象产生的条件包括：强烈的创造愿望，丰富的表象储备，必要的知识经验，原型启发，积极的思维活动，灵感的作用。此外，学习方式对儿童的创造想象的

发展也有影响（见“一线研究”）。

一线研究

不同学习方式对三年级儿童创造性想象发展的影响

为探讨不同学习方式对小学三年级儿童创造性想象发展的影响，丁芳等（2010）采用自编的学习材料，随机抽取苏州市唯亭实验小学三年级学生60人（男生32人，女生28人），按性别比例随机分为内隐学习组（内隐组）、外显学习组（外显组）和控制组。

结果显示，自编的学习材料能够有效地区分小学三年级儿童的内隐学习和外显学习两种方式。学习方式的主效应显著，$F(2.54)=11.698$，$P=0.000<0.001$。在不同学习方式上，被试创造性想象的差异极其显著。进一步进行的多重比较分析结果表明，内隐组创造性想象成绩显著高于外显组，外显组成绩又显著高于控制组。

实验证明，自编的学习材料对小学三年级儿童创造性想象的发展有促进作用，经过学习的儿童的创造性想象成绩均高于控制组；而且不同的学习方式会对儿童的创造性想象成绩产生不同的效果，内隐组儿童在创造性想象上取得的成绩优于外显组儿童。

——资料来源：丁芳，贾文萍. 不同学习方式对小学三年级儿童创造性想象发展的影响研究［J］. 心理科学，2010，33（5）：1237－1240.（有改动）

（三）对于未来事物的系统的想象，按其现实意义，可分为理想和幻想

理想是指向未来、指向人的生活和活动的远景的想象。理想的价值主要取决于它的社会意义。积极的、健康的理想能激励人的斗志，鼓舞人的信心，推动人去工作。“思想是根基，理想是嫩绿的芽胚，在这上面生长出人类的思想、活动、行为、热情、激情的大树。”① 帮助青年建立理想是教师的责任。而空想是与客观事实相违背的消极幻想，过多的空洞的幻想会使人脱离现实，丧失斗志。

三、想象力的培养

（一）中学生想象力发展的特点

中学生的想象丰富、生动，具有明显的年龄特征。具体体现在以下方面。

中学生想象的有意性在迅速增长。中学生的想象，特别是高中生的想象，大多是有意识、有目的的。例如，中学生的作文能够围绕中心不断地进行连贯的构思。

---

① 苏霍姆林斯基. 青少年心灵美的培养［M］. 肖辉，晨楠，译. 长沙：湖南教育出版社，1983：37.

中学生想象中的创造性成分逐步增加，创造想象在想象能力里越来越占优势。

中学生想象的现实性在不断发展。中学生富于幻想，但是随着年龄的增长，他们的想象由具体的、虚构的向抽象的、现实的方向发展。

中学生的想象能力在不断发展，初二到初三是想象能力发展的加速时期或者说，关键时期。这与中学生思维能力的发展趋势相一致。[①]

专栏 4-10

带领学生去想象和发现

对学生来说，植物的根并不是新鲜的东西。如何就“植物的根系及其在植物生命过程中的作用”进行教学？

苏霍姆林斯基对学生说：“孩子们，让我们来仔细观察一下土壤的这种复杂的生命，想一想，它是怎样依赖于从周围环境中提供的物质的。那样，在你们面前就会展示出生物和无生物之间的相互作用。”

学生对于土壤中发生的、无法直接观察到的隐秘的过程产生了兴趣。课后，苏霍姆林斯基带领学生到田里去，看土壤的剖切面。学生们怀着好奇的心情察看了禾本植物长达两米多的根。虽然只是刚刚踏上发现和探索的道路，但是他们感到了一种真正的发现。苏霍姆林斯基还和学生们一起把一些去掉茎的根种到土壤里，不久，它们竟成活了，长出了嫩芽，变成了绿草。一棵葡萄的根也成活了，发了芽。这件事鼓舞了孩子们，他们的思想变得非常好奇和活跃。

——资料来源：苏霍姆林斯基. 给教师的建议（上）[M]. 杜殿坤，编译. 北京：教育科学出版社，1980：57－58.（有改动）

（二）中学生想象力的培养

中学生想象能力的发展与教育密切相关。基于中学生想象能力的特点，在各科教学中，教师要注重引导学生在深入加工材料的基础上提出问题，有目的地进行创造性的想象。但是，创造性的想象并不等同于幻想。在鼓励学生想象的同时，更要鼓励他们验证想象，即创设一系列的条件去检验想象是否正确。只有将想象与抽象逻辑思维结合起来，才能取得好的结果。

在教学中培养学生的想象力，应做到以下方面：① 引导学生学会观察，丰富学生的表象；② 引导学生积极思考，打开想象力的大门；③ 引导学生丰富文化知识，拓宽想象领域；④ 结合各学科教学，有目的地训练学生的想象力；⑤ 引导学生进行积极的幻想。

① 林崇德. 中学生心理学 [M]. 北京：中国轻工业出版社，2013：215.

一线课堂

在化学实验创意中激发创造想象力

根据化学学科的特点，以实验为手段，激励和指导学生利用自己熟悉、掌握的化学实验仪器，根据某一课题去探索、设计多种实验方案，从中找出几种合理的实验方案。通过学生对实验加一加，减一减，扩一扩，缩一缩，变一变，改一改，联一联，学一学，代一代，搬一搬，反一反，定一定等方法进行创造性的设计改进。

例如，在进行实验室制取二氧化碳的实验时，让学生对实验原理、装置、步骤、收集方法进行探索和设计。学生提出了制取二氧化碳的许多种不同方法，通过将学生的探索性实验进行比较分析，找出在一定条件下合理的实验方案。通过对装置改一改的设计，学生加深了对试管、平底烧瓶、锥形瓶、广口瓶等仪器可作反应容器的认识。有些学生还创造性地提出，能不能对发生装置再进行改造，以达到控制反应发生的目的呢？学生再次展开了创造想象的翅膀，设计出了多种发生装置。

教学中，采取了谁设计的装置步骤好，实验就让谁做的方法，学生不仅享受到成功设计实验的乐趣，而且发散性思维也得到训练和深化，更进一步激发了创造想象的积极性。

——资料来源：何夕林．发展学生创造想象力的探索［J］．化学教学，2001（6）：13－14．（有改动）

本章小结

记忆是人脑对过去经验的反映，这种反映是人脑反映机能的一个重要方面。根据不同的标准，记忆可分成不同的种类：① 根据记忆的内容，可将其分为形象记忆、语义记忆、情绪记忆和动作记忆；② 根据信息加工和存储内容的不同，可将其分为陈述性记忆和程序性记忆；③ 根据意识的参与程度，可将其分为外显记忆和内隐记忆；④ 根据保持的时间，可将其分为瞬时记忆、短时记忆和长时记忆。在记忆过程中，从记到忆包括识记、保持、再认或回忆三个基本环节。从信息加工的角度来看，记忆过程是对输入信息的编码、储存和提取的过程。识记是记忆过程的开端，是识别和记住事物的特点及其联系的过程。保持是记忆的重要环节。保持不仅是巩固识记，也是实现再认或回忆的重要保证。客观事物在眼前，感到熟悉，确认是以前感知过的，这是再认。以前感知过的事物不在面前，把对它的反映重新呈现出来，这是回忆。遗忘是指不能对识记的信息进行再认和回忆，或者发生错误的再认和回忆。从信息加工的观点看，遗忘是指信息不能够从记忆系统中提取，或者提取时发生错误。对于遗忘的原因，主要有以下三种理论假说：① 痕迹衰退说；② 干扰抑制说；③ 动机性遗忘说。影响遗忘的因素很多，主要有以下方面：① 学习材料的性质；② 识记材料的系列位置；③ 识记材料的数量和学习程度的大小；④ 记忆任务的长久性与重要性；⑤ 识记的方法；⑥ 时间因素；⑦ 识记者的态度。中学阶段是人的一生中记忆力最佳的时期，中学生不同类型记忆的发展特点可分为以下方面：① 中学生无意记忆和有意记忆的特点；② 中学生机械记忆和理解记忆的特点；③ 中学生形象记忆和抽象记忆的特点；④ 中学生工作记忆能力的发展特点；⑤ 中学生元记忆能力的发展特点。培养中学生的记忆能力，主要是让他们掌握记忆规律，学会记忆方法，掌握记得快、记得牢、记得准的要领，具体有如下方面：① 明确记忆目的，增强学习的主动性；② 理解学习材料的意义；③ 对材料进行精细加工，促进对知识的理解；④ 运用组块化学习策略，合理组织学习材料；⑤ 运用多重信息编码方式，提高信息加工处理的质量；⑥ 重视复习方法，防止知识遗忘。

思维是人脑对客观事物的本质属性和事物间规律性联系的间接的和概括的反映，间接性和概括性是思维的重要特征。根据不同的标准，可把思维分成不同的种类：① 根据思维过程中的凭借物，思维可分为动作思维、形象思维和抽象思维；② 根据思维探索目标的方向，思维可分为集中性思维和发散性思维；③ 根据思维的主动性和创造性，思维可分为习惯性思维和创造性思维；④ 根据思维过程的依据，思维可分为经验思维和理论思维。人类的思维活动过程表现为分析、综合、比较、抽象、概括、一般化和具体化。其中，分析和综合是思维的基本过程，其他过程都是由它们派生出来或通过它们来实现的。无论分析综合或抽象概括过程，总表现为一定的思维形式，并体现在具体的思维活动中。思维的基本形式是概念、判断和推理。所谓问题，包括起始状态、目标状态和障碍三个基本成分。问题解决是指为了从问题的初始状态到达目标状态，而采取一系列具有目标指向性的认知操作的过程，它具有如下特征：① 目的性；② 序列性；③ 认知性。根据问题的清晰程度，可将其分为清晰规定的问题和含糊规定的问题两类。问题解决的一般过程是发现问题、理解问题、提出假设和检验假设。影响问题解决的主要因素有以下几个方面：① 原型启发；② 动机强度；③ 情绪状态；④ 定势；⑤ 功能固着；⑥ 问题的特征；⑦ 迁移。中学生的思维在小学阶段思维发展的基础上，在新的教学条件和社会生活条件影响下，表现出以下三个方面的特点：① 抽象逻辑思维处于优势地位；② 思维品质的矛盾性；③ 青少年社会认知的发展。

想象是人脑对已储存的表象进行加工改造，形成新形象的心理过程。表象是想象的原材料，它是指感知过的事物不在面前时，人们在头脑中出现的关于事物的形象，具有形象性、概括性的特点。依据不同的标准，想象可以分为多种类别：① 根据想象活动是否具有目的性，可将其分为无意想象和有意想象；② 根据想象的新颖性、独特性和创造性，可将其分为再造想象和创造想象；③ 对于未来事物的系统的想象，按其现实意义，可将其分为理想和幻想。中学生的想象丰富、生动，具有明显的年龄特征，具体体现在以下方面：① 中学生想象的有意性在迅速增长；② 中学生想象中的创造性成分逐步增加；③ 中学生想象的现实性在不断发展；④ 中学生的想象能力在不断发展。中学生想象能力的发展与教育密切相关，在教学中培养学生的想象力，教师应做到以下方面：① 引导学生学会观察，丰富学生的表象储备；② 引导学生积极思考，打开想象力的大门；③ 引导学生努力学习科学文化知识，发展学生的空间想象能力；④ 结合各学科教学，有目的地训练学生的想象力；⑤ 引导学生进行积极的幻想。

本章名词术语

记忆是指人脑对过去经验的反映。

形象记忆是指对感知过的具体事物形象的记忆。

语义记忆是指对语词概括的各种有组织的知识的记忆，又称逻辑记忆。

情绪记忆是指对自己体验过的情绪和情感的记忆。

动作记忆是指对身体的运动状态和动作技能的记忆。

陈述性记忆是指对事实类信息的记忆，包括字词、定义、人名、时间、事件、概念和观念。

程序性记忆是指对程序性知识进行记忆，又称技能记忆，通常包含一系列复杂的动作过程，也包括在同一瞬间进行的动作间的横向联系。

外显记忆是指当个体需要有意识地或主动收集某些经验用以完成当前任务时表现出来的记忆。

内隐记忆是指在不需要意识参与或不需要有意回忆的情况下，个体的已有经验自动对当前任务产生影响而表现出来的记忆。

瞬时记忆是指持续时间为0.25—2 s左右的记忆，又称感觉记忆。

短时记忆是信息从感觉记忆到长时记忆之间的一个过渡阶段，保持时间比瞬时记忆长，但一般不会超过1 min。

长时记忆是指信息在记忆中储存时间超过1 min，直至几天、几周或数年，甚至终生不忘。

识记是指识别和记住事物的特点及其联系的过程，是记忆过程的开端。

无意识记是指事前没有明确目的，也不需要意志努力的识记。

有意识记是指有明确的识记目的，并运用一定方法，在识记过程中还需要一定的意志努力的识记。

机械识记是指在不理解材料意义的情况下，采用机械重复的方法进行的识记。

意义识记是在对事物理解的基础上，依据事物的内在联系进行的识记。

再认是指当客观事物再次出现在眼前时，个体感到熟悉并确定是以前感知过的。

回忆是指当以前感知过的事物不在面前时，个体能够把对它的反映重新呈现出来。

遗忘是指不能对识记的信息进行再认和回忆，或者发生错误的再认和回忆。

舌尖现象是指说话者不能说出某个单词，但是认为自己肯定知道那个单词，觉得它就在自己的舌头边上，只是说不出来。

元记忆是指对自己记忆活动的认知和调节，包括元记忆知识、元记忆监测和元记忆控制。

思维是指人脑对客观事物的本质属性和事物间规律性联系的间接的和概括的反映。

动作思维是指在思维过程中以实际动作为支柱的思维。

形象思维是指以具体事物的形象和表象为支柱的思维。

抽象思维是指以概念、判断和推理等形式来反映客观事物的规律，是对事物的本质特征和内部规律进行认识的过程。

集中性思维是指把问题所提供的各种信息聚合起来，朝着同一方向得出一个正确答案的思维，又称聚合思维、求同思维。

发散性思维是指从一个方向出发，沿着各种不同途径去思索，探索多种答案的思维，又称求异思维、分散思维。

习惯性思维是指用惯常的方法、固定的模式来解决问题的思维，又称常规性思维。

创造性思维是指有主动性和创造性的思维。

经验思维是指以日常生活经验为依据，来判断生产、生活中的问题的思维。

理论思维是指以科学的原理、定理、定律等理论为依据，对问题进行分析、判断的思维。

概念是指人脑对客观事物的一般特征和本质特征的认识，以词来标志，是思维最基本的形式。

判断是指用概念去肯定或否定事物具有某种属性的思维形式，是事物之间的联系和关系在人脑中的反映。

推理是指从具体事物归纳出一般规律，或者根据一般原理推出新结论的思维过程，可分为归纳推理和演绎推理。

问题解决是指为了从问题的初始状态到达目标状态，而采取一系列具有目标指向性的认知操作的过程。

清楚规定的问题是指目标明确、潜在的达到目标的途径能容易发现的一类问题，又称结构良好问题，

含糊规定的问题是指目标不明确、没有现成的解决方法可供参考的一类问题，又称结构不良问题。

原型启发是指在其他事物或现象中获得的信息对解决当前问题的启发，其中具有启发作用的事物或现象叫原型。

定势是指在原有的知识经验影响下，心理活动所处的一定的准备状态，它使思维和想象具有一定的倾向性。

功能固着是指个体在解决问题时往往只看到某种事物的通常用途和功能，而看不到它的其他功能和用途。

迁移是指已有的知识经验对解决问题的影响，可分为正迁移和负迁移。

想象是指人脑对已储存的表象进行加工改造，形成新形象的心理过程。

表象是指感知过的事物不在面前时，人们在头脑中出现的关于事物的形象。

无意想象是指没有预定目的，在一定的刺激影响下，不由自主地引起的想象，也称不随意想象。

有意想象是指有预定目的、自觉进行的想象，又称随意想象。

再造想象是指根据词语的描述或非语言（图样、图解、符号等）的描绘，在头脑中产生有关事物新形象的过程。

创造想象是指不依据现成描述而独立地创造出新形象的过程。

理想是指向未来、指向人的生活和活动的远景的想象。

手段-目的分析法是指通过分析去发现问题的当前状态与目标状态之间的差别，并寻找一定的操作手段去消除这种差别的一种问题解决的方法。

逆推法是在解决问题时，从问题的目标状态出发，向问题的初始状态逆向推理，以寻找问题的解决方法。

爬山法是以一个接一个的较容易的目标的达成来鼓励问题解决者，最后使问题得到解决的方法。

第五章 学习理论

“学而时习之，不亦说乎。”

——《论语》

“吾生也有涯，而知也无涯。”

——《庄子》

学习理论是对特定学习条件下学习者心理变化规律的系统描述，属于心理学和教育学的研究范畴。学习理论主要研究人类与动物在学习情境中的行为特性和认知发展过程。鉴于人类学习过程的复杂性，尚未有一种学习理论能完整匹配所有的学习条件。人们从多种视角对学习过程进行了研究，产生了各种不同的学习理论流派。这些理论适用于各自不同的学习情境，各有特色并相互补充，为教学工作者展现了探讨学习基本问题的多样化途径，使其有可能较为全面地理解学习的性质、条件和规律，从而为完善教学理论和提升教学实践提供科学的基础。

最早对动物进行学习实验研究的是美国心理学家桑代克（Thorndike）。一个多世纪以来，研究者对人类与动物的学习过程做了大量的研究。基于研究者的不同视角、方法和兴趣，形成了众多的理论流派，主要有行为主义学习理论、认知主义学习理论、建构主义学习理论和人本主义学习理论。这些理论体现了不同的知识观与认知论思想，推演出各具特色的教与学的原则和方法，并得到一定的实证支持，对学习科学的发展产生了持续而深远的影响。本章简要介绍这四种学习理论的主要观点及其教学应用原则。

第一节 行为主义学习理论

行为主义学习理论的核心观点是：学习是环境刺激与学习者行为反应的联结。学习者接受外界环境的刺激，做出环境设计者期待的反应，这种刺激与反应之间的联结

(S-R) 就是学习。早期行为主义否认学习者的既有经验和内部心理活动的作用，将心理活动看作无法研究的“暗箱”，具有机械论和环境决定论的特色。

一、行为主义学习理论的基本观点

（一）学习是刺激-反应的联结

巴甫洛夫（Pavlov）首先研究并发现了条件反射现象，开辟了人类高级神经活动的研究领域。在巴甫洛夫的研究中，狗接触食物（无条件刺激）后口腔分泌唾液。这种与生俱来而非习得的反射称为无条件反射。当任意刺激物如铃声（条件刺激）与食物共同呈现，经过多次重复后，在没有食物的情况下，铃声也能引起唾液分泌。这种经过后天环境刺激而习得的对铃声的反射即是条件反射。条件反射揭示了学习行为最基本的生理机制，对学习理论的发展产生了深远的影响。华生（Watson）在巴甫洛夫条件反射的基础上，提出人类学习是塑造行为的过程，这种学习可以通过引发条件反射的“刺激-反应”的联结来实现，正式形成了刺激-反应学习理论。

（二）学习是尝试错误的过程

美国心理学家桑代克受联想主义和达尔文进化论的影响，认为人类是动物进化而来，动物和人类的学习机理是一样的，只是复杂程度不同。他通过动物实验来研究学习，提出了联结主义的刺激-反应学习理论。在他开展的最为知名的一项研究中，处于饥饿状态的猫被放进笼中，笼外放着食物，笼门用活动的门闩关着。放进笼中的猫起初胡乱触碰笼壁，偶尔碰到活动门闩，门被打开，猫吃到食物。经过数次反复，猫从笼中触碰开关打开笼门所需的时间越来越短。实验表明，参与实验的所有猫的操作水平都是缓慢而连续地改进。桑代克由此提出，猫的学习是经过多次尝试错误，最终习得刺激情境与正确反应之间的联结。

（三）学习成功的关键是强化

与巴甫洛夫和桑代克不同，美国心理学家斯金纳（Skinner）用“操作性反应”来解释动物的学习行为。斯金纳等人的实验对象的行为是由环境刺激引发的，他称之为“应答性反应”。在斯金纳的实验中，置于封闭环境中的动物最初并未察觉到食物的存在，由于某次偶然的操作触发了食物弹出机制而获得了食物。研究表明，一旦获得了食物，动物重复此种动作的频率明显提高。在应答性行为中，有机体是被动地对环境作出反应；而在操作性行为中，有机体是主动作用于环境而习得反应。经典条件反射研究的结果只能用来解释被动适应环境的学习，而操作性反应所进行的是主动探索并适应环境的学习，显然后一种学习在人类认识改造自然的活动中更为普遍和重要。斯金纳认为，人类多数的有意义行为都是操作性的，如婴儿学步、书写阅读等。在这类学习中，反应产生的后果直接促进了反应再现，起到了强化行为的作用。

操作性反应理论认为，刺激是否存在并不重要，如果一种反应后伴随一种强化，那么在类似环境里发生这种反应的概率就会增加。例如，如果学生在课堂上因认真思考并积极答题而得到教师的口头表扬，那么他在随后的课堂学习中会继续表现出良好的学习行为。斯金纳认为，强化是指“使反应发生概率增加或维持某种反应水平的任何刺激”，任何因强化而习得的行为，都可以被看作是操作性条件作用的例子，他的理论由此被称为强化理论。在斯金纳看来，重要的刺激是在反应之后的刺激（强化），而不是之前的刺激，这是行为习得的关键要素，因此学习反应后要给予及时强化。

强化理论区分了学习中常见的两种强化刺激：正强化与负强化。提供刺激物能促使反应发生概率提高的是正强化，如父母的奖励对于孩子养成良好的生活习惯来说就是正强化。撤销刺激物能促使反应发生概率提高的是负强化，如教师免除成绩优异的学生部分冗余的练习即是负强化。另外，惩罚是指用来降低反应发生概率所呈现的刺激。如教练对于消极比赛的运动员增加训练强度即属于惩罚。相关行为主义者对于奖励与惩罚对教学效果的影响做了大量的研究，多数研究结果表明，合理安排的奖励（无论是正强化还是负强化）能有效改善学业表现，惩罚可能在短时间内有一定的效果，但长久来看，它似乎只是暂时抑制了不良行为，如果不能在抑制期间有效地培养并强化积极行为，就很难根除不良行为对学习活动的影响。

二、行为主义学习理论的教学应用模式

程序教学，又称为机器教学，最初由教学机器的发明人普莱西（Pressey）提出，斯金纳根据自己的强化学习理论进一步发展了这一教学模式。在程序教学中，教学系统像精密的机器一样对正确操作给予及时的精确反馈，通过强化刺激和正确操作的相倚安排，逐步提升操作水平，直至塑造出目标行为。

程序教学系统以精心设计的顺序呈现学习主题，学习者通过人机界面进行交互做出学习反应，每次反应后系统及时反馈，学习者能自主决定学习的速度。程序教学的原则如下。

（一）积极反应

程序教学主要以问题形式通过教学机器、教材或教师向学生呈现知识，使学生对问题做出积极的反应，即要求学生通过程序教材和教学机器主动投入学习。

（二）小步子

程序教学系统将教学内容按内在结构分解成若干小单元，单元难度渐次提升，单元间难度变化幅度很小。学习时程序依次呈现学习单元，学生做出正确的应答就获得强化，并且进入下一单元。这使得强化次数增多，能更好促进学生积极主动地学习。

（三）及时强化

根据斯金纳的操作性条件反射原理，操作发生后即刻呈现的强化刺激会有效增强

此操作。在程序教学中，及时强化原则要求在学生做出反应后，应能立即从系统反馈中了解反应正确与否，从而及时得到强化。

（四）自定步调

程序教学系统不规定统一的学习进度，鼓励每个学生以适合自己的速度学习。自定步调原则从一定程度上考虑到了学习者的个体差异，它是以个别化教学模式为前提的。

（五）低错误率

程序教学要求在教学过程中尽可能避免错误反应，过多的错误反应会影响学习速度，延长正确操作被强化的强度间隔，从而影响学习效率，这与强化理论强调强化刺激对积极行为的促进作用是一致的。

20 世纪 80 年代以来，随着多媒体计算机技术的发展，程序教学开始广泛应用于计算机辅助教学（CAI）。计算机能对大量信息进行加工、存储和展示，并能在程序控制下自动工作，是实现程序教学思想和功能的理想教学机器。当前计算机辅助教学的内容和形式虽有了很大的扩展，但基于程序教学的个别指导模式仍然有着重要的应用价值。

专栏 5-1

强化原理的应用

1. 学习行为塑造

教师在管理班级学生时，往往注重的是引导学生做他（她）希望他们做的事，所以会在学生做出行为之前利诱他们。但行为主义理论认为，有机体的行为得以强化是因为其行为与其行为之后的刺激建立了联结，如果之后的刺激强化了这个行为，那这个行为的出现频率就会增加。所以，要想增加行为的出现频率，重要的是行为之后的强化刺激。了解了这些原理后，某位中学数学教师尝试改变以前的管理方法，从效果来看，起到了事半功倍的效果。比如，在习题课上，学生们十分认真地完成布置的作业，几乎没有人讲话。如果是以前那位教师肯定是一直保持安静，给学生创造良好的环境，让他们学习，直到有人完成任务，或者有学生坐不住，教师便出面维持纪律。但这次他改变以前的做法，他抬头看见学生们都在认真写作业，于是拿起粉笔在黑板上给每组加了颗星。过了一会，他再抬头，看见某组的表现特别好，于是又给这组加了一颗星。结果发现，学生间有轻轻的提醒声，不能讲话，认真写作业、看书。他觉得这非常好，既不费力，也让学生更加自觉了。

2. 不良行为矫正

在同学们排队参加集体活动时，小明总是喜欢推搡别的同学。班主任老师想了一个办法。当去的地方很近时，他告诉小明，如果在队伍里不推搡别的同学，回来的时候就让他当小队长；如果他推搡，就让他立即离开队伍。这一过程反复多次，小明在近距离行走时行为有了明显的改善。然后，班主任老师有意识地延长去往活动目的地的路程，不断通过奖励改善小明的行为，直到不管排队走多远的路他都有良好的表现为止。

三、行为主义的新进展

行为主义心理学的新发展就是将多种认知过程（如思维、知觉、期望、自我陈述）融入行为主义的框架中。这些新理论认为，学生存在一些有缺陷的认知过程，这些有缺陷的认知过程引导或控制他们的行为。如果改变了这些认知，学生的行为也将随之改变。

（一）自我管理

20 世纪 60—70 年代发展了集中自我管理或自我控制治疗方法。自我管理的过程是这样的：课堂教师利用传统的应用行为分析方法，以积极的强化和其他程序改进学生的行为。所期望的行为变化一旦达到，由教师做出的（外在的）控制就转向由学生做出的内在控制。这一转变过程包括以下内容。

首先，学生通过自我评估，确定他们是否已经完成了特定的行为。

其次，学生通过自我监视，记录行为的成绩，持续记录他们以多大频率和在多大的程度上参与了某些活动，如此，可以有效地训练学生监视自己的行为。

一开始，教师告知学生教师正在观察他们的评估。学生一旦得知他们的自我监视的精确性正在受他人的评估时，这种自我监视的精确性就能得到改进。学生对他们自己的适当行为予以自我强化。一段时间以后，让学生慢慢地消除这种自我强化，逐渐转向自然环境中的强化，如等级、社会地位和成就反馈。有研究表明，这种自我强化的程序和教师管理的结果一样有效。

（二）自我言语

人们使用更加偏向认知的自我控制技术。有一种教个体控制自己行为的方法就是自我指导，这是一种以鲁利亚（Luria）和维果茨基的理论为基础的自我控制方法。鲁利亚发现，随着儿童年龄增长，他们常常能够做到不靠成人的教学，而靠自己行为的信息来改变行为，即使这个信息是由自己提供的。维果茨基描述了从外在语言到内化的谈话，最后到无声的发展过程。他指出，自我谈话非常重要，因为它提供了自我指导。

自我言语训练的理论基础是，个体的内在言语影响认知（思维）、引导行为。有些儿童以不当的方式行动，是受不当的自我言语的影响，因此，引入比较适当的自我言语，行为就能改变。

起初，心理学家们在诊所使用认知行为矫正方法，帮助儿童解决各种不同的行为问题（如冲动性、多动症、攻击性和焦虑），从而使他们发展更好的自我控制。后来，自我言语训练比较多地应用在认知学习上，帮助学生在学习任务中发展认知策略。自我教学和自我言语都强调模仿个人言语，并且逐渐从教师控制行为转向学生控制行为——让学生用个人言语和自己谈话去完成任务。认知行为矫正策略不仅能提高学生完成任务的成绩，而且也能泛化到其他任务中去。①

一线研究

言语支架对幼儿自我言语以及解决问题能力的影响

自我言语也叫独白，它是儿童对自己而非某个特定的听者大声说出的言语，它对儿童的活动起着指导和调节作用。言语支架是帮助学生顺利穿越最近发展区，取得语言发展的支持工具，不仅能帮助儿童解决问题、完成任务，还能帮助儿童学习母语。言语支架是由教师通过各种言语行为发起的对话，且该对话一直围绕某一主题展开，直到教师判断学生已获得对新知识由浅入深的理解，形成知识组织，能够应用知识解决问题为止。

怀特（White）等人（1994）曾以常见的学校作业和类比推理问题作为材料，选取34名在公立幼儿园上学的5—6岁儿童作为被试，来探索言语支架对幼儿自我言语与问题解决能力的影响，并探讨了三者之间的关系。被试被分为实验组和对照组，两组被试均被教授8节课，其中实验组采用迈肯鲍姆（Meichenbaum）和古德曼（Goodman）的自我指导5步法来指导被试使用自我言语，而对照组没有采用。被试在上完课后均被要求解决学校日常作业和类比推理问题。研究结果表明，实验组在完成任务时，使用自我言语的频率比对照组高，这说明言语支架能帮助儿童解决问题，这为在课堂中使用认知自我指导来改善幼儿解决问题的自我言语提供了依据。

未来中小学教师可以通过观察儿童自我言语的使用情况，来判断儿童在解决问题时，是否需要教师的帮助。如果与问题有关的自我言语偏多，则问题难度适中，并处于儿童的最近发展区中。这时，教师可以尽可能地让儿童独自解决问题，也可以提供言语支架帮助儿童，从而达到使用自我言语暂时无法达到的目标。如果自我言语很少，或更多的是安静或与任务无关的自我言语，则问题太难或太容易，超过或低于儿童的最近发展区。这时，教师就需要调整任务的难度。教师需要通过不断调整支架的难易程度和支持程度来为学生提供动态的、有利于他们能

① 陈琦，刘儒德．当代教育心理学［M］．3版．北京：北京师范大学出版社，2019：102－103.

力训练和发展的提示和支持。也正是这种不断动态调整的支架支持，最大程度上体现了支架教学的优势，即在最近发展区提升学生的能力。

——资料来源：WHITE C S，MANNING B H. The effects of verbal scaffolding instruction on young children's private speech and problem-solving capabilities [J]. Instructional Science，1994，22（1）：39－59.（有改动）

第二节 认知主义学习理论

认知主义学习理论认为，学习是学习者内部经验变化的结果。它反对行为主义学习理论提出的“刺激-反应”模式和环境决定论，认为学习必须考虑到外在的知识结构和学习者的内在认知结构，通过内外两种结构的交互作用实现学习目标。认知主义学习理论重视学习者已有的经验和非认知因素，强调学习者主动认知、理解、思考问题情境，将知识有机地融合到已有的经验中去，从而实现有意义的学习。

一、认知主义学习理论的代表学说

（一）格式塔学派的完形论

格式塔学派是现代认知主义学习理论的先驱，它于20世纪初由德国心理学家韦特海默（Wertheimer）、苛勒（Köhler）和考夫卡（Koffka）在研究似动现象的基础上创立。

格式塔代表人物苛勒在对黑猩猩做的各种“顿悟实验”基础上提出了他的学习理论。苛勒的一个著名实验是黑猩猩取香蕉：研究者把香蕉挂在黑猩猩够不到的天花板上，黑猩猩在几次试图跳着摘香蕉失败后，干脆不跳了，经过短暂的休息，突然把事先放在木笼内的箱子拖到放香蕉的地方，一个箱子不够，就将两个箱子叠在一起，爬上箱子取下香蕉。苛勒认为黑猩猩的行为往往针对目的，摘到香蕉意味着黑猩猩领悟了目的物香蕉与箱子的关系，构成了目的物与箱子的完形，才发生叠箱子取香蕉的动作。格式塔学派认为学习是一个顿悟的过程，即结合当前整个情境对问题的突然解决。学习的实质是构造与组织一种完形。所谓格式塔，是德语 Gestalt 的译音，即“完形”。

（二）认知发现说

美国心理学家布鲁纳（Bruner）提出学习的认知发现说，认为学习的实质是认知发展过程，学生通过学习在已有经验的基础上形成新的认知结构，学习可能导致也可能不导致行为的改变，学习是主动适应而非被动应激的活动。他的主要观点如下。

1. 学习是主动形成认知结构的过程

认知结构是对事物间稳定关系的心理映射系统，是学习者已有观念的全部内容与组织。认知结构是人类认知活动的必然结果，反映当前主体对客观世界的经验总结。布鲁纳认为，人类通过主动学习，对感官信息进行选择性注意、转换、编码存储和应用。通过学习，在原有认知结构的基础上，学习者将环境信息转变为具有更强适应性的新的认知结构。因此学习的本质就是认知结构的更新优化，通过更真实地反映环境中各要素的关系，实现更好地适应环境的目标。

2. 学习的重点是理解学科结构

布鲁纳认为，学习的目的是获取真实反映客观世界的认知结构。因此，他提出，学科教学必须使学生理解学科的基本结构，使学生以有意义的方式去理解事物的关系。布鲁纳非常重视学科结构的学习，他认为知识具有层次化，只有将学习者的内部认知结构和教材的基本结构相结合，才能产生有效的学习。

在教学当中，教师的任务就是为学生提供知识内化的编码系统。布鲁纳认为，要使教学真正达到目的，教师就必须使学生能在某种程度上获得一套概括的基本思想和原理。这些基本思想和原理对学生而言就构成了一种最佳的知识结构。知识的概括水平越高，知识就越容易被理解和迁移。

3. 形成认知结构的有效途径是主动发现学习

布鲁纳认为，教学一方面要考虑学习者已有的认知结构和教材的结构，另一方面要重视人的主动性和内部学习动机。学习的最佳动机是对所学内容的兴趣，而不是奖励竞争之类的外部动机。因此，他提倡发现学习，目的是使学生更有兴趣、更有自信地主动学习。

布鲁纳的认知发现说强调学习者的既有经验和非认知因素对学习的重要影响，把学习看作是对学习者经验世界的改造，重视教学内容的结构化和学习过程的主动性，对培养具有创新能力的现代化人才具有积极的意义。

（三）信息加工学习论

20 世纪 50 年代后，计算机科学的兴起与发展，为研究人类学习行为提供了新的视角和工具。信息加工理论将人类学习的过程与计算机信息处理过程进行类比，认为学习实质上是信息的获取和加工。计算机系统处理信息的过程可以分为输入、编码、存储、提取等几个阶段，相应的，人类学习过程包含了感觉输入、编码、记忆存储和反应操作等过程。美国心理学家加涅（Gagne）根据信息加工理论提出了学习过程的基本模式，如图 5-1 所示。

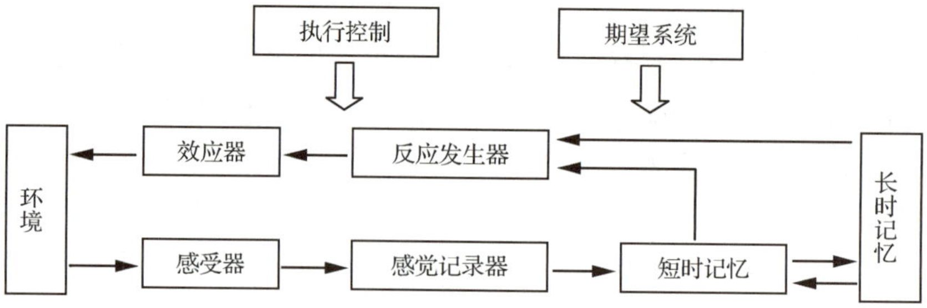

图 5-1　加涅提出的学习过程基本模式

在这一模式中，来自环境的刺激通过感受器，以映象方式进入感觉记录器，形成感觉记忆。学习者借助注意将这些信息存储在短时记忆中。经过复述、精细加工等方式，再将短时记忆中的信息输入长时记忆。当学习者需要对环境做出反应时，长时记忆中的信息被检索并被提取到短时记忆，再送到反应发生器，反应发生器将信息转化为效应器的操作并作用于环境。在整个内部信息的处理过程中，执行控制和期望系统是具有全局作用的重要结构，前者指已有经验对当前学习的影响，后者代表动机系统对学习的影响，它们监控和调节信息流的加工形式和方向。

加涅指出，学习的发生取决于上述内部信息加工阶段能否顺利执行。学生已有的学习经验、对当前学习的期望、信息加工编码的能力等构成了学习的内部条件。教师应通过有效的教学来促进学生的内部加工，包括选择正确的教学模式、有效的教学媒体及其呈现方式、有效的教学反馈和评价手段等，这是学习的外部条件。只有在内部和外部条件都满足的前提下，学生才能形成正确的认知结构，并以合理的方式作用于环境。

加涅具体描述了各类学习所需的内部和外部条件，指出外部教学活动必须以促进内部信息加工为目标，他提出的教学活动设计模式包括一系列教学事件，依次对应学生内部信息加工的各个阶段，在教学特别是课堂教学设计中得到广泛应用。其主要步骤说明如下。

1. 引起注意

这是用以唤起和控制学习者注意的活动。常用的方式有：① 突然改变刺激，如视觉画面迅速切换和出现闪烁的指示符号、教师突然改变音量、电脑播放提示音频等；② 引起学习者兴趣，如提出他们感兴趣的问题、描述视觉画面中的异常现象等；③ 用体态语（手势、表情等）引起学生注意，这是课堂教学中教师常用的方法之一。

2. 告知学习目标

教学开始时，应让学习者具体了解当学习目标达到后他们将学会做什么，从而激发学习动机。用学习者熟悉的语言讲解学习目标，不仅能增强学习动机，还能起“先行组织者”的作用，使学习者看到教材的基本结构，便于学习者对学习的具体知识进行组织。

3. 刺激对先前学习的回忆

在学习新的内容之前，可指出学习新的技能所需具备的先决技能，以此刺激学习者回忆已学过的有关知识与技能；同时还应让学习者看到自己已掌握的知识和技能与学习目标的联系，这使学习者有可能利用他的认知结构中已有的合适的观念来同化新知识，避免机械学习。

这项活动的作用还体现在使新旧知识产生有机联系。由于学习者的个别差异，设计得再好的教学媒体也无法适应个别学生的特定情况，在课堂教学中这项活动的作用尤为突出。

4. 呈现刺激材料

当学习者做好准备时，向其展示教材，呈示的刺激材料应具有鲜明的特征。教材的呈现涉及顺序和组块（每次呈现的教材容量）两个方面。组块过大，学习者可能不堪重负；组块过小，学习者可能感到太容易而浪费时间，具体设计时应考虑以下因素：① 学习者的年龄，组块容量应根据其年岁的增长而适当扩容；② 学习者的准备知识，对基础差的学习者，组块不宜过大，对基础好的学习者，组块不宜过小；③ 学习的类型，不同的学习类型组块大小不同，规则学习的组块显然大于具体概念的学习。

5. 提供学习指导

这是促进语义编码的内部过程。语义编码是为信息的长期储存做准备的加工过程。教师应利用各种教学资源为学习者组织信息提供引导和帮助。如为言语信息的学习提供有意义的组织结构；通过一系列提示或问题为学习者提供思路，启发学习者寻求答案，掌握新规律，从而促进认知结构的发展和学习记忆。学习指导的程度由学习目标的性质决定，如学习事物名称时不必提问、发现，可直接告知答案；但在认知能力的学习中，应提供一定的直接指导，让学生发现答案而获得能力。学习指导的程度还必须适应学习者的特点，过多的指导会使理解能力强的学习者厌烦，而过少的指导有可能使领会慢的学习者失去信心。

6. 诱引行为

诱引行为是促使学习者做出反应的活动，它遵循学习者参与原则，即在教学过程中学习者对所呈现的信息以各种方法做出积极的反应。通过参与，学习者能更好地理解并保持所呈现的信息。研究表明，在学习者学习过程中或紧接着学习之后采用某种方式吸引学习者参与教学活动能提升学习效果。如能在呈现教学信息过程中插入问题（即便不期望学习者作答），则能提高学生心理上的参与感。

7. 提供反馈

在学习者做出反应后必须让学习者知道学习结果，以便其对自己的学习行为做及时的评价。可能的话应在每个问题或步骤之后及时给予反馈，外部提供的反馈方式有多种，如教师观察行为时的微笑、颔首、在课件中的语音提示等。提供反馈活动的目的是强化内部学习过程，学习者在其学习行为得到肯定的评价后，能增强信心，当类似的情境再次出现时，曾经得到肯定的学习反应将重新出现。

8. 评定行为

目的是促进进一步的回忆并巩固学习效果，具体表现为要求学习者做深化练习，并评定成绩，既检查学习结果，又能起强化作用。

二、认知主义学习理论的教学应用模式

发现学习由布鲁纳提出，是认知主义学习理论支持的主要学习模式。在发现学习中，教师创设以学生为中心的教学情境，鼓励学生通过主动发现来学习科学概念与原理。布鲁纳提倡的发现学习强调学习过程而非结果。他认为，学习的主要目的不是记住教材内容，而是要学生参与建立学科知识体系的过程。发现学习重视直觉思维。布鲁纳认为，直觉思维对科研活动尤为重要，教师在学生的学习活动中要帮助学生形成丰富的想象，防止过早语言化。发现学习强调培养学生的内部动机，鼓励学生向自己的能力提出挑战，而非忙于和同学竞争，这样才能激发学生主动求知，并最终习得科学的思维方式。

发现学习的教学设计一般遵循以下原则：① 在开始教学时，教师要清楚地解释学习情境和教材性质；② 教材的组织要考虑到学生的经验；③ 要根据学生的心理发展水平安排教材的难度与逻辑顺序，应当按照由简到繁的原则来组织教学内容；④ 为了维持学生的内部动机，学习材料的难度要保持适中。这样可以确保学生通过独立思考发现材料中隐藏的规律；⑤ 向学习者提供认知反馈以便确认阶段性的成效与错误，不同于行为主义学习理论的强化型反馈，发现学习中的反馈一般起检验假设的作用；⑥ 学习者自定目标和评价标准是学习的重要促进因素。

发现学习在学校教学实践中得到大量的应用，其教学过程一般要经过四个阶段：① 创设问题情境，使学生在这种情境中产生认知冲突，形成研究问题；② 学生利用情境中的教学材料，针对提出的问题给出解答假设；③ 从理论或实践上检验自己的假设；④ 根据实证得出的结果，在评价的基础上引出结论。

专栏 5-2

发现学习示例——多项式平方的展开

初一数学课上，先向学生呈现两个正方形和一个长方形，形状如下图左侧所示。告诉他们，大正方形边长未知，暂时以 x 表示；长方形高亦为 x，宽为 1。接下来，要求学生们利用这三种图形拼出比“边长为 x 的正方形”更大的正方形，并求算其面积（学生已经在小学数学课程中学习了正方形和长方形面积的算法）。学生先后拼出了多个大一些的正方形，如下图右侧所示。

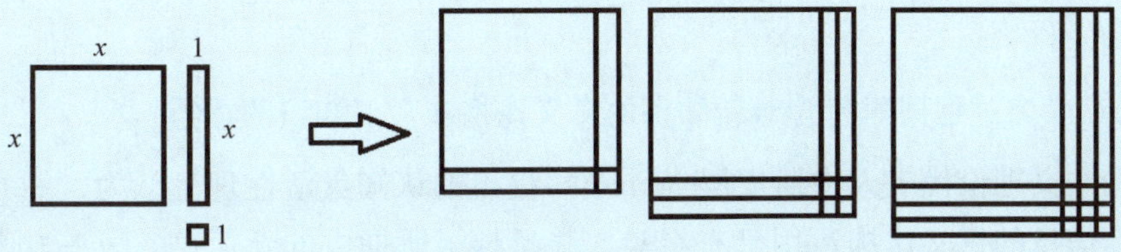

同学依次给每个拼接的正方形计算面积。有的同学将面积表达为拼接的子图形面积的和：x^2+2x+1；x^2+4x+4；x^2+6x+9；……。有的同学还能用另一种方法来表达：$(x+1)(x+1)$；$(x+2)(x+2)$；$(x+3)(x+3)$；……。学生不断拼出更大的正方形，数学老师让他们把同一种图形面积的不同表达方式列在等式两边。

$$x^2+2x+1=(x+1)(x+1)$$

$$x^2+4x+4=(x+2)(x+2)$$

$$x^2+6x+9=(x+3)(x+3)$$

$$x^2+8x+16=(x+4)(x+4)$$

……

同学们通过操作、对比，终于发现了蕴含在等式两边的规律。当学生发现并领悟这一规则后，无须继续拼图就能自行列出系列方程等式。

第三节　建构主义学习理论

建构主义学习理论是继行为主义和认知主义学习理论后发展起来的又一个具有重要影响的学习理论。建构主义学习理论认为，知识并不独立于人而存在，它是每个人对于世界的理解和给世界赋予的意义。人们根据自己的经验建构现实的意义，由于经验世界具有个体差异，人们对外部世界的理解也是不同的。因而建构主义学习理论关注如何以原有的经验来建构知识，强调学习的主动性、社会性和情境性。

一、建构主义学习理论的基本观点

（一）学习是学习者主动建构内部知识的过程

维特罗克（Wittrock）提出了学习的生成性模式，他认为人脑并不是被动地学习和记录输入的信息，而总是建构对输入信息的解释，主动地选择一些信息，忽视一些信息，并从中得出推论。人们对所知觉事物的意义生成，并不是直接地复制刻画，而总是通过与以前的经验相互作用构建新的理解，也就是说理解涉及学习者的认知过程和认知结构。

（二）学习过程同时包含对新知识的意义建构和对旧知识的重组

建构主义理论代表人物斯皮罗（Spiro）提出的认知灵活性理论认为，一方面，学习者对新信息的意义建构运用已有经验，并超越了所提供的新信息。另一方面，在学习中提取的已有经验也通过和新信息的相互作用而重新建构。学习涉及对新知识的意义建构，也涉及对原有经验的改造重组。当代的建构主义者高度重视这种双向建构，认为它使学生在面临新的情境时能够灵活地建构起用于指导活动的认知结构和策略。

（三）学生以自己的方式建构对于事物的理解

不同人看到事物的不同方面，不存在唯一的标准理解，学习应该是合作的而非被动传授的。

传统教学认为，通过教材和教师的语言描述就可以将知识传递给学生。建构主义学习理论则认为事物的意义源于主体的主动建构，这种建构基于学习者已有的经验，具有明显的个体差异性。传统的教学传递的是教材编写者或教师对于事物的理解，并不能直接促成学生建构自己的意义体系。有效的教学必须增进学生之间的合作，使之分享不同的观点，从而有机会更全面地建构事物的意义。因此，合作学习备受建构主义者的重视。

（四）教学设计应该自上而下，重视情境化教学和社会性互动

自上而下的教学设计是指首先呈现整体性的任务，让学生尝试解决问题，在此过程中，学生要根据自己的探究确定完成整体任务所需的各级子任务及相应的各级知识技能。在教学过程中，首先选择与学生生活经验相关的，具有一定复杂度的问题，同时提供用于学习和诊断的工具。随后让学生单独或合作进行探索，确定并习得解决问题所需的基本知识技能，在此基础上最终解决问题。相对于行为主义和认知主义理论提出的线性教学模式，建构主义学习理论倡导的非线性、网络化的教学设计思想更符合人类的学习特性。

建构主义学习理论认为学习是新旧知识的双向重组，有效的意义建构取决于学习情境的真实性和多样性。因此建构主义者反对基于行为主义理论的实验操控学习模式，大力倡导情境化学习。同时，考虑到学习者个体经验的局限和意义建构的个体差异，社会性协作为学习者提供了多视角进行意义重组的平台，使其能构建更合理全面的知识体系，从而有利于学习的广泛迁移。

二、建构主义学习理论的教学应用模式

（一）支架式教学

支架式教学是根据维果茨基提出的最近发展区思想发展而来的一种教学模式，充

分体现了建构主义学习理论强调协作和主动学习的特色。维果茨基认为，在教学活动中，教师通过类似支架的作用引导教学的进行，使学生掌握和内化所学的知识技能，从而使他们能够进行更高水平的认知活动。教师通过支架把管理、调控学习的任务逐渐转交给学生，直至最后撤去支架。

支架式教学活动中，为了更好地促进学习者对于知识意义的建构，教学应该围绕和结合当前的学习主题，按照最近发展区要求，为学生提供概念框架，而不是具体的学习内容，框架中的概念就像建筑中的脚手架，是发展学习者对问题的进一步理解所需要的，为学习者提供知识学习的支持和途径；当项目展开时便需要适时地调整或除去脚手架，而不要在学生自己能做好的时候给予过多的帮助。

支架式教学模式的流程大致包括以下几点。

1. 搭建脚手架

围绕当前学习主题，按最近发展区的要求建立概念框架。

2. 进入情境

将学生引入一定的问题情境（概念框架中的某个节点）。

3. 独立探索

探索开始时要由教师启发，过程中教师适时引导，帮助学生沿概念框架逐步攀升。

4. 协作学习

进行小组协商、讨论。在共享集体思维成果的基础上达到对问题的全面理解，最终完成意义建构。

5. 效果评价

评价内容包括自主学习能力、对小组协作学习的贡献、是否完成对所学知识的意义建构。

专栏 5-3

支架式教学示例——《荷塘月色》

学生集体读了一遍课文后，语文老师开始抽学生起来单独朗读。他先抽一位男生："请你从第一段读起。希望你的朗读，能让我和同学们能看到你对课文的初步理解。"

"这几天心里，颇不宁静。"这位男生开始读，"今天晚上，哦不，是今晚上，在院子里坐着，乘凉，突然想起……"他读得结结巴巴，掉字换字不少，而且读得很快。

"同学们，他读得怎么样？"老师问。

大家摇头。他问一位女生："你具体说说。"

女生说："他读得太快了。而且还读错了一些地方。"

“嗯，对。是读得太快了。”老师说，“给人的感觉，朱自清不是在散步，而是在跑步。大家都知道散步和跑步的区别吧。”

学生们哄然大笑。老师对那位女生说：“你觉得该怎么读，就给同学们示范一下，好吗？”

女生的朗读，吐字清晰，很有感情。“不过，气是不喘了，话也不急了，可还是有点儿小跑的味道。”老师一句玩笑话，指出了她的不足。

下一次语文课上，老师利用开始的十分钟，抽取若干位同学上诵读《荷塘月色》片段，并请其余同学评级，评级用语为“跑步”“慢跑”“快走”“慢走”“散步”。

一线研究

翻转课堂中的问题支架及其应用

解决复杂情境中的问题是21世纪人才应具备的重要能力。翻转课堂作为一种聚焦问题解决的学习模式离不开有效的问题支架。但应用何种类型的问题支架以及如何应用问题支架仍有待进一步研究。问题支架是指能从认知和元认知层面为学生学习提供支持，从而引导和促进学生学习的问题集。

朱龙等人（2020）曾构建了面向小学翻转课堂的课前“过程提示—细化提示—反思提示”问题支架、课中“问题表征—方案制订—方案分析—监控评价”问题支架及课后混合的问题支架应用框架，并在小学三年级的信息技术课堂中开展准实验研究，分别从学习成绩、问题解决能力、学习态度三个方面进行了效果检验。

结果发现：在翻转课堂中使用问题支架，有助于提高学生学习成绩与问题解决能力，同时，学生对于在翻转课堂中使用问题支架持有积极的态度。

鉴于问题支架的应用在翻转课堂中有积极作用，未来中小学教师既要在课前全面分析学生情况，根据教学目标和重难点以及所需问题支架的类型合理预设其呈现方式，也应在上课过程中根据学生当前的认知和语言水平动态调整支架类型，生成与学生当前水平相适应的问题支架，促使学生完成学习任务。

例如，在课前，教师可以设计反思支架，引导学生进行课前反思并获得课前反馈，从而制订具有针对性的教学计划。在课中环节，为学生提供问题—表征支架，例如：“需要解决的问题是什么？如果涉及多个问题，各问题之间的关系是怎样的？”通过该支架支持学生深入理解问题，弄清问题本质。在课后学习环节，面对拓展问题，教师可以综合应用两类问题支架集，帮助学生实现知识与问题支架的迁移应用。

——资料来源：朱龙，付道明．一种提升学生问题解决能力的问题支架应用框架：基于翻转课堂的实证研究［J］．电化教育研究，2022，41（2）：115－121．（有改动）

（二）抛锚式教学

建构主义学习理论提倡抛锚式教学。抛锚式教学也叫实例式教学或基于问题的教学，抛锚式教学认为，教学应该创设与真实任务类似的问题情景，呈现真实性任务、案例或问题给学生（即“抛锚”），尽可能让学生在一个完整、真实的问题情景中产生学习的需要与兴趣，并通过亲身体验和感受，主动识别、探索、发现和解决问题。抛锚式教学与现实问题的解决过程相似，所需要的工具往往隐含于情境中，教师并不直接教授教学内容，而是在课堂上展示与专家解决现实问题类似的探究过程，提供问题解决的原型，指导学生探索。抛锚式教学没有独立于教学过程的测验，在学习中对具体问题的探究过程本身就反映了学习效果。在抛锚式教学中，任务的真实性和整体性能够很好地激发学习者的内部动机，而任务的复杂性和多样性又可以培养学生解决问题的能力和探索精神。

抛锚式教学模式的大致流程包括以下几点。

1. 创设情境

设计与现实情况相一致或类似的学习情境。

2. 确定问题

让学生面临一个需要解决的现实问题。选择的事件或问题就是“锚”，这一环节的作用就是“抛锚”。

3. 自主学习

教师提供解决问题的线索（需要搜集哪一类资料、从何处获取信息，现实中专家解决问题的过程），学生进行自主学习。

4. 协作学习

引发学生之间的讨论、交流，通过头脑风暴，加深对当前问题的理解。

5. 效果评价

问题解决的过程直接反映出学生的学习效果，教师可以在学习过程中随时观察并记录学生的表现。

专栏5-4

抛锚式教学示例——水源污染原因的调查

江南某小镇上唯一的一条河里发现至少有20条死鱼漂浮在水面上，原因不详。由于这条河是小镇的主要的供水源，消息立刻引起了居民的关注。疑点很快落到距事发地一千米的一家包装制品工厂上，有人怀疑鱼的死亡是该工厂向河里排放有毒污水所致。该工厂立刻发表声明，表达了对事件的关注，但坚决否认倾倒有毒污水，声明欢迎居民就此进行调查，工厂为此还准备向公众开放所有的机器设备和排污记录。小镇上的中学化学教师利用这次死鱼事件向学生们布置了一份作业，要求他们花两周时间回答这样一个问题：镇上的水源正在受到工厂排放物的污染吗？

他首先指导学生确定解决此问题所需要研究的子课题，学生们列出的子问题如下。

1. 河里的鱼的死因是什么？
2. 包装制品工厂关于排放物污染等级的记录内容是什么？
3. 河里的有害物的类型是什么？数量如何？
4. 镇上的水过滤系统里的有害物的类型是什么？数量如何？

班级里的学生被分成四个小组，每个小组负责解决上述问题中的一个，化学老师为每个小组单独提供指导和答疑，并邀请生物老师和教务处负责外联的老师协助，同时经校领导批准延长了生物、化学和信息技术实验室的课余开放时间。每个小组最后必须以演示文稿形式发布研究结果。两周后的化学课上，四个小组的代表分别走上讲台进行结果展示。化学老师和全体同学一起就四份报告进行集体讨论，最后得出水源是否受到工厂排放物污染的结论。

（三）随机通达式教学

斯皮罗等人认为，传统教学混淆了基于复杂问题解决的高级学习和基于基础概念学习的低级学习，忽视了在复杂情境中的认知灵活性。他们提出学习者在学习过程中对信息意义的建构可以从不同的途径进行，从而获得不同的理解。因此教学设计也应该使学习者能够从不同途径通达意义，从而获得不同的认识与理解，每一次通达会获得不同的意义建构，遵循以上原则进行的教学活动称为随机通达式教学。

随机通达式教学认为，对同一内容的学习要在不同时间多次进行，每次都呈现情境变式，将问题的不同侧面作为研究切入点，把概念应用于不同实例并与不同情境相联系；每个概念的教学都要涵盖充分的实例，各实例都可能涉及其他概念。在这种学习活动中，学生可以形成对概念的多角度理解，并与具体情境联系起来，形成背景性经验，从而优化其解决问题的认知结构。

专栏5-5

随机通达式教学示例——高二历史课活动设计：郑和和哥伦布谁更伟大？

1. 引言

15世纪，人类历史发生重大转折的时代。世纪之初，东方浩瀚的洋面上，骤然出现了一支超级舰队，郑和便是这支舰队的统帅。世纪之末，经过大西洋风浪洗礼的哥伦布发现了一块新大陆，不过，在他的眼中，这不过是东方印度大陆，可是，这件事的影响却改变了西方人的世界观。你愿意跟随他们曾经探险的道路，探索神奇、惊险的经历吗？你认为他们俩谁更伟大呢？你愿意参与这场异常激烈的大讨论吗？来！让你的思维穿越时空吧！

2. 任务

首先，你对这个问题最直接的想法是什么？你可以与同组的伙伴交流一下。

其次，你能够判断你的想法是合理的吗？你有证据来证明你的想法吗？要解决好这两个问题，我们还需要进行阅读与思考，并完成以下任务。

历史学家组：

中国史组——搜寻、选择与分析历史资料，探究郑和出航的原因与作用，并比较两人的世界影响。

世界史组——搜寻、选择与分析历史资料，探究哥伦布出航的原因与作用，从西方的角度比较两人的世界影响。

地理学家组：研究两人出航的航线，比较航程、出访国家与地理价值。

经济学家组：探究与比较两个航行的经济背景以及对本国经济发展的影响。

国际关系专家组：探究与比较两个航行推行的对外政策与国际观念，以及对到访国家与地区的影响。

3. 过程

准备：开始研究前，请打开Word，把它作为一个“记录本”。你可以随时记录和拷贝一些重要的信息。你也可以用它为你的幻灯片或网页拷贝一些图片。你还可以先浏览学习过程的全部内容，了解这一研究的概况。

(1) 确定自己的观点，选择一个小组。从列表网址链接进行探索，浏览这些网站上的有关信息，为回答问题收集资料。

(2) 选出你认为最重要的观点，你和你的合作者必须一致同意选择郑和或哥伦布进行重点分析，并寻求资料的支持，不必局限于网络，查查相关的书籍也行。

(3) 随时用你的“记录本”拷贝或写下能够帮助你回答问题的信息。请记住你浏览的地点，以便能返回去继续做你的研究。

(4) 通过链接的网站收集与你选定观点有关的资料与图片。拷贝和粘贴图片到你的“记录本”上，为制作幻灯和新闻稿做好准备。

(5) 注意完整地收集回答问题的信息，并在小组里讨论这些信息的可靠性与价值。

(6) 要注意与别的小组合作，相互提供信息，寻求另类视角与资料的帮助。

——资料来源：李怀龙. 教育技术学公共课教程 [M]. 合肥：中国科学技术大学出版社，2011：207-208.（有改动）

（四）合作式学习模式

合作学习的实施，首先要对班级学生进行混合能力分组，即将能力高低不同的学生分在同一个小组中，然后设置一个较难的现实任务，让小组内的学生学会相互沟通与配合，通力完成小组学习目标，实现意义建构。这种学习模式在激发学生主动性的同时，也可以创造出新知识，并促进学生人际交往能力与沟通能力的提高。建构主义不但强调要促进学生间的合作学习，还强调教师间的合作教学，以及学生合作学习过程中教师的引导作用。教师应该是学生合作学习中的帮助者，尽可能组织与引导小组成员的学习朝向更有意义的方向发展。

第四节 人本主义学习理论

20 世纪 60 年代，人本主义心理学在美国兴起，它反对行为主义理论机械的环境决定论，也反对精神分析学说的生物决定论，强调以整体的人作为研究对象，重视人的本性、潜能、尊严和价值，强调包括教育在内的社会文化应促进人的潜能的发挥以及普遍的自我实现。人本主义的教育观旗帜鲜明地倡导全人教育和情感教育。人本主义理论家关注个人的感情、知觉、信念和意图，在他们看来，如果教学内容对学生来说没有什么个人意义的话，学习就不大可能发生。

一、人本主义学习理论的主要观点

（一）马斯洛的教育目标论和内在学习论

人本主义心理学的创始者之一，美国心理学家马斯洛（Maslow）基于性善论和潜能论指出，人生来就有一种积极向善的潜能。教育者不仅要看到学生的现状，更应该看到他可能成为什么样的人，看到学习者的潜能和内在价值。马斯洛把自我实现作为教育的终极目标。他认为，教育的根本目标在于开发潜能，完善人性与人格，培养世界公民。

马斯洛指出，外在学习是单纯依赖环境刺激强化的学习，重点在于灌输而不是理解，是一种被动的、机械的传统教育模式。理想的学校应该倡导内在学习，依靠学生内在驱动，充分开发潜能以达到自我实现。这是一种自觉的、主动的、创造性的学习模式。通过学习可以发现一个人的自我同一性和事业追求，这是学校教育的使命。

（二）罗杰斯的意义学习与自由学习理论

人本主义心理学家罗杰斯（Rogers）将学习分为无意义学习和意义学习。无意义学习只涉及心智，并没有考虑感情和个人意义，将作为一个完整的人的学习者人为地割裂开。由于无意义学习的内容并不能使学习者感兴趣，这样的学习存在很多困难，并且容易遗忘。与此相反，意义学习是一种使学习者的行为、态度及个性都发生重大变化的学习，它不仅仅是一种增长知识的学习，而且是一种与个人生活经验整体融合的学习，是一种对学习者本身具有意义并与之存在发展性联系的学习。

罗杰斯倡导的意义学习的首要原则是让学生自由学习。他认为，只要教师信任学生，信任学生的学习潜能，并愿意让学生自由学习，就会在与学生的交往中形成既适应自己风格的、又能促进学生学习的最佳方法。罗杰斯倡导的自由学习应遵循以下原则。

第一，人生来就有学习的潜能。人类具有学习的自然倾向，只要有适当的条件，这种潜能就能释放出来。

第二，当学生觉察到学习内容有意义且与个人目标有关时，意义学习便发生了。

第三，涉及改变自我组织（改变对自己的看法）的学习是有威胁性的，并往往受到抵制。学习者拒绝对自身已有经验特别是价值观构成威胁的学习。

第四，当外部威胁降低至最低限度时，学习者比较容易觉察和同化那些威胁到自我的学习内容。例如，对于一个朗读技能较差的学生来说，在课堂上当众朗读课文会产生对自尊的威胁；如果让他接受程序教学系统的朗读训练，自定步调并经常得到系统的正向反馈，这种威胁就会大大降低，他就更有可能体验到掌握阅读技能带来的阅读水平的提升。

第五，当对自我的威胁很少时，学生就会用一种辨别的方法来知觉经验，学习就会得到发展。

第六，多数意义学习是从做中学的。通过实践操作学习是改进学习的一种有效方法。

第七，当学生负责任地参与学习活动时。就会促进学习。当学生自己选择学习方向、参与发现自己的学习资源、阐述自己的问题、决定自己的行动线路、自己承担选择的后果时，就能在最大限度上从事意义学习。

第八，涉及学习者整个人（包括理智与情感）的，由自我发起的学习是最持久和最深刻的。

第九，当学生以自我批判和自我评价为主要依据，把他人评价放在次要地位时，独立性、创造性和自主性就会得到促进。

第十，在现代社会中最有用的学习是了解学习过程、对经验始终持开放态度，并把他们结合进自己的变化过程中去。

二、人本主义学习理论的主要教学应用模式

罗杰斯列举了十种有助于进行自由的意义学习的方法。

（1）创设真实的学习情境

要使学生全身心地投入学习，就必须让学生面临对他们个人有意义的问题情境。

（2）提供学习资源

教师是自由学习的促进者，他不应该把时间花费在组织教案和课堂讲解上，而应该放在为学生提供学习所需要的各种资源上，把精力集中在简化学生利用资源时必须经历的步骤上。

（3）使用学习合约

使用学习合约有助于学生在自由学习气氛中主动承担学习责任并学有所得。学习合约允许学生在课程规定的范围内制订目标、计划学习过程并确定最终评价的标准。

（4）利用社区

社区可以提供学习的真实情境、学习所需的人力和物力资源。

（5）同伴教学

研究表明，同伴教学对于指导者和被指导者的学习态度、自信和责任感都有积极的促进作用。

（6）分组学习

罗杰斯认为，学生有接受自由学习和传统被动学习的自由，简单而可行的方法就是将学生分为自我指导组和传统学习组，学生可以自由选择，自由进出。

（7）探究训练

变化是当代社会的特征，教学的目的是让学生不把科学看作是绝对的、完全的和永久的东西，进而形成探究的意识。教师对学生进行探究训练，为学生制订探究的步骤，形成探究的环境，尽可能促成学生的主动发现，从而使学生在简单的层次上成为科学家。

（8）程序教学

程序教学有助于学生直接体验到满足感，拥有掌握知识、理解学习的主观体验，进而增强自信心，提高内部动机，提高对学习成功的预期。

（9）交朋友小组

交朋友小组有助于形成一种意义学习的氛围，使每个参与者面临一种与人坦诚交流的情境，从而有助于解除戒备心理，以便在人与人之间形成自由、直接和自发的沟通。

（10）自我评价

只有当学习者自己决定评价的标准、学习的目的以及达到目的的程度时，他才有可能全身心地投入意义学习，才会真正对学习负责。

专栏 5-6

培养良好师生关系的策略

在教学中，教师与学生间良好师生关系的建立是促进学生学习的重要因素。美国心理学会提供了有助于创建良好师生关系的策略（表 5-1）。

表 5-1　培养良好师生关系的策略

应该	不应该
努力了解班级里的每个学生。记住学生的名字，并了解他们需要什么才能才可以在学校里获得成功	不要认为对每个学生友善和尊重就足以促进他们的学业表现。在理想的课堂中，教师应让学生的学业表现维持在一个适当的高标准上，为学生提供与教师、同学及学校建立情感连接的机会
和每个学生单独相处，特别是那些学习有困难或害羞的学生。这有助于建立积极的师生关系	不要轻易放弃与学习困难的学生建立良好师生关系的机会。这些学习困难学生从良好师生关系中获得的益处不亚于从良好的同伴关系中的收获
注意给学生传递的显性和隐性的信息。谨慎地通过言语和行为表现出对学生良好表现的期望	不要认为尊重与互动只对小学生重要，初中生和高中生同样能从这种互动中获益
通过重视良好师生关系，创建一个积极的班级氛围	不要认为师生关系无关紧要。一些研究表明，与教师发生冲突的学龄前儿童在与这些教师互动时，其体内的激素含量会增加

本章小结

学习理论主要研讨人类学习活动，所要回答的问题包括学习是怎样发生的、知识是如何习得的、学习的结果是什么等。通过揭示学习过程中心理与行为的变化特性，寻找知识获取的有效途径。一个多世纪以来，研究者从不同的研究视角提出了多种学习理论框架。行为主义学习理论遵循环境决定论，其代表学说或是重视环境刺激和正确操作的联结（应答性反应），或是专注于学习行为与强化反馈的相倚（操作性反应），提倡通过程序教学操控并塑造学习目标行为，这种教学模式在计算机辅助教学、学习行为塑造和纠正等方面得到有效的应用。

与行为主义学习理论关注学习者外显行为的研究视角不同，认知主义和建构主义学习理论都认为学习是否成功的关键因素之一是学习者已有的经验。认知主义学习理论认为学习的实质是学习者认知结构的改造，是新知识和旧知识发生实质的、非人为的交互作用的结果。要形成学习者内部优化的认知结构，一方面必须发挥学习者的主动性，另一方面要求教师精心设计教学材料和教学过程，教学材料的编制和呈现应该同时考虑学生已有的经验结构和学科知识固有的逻辑结构，在此基础上，教学过程在以学生为中心的情境中展开，通过学生的主动探索和思考来发现知识结构，习得学科专家的问题解决技能。建构主义学习理论更为重视人类学习活动的主观特性，认为学习的目的不是获得外部知识，而是构建对世界的理解及其对个人生活的意义，学习因而具有情境性、认知灵活性和社会互动性，教师的角色不再是知识的传授者，而是帮助学生建构个人经验世界的学习共同体成员。尽管都重视学生在学习活动中的中心地位，认知主义学习理论倡导通过发现学习来获取隐藏在学习情境里的客观规律，而建构主义学习理论则强调通过探究学习来获得对当前学习情境的主观理解。建构主义的探究学习模式主要包括支架式教学、抛锚式教学和随机通达式教学等。

20 世纪 60 年代兴起的人本主义思潮关注人类自我实现的潜能，其学习理论提倡全人教育和意义学习，反对传统的认知发展导向的片面教育方式。学习应该使学习者整体发生重大变化，而不仅仅增长知识，与个人生活经验有效融合的学习能最大限度地激发学习热情和智慧，并有效地帮助学习者完成自我实现的目标。

鉴于人类学习的复杂性，尚未有一种学习理论能用来阐释所有的学习现象。本章介绍的四种学习理论基于其提出者不同的研究兴趣、学术信念和社会文化背景，只能描述人类学习活动的某个侧面的景象，其有效性只限于各自特定的学习情境。由于信息技术的飞速发展，当今社会的学习形式正在发生重大而深刻的改变，智慧学习、移动学习、泛在学习等新的学习方式不断涌现，传统的学习理论正面临前所未有的挑战，融会贯通，优化互补，推陈出新是必由之路，这也是学习理论促进人类求知这一使命的必然要求。

本章名词术语

行为主义学习理论的核心观点是：学习是环境刺激与学习者行为反应的联结。

刺激是指激活行为的事件。

反应是指可以观察的对刺激的回应行为。

无条件刺激是指能够自动引起生理或情境反应的刺激。

无条件反射是指无须任何训练和经验而自动出现的生理或情绪反应。

条件刺激是指条件作用形成后能够引起生理或情绪反应的刺激。

条件反射是指条件作用形成后习得的对条件刺激作出的反应。

泛化是指条件作用形成后，机体对与条件刺激相似的刺激作出条件反应。

联结主义是由桑代克等人在动物研究基础上提出的一种行为主义学习理论。

操作性条件作用是指有意行为因其后果而增强或减弱的学习。

经典性条件作用是指一个新刺激替代旧的刺激与一个自发的生理或情绪反应建立联系。

正强化是通过呈现想要的愉快刺激来增强反应频率。

负强化是通过消除或终止厌恶、不愉快刺激来增强反应频率。

惩罚是指能够减弱行为或者降低反应频率的刺激或者事件。

程序教学是指由普莱西设计的自动教学机器逐渐发展而来的一种自动的教学方式。

自我管理的过程是课堂教师利用传统的应用行为分析方法，以积极的强化和其他程序改进学生的行为。

自我言语是儿童言语发展过程中的一种特殊现象，是儿童从大声言语向内部言语过渡的中介。

格式塔学派是现代认知主义学习理论的先驱，它于20世纪初由德国心理学家韦特海默、苛勒和考夫卡在研究似动现象的基础上创立。

认知发现说是布鲁纳提出的一种学说，他认为学习的实质是认知发展过程，学生通过学习在已有经验的基础上形成新的认知。

认知结构是对事物间稳定关系的心理映射系统，是学习者已有观念的全部内容与组织，是人类认知活动的必然结果，反映当前主体对客观世界的经验总结。

信息加工学习论是加涅提出的理论，认为学习实质上是信息的获取和加工，将人类学习的过程与计算机信息处理过程进行类比。

建构主义学习理论是继行为主义和认知主义学习理论后发展起来的又一个具有重要影响的学习理论。

认知灵活性理论是斯皮罗提出的一种建构主义学习理论，重点解释了如何通过理解的深化促进知识的灵活迁移应用。他按照学习所达到的深度和水平把知识获得分为初级和高级阶段。

自下而上的知识是指学习者在自己的日常生活、交往和游戏等活动中形成的直接经验。在人的学习中，这种知识从具体向概括发展。

自上而下的知识是指社会中的公共文化知识，在人的学习中，这种知识首先以语言符号的形式出现，由概括向具体发展。

支架式教学是根据维果茨基提出的最近发展区思想发展而来的一种教学模式，充分体现了建构主义理论强调协作和主动学习的特色。

抛锚式教学是将学习活动与某种有意义的大情境挂钩，让学生在真实的问题情境中进行学习的一种教学模式。

随机通达式教学是斯皮罗等人在认知灵活性理论的指导下提出的针对高级学习的一种教学方式。

合作式学习模式是一种通过小组形式组织学生进行学习的策略。

人本主义心理学是以人为本，研究整体的人的本性、经验与价值的心理学，也就是研究人的本性、潜能、经验、价值、意向性、创造力、自我选择和自我实现的科学。

内在学习是依靠学生内在驱动、充分开发潜能、达到自我实现的学习，是一种自觉的、主动的、创造性的学习模式。

意义学习是从做中学的、通过实践操作改进学习的一种有效方法。

第六章 技能的学习

"人生两个宝，双手与大脑。"

——陶行知

"技能强于力量。"

——托·富勒

第一节 技能概述

一、技能的概念、特点

在学习中，技能是一个常用词。例如，运动技能、解题技能、写作技能等。什么是技能？技能是个体运用已有知识经验，通过练习而形成的合乎法则的活动方式。技能的基本特点有以下方面。

第一，技能是学习得来的，不是本能行为。技能是在后天的学习过程中，通过不断练习而逐步完善的。在学习的最初阶段，练习对技能形成有非常明显的改善，随着练习的不断进行，技能进步的速度会逐步减慢。

第二，技能是一种活动方式，不同于知识。知识学习所要解决的是事物是什么及怎么样（陈述性知识）、做什么及怎么做（程序性知识）等问题。技能学习所要解决的是完成活动要求的动作会不会及熟练不熟练的问题。特别要指出的是，技能与程序性知识不能等同。程序性知识虽与活动动作的执行密切相关，但它仍只是一类专门叙述活动（包括智力活动）规则和方法的知识，它只是解决活动的定向依据，而不是活动方式本身。要真正掌握技能，不仅要掌握某些程序性知识，而且更重要的是要通过实际操作，获得动觉经验。

第三，技能是合乎法则的活动方式，不同于一般的随意活动。技能中的活动方式不是任意的动作组合，各动作的构成要素、执行顺序和执行要求都体现了活动本身的客观法则的要求，符合活动的内在规律，不是一般的随意动作。为此，技能不同于习惯（表6-1）。研究表明，达到合乎法则的熟练技能具有五个基本特性。一是流畅性，即各动作成分以整合的、互不干涉的方式和顺序进行。二是迅速性，即快速地、自动化地做出准确的反应。三是经济性，即完成某种活动所需的生理和心理能量较小，工作记忆的负荷小。四是同时性，即熟练的技能活动中的各种成分可以同时被执行或者同时进行无关的活动。五是适应性，即能够灵活地适应各种条件变化。显然，学习掌握具备这些基本特性的熟练技能，对提高学习效率具有重要意义。

表6-1　技能与习惯的不同点

技能	习惯
向一定的标准动作体系提高	保持原来的动作组织
有高级、低级之分，但没有好坏之别	有好坏之分
和一定的情境、任务都有联系，是主动的	只和一定的情境相联系，是被动的
与一定的客观标准进行对照	与上一次的动作对照

二、技能的种类

技能按其本身的性质和特点，可分为操作技能和心智技能两类。

（一）操作技能

操作技能又叫运动技能、动作技能，是通过学习而形成的合乎法则的操作活动方式。体育中的跑、跳，投掷，射击，音乐中的吹、拉、弹、唱，生产劳动中的车、铣、刨、磨，这些都是操作技能的各种表现。手工制作、航模、驾驶也是操作技能的表现。根据是否需要操作工具，射击、手工制作等可称为操作器具的动作技能，跑、跳、唱歌等可称为机体动作技能。某项技能又可进行具体划分。例如，2016年教育部颁布的《学生足球运动技能等级评定标准（试行）》，将学生足球运动技能划分为球感、运球、踢球、身体素质和比赛能力五个方面（表6-2）。

表6-2　评价学生的足球技能水平的五个方面

等级	球感	运球	踢球	身体素质	比赛能力
一级	颠球、踩拨球	往返运球	踢准	冲刺跑	小场地比赛
二级	脚背正面颠球	绕杆运球	踢准	折线跑	小场地比赛
三级	行进颠球	绕杆运球	运球踢准	绕杆跑	小场地比赛
四级	头颠球	折线运球	定位球踢准	多向绕杆跑	比赛
五级	多部位颠球	折线运球	运球射门	折返跑	比赛

世界各国都十分重视学生运动技能的培养。美国新版K-12体育课程国家标准，对

小学、初中、高中各阶段的技能培养内容做了明确的规定。小学阶段，被称为“基本操作技能的出现阶段”，要培养游戏技能、教育体操和舞蹈技能，侧重于移动技能、稳定技能和控制技能。初中阶段，被称为“操作技能发展的应用阶段”，侧重于技能习得、学习体验、合作能力、自我监控技能。高中阶段，被称为“操作技能发展的终身应用阶段”，侧重于升学或就业必需的技能、生活技能。①

艺术活动需要掌握各种技能、技巧。二胡演奏中表现“刚健”或“柔美”需要掌握相应的演奏技能（专栏6-1）。

专栏6-1

二胡曲中“刚”和“柔”的演奏

“刚柔”指演奏中由于不同的用力方式和用力状态所产生的不同声音效果。“刚”指刚健，“柔”指柔美。一般使用有爆发力的奏法和有棱角的换弓容易产生“刚”的音效，用“衡常”力的奏法和圆滑换弓的方式则易产生“柔”的效果。

刘天华的《光明行》这首刚健有力、雄伟豪迈的乐曲，从一开始就要求表现出挺拔矫健的特点，尤其第一段的旋律充满了向上的自信心和勇往直前的气概。因此，演奏时一定要做到双手严密配合，着力重心应以肩为轴，以有力的运弓、有棱角的换弓以及左指较大幅度和较快频率的揉弦相配合，奏出挺拔刚健、朝气蓬勃的音响效果。

在刘天华的《月夜》《良宵》和《闲居吟》中，“柔”的声音效果表现得比较充分。乐曲中那些充满柔情的优美旋律大多要求以歌吟的方式来表现，因此演奏中一定要注意使用圆滑的换弓、连贯的换把和适当而不过分的揉弦，双手的着力重心要适当向下，以松弛自如的演奏方法表现出恬淡如歌、陶然自乐的情趣。

——资料来源：刘长福. 刘天华二胡曲的演奏艺术［J］. 音乐研究，1995（2）：64－71.（有改动）

操作技能的学习，是一个身体的过程，也是一个心理的过程。在技能学习的不同阶段，心理的参与程度不尽相同。操作技能的学习，要求个体做出协调的肢体运动，也要求个体进行认知上的加工分析。操作技能除了具有上面所列举的技能的一般特点之外，还具有与心智技能不同的其他一些特点。操作技能活动的对象是物质性客体，具有客观性。动作的执行是通过外部显现的肌肉运动实现的，具有外显性。行为动作符合原理、标准，具有精确性。各动作成分以整合、互补干扰的方式和顺序运作，具有协调性。从动作结构来看，每个动作必须切实执行，不能合并、省略，在结构上具

① 曾玉山. 美国新版K-12体育课程国家标准探析［J］. 北京体育大学学报，2015，8（6）：109－113＋144.

有展开性。各种动作能够适应各种变化条件，具有适应性。

（二）心智技能

心智技能也称为智力技能、认知技能，是通过学习而形成的合乎法则的智力活动方式。如阅读技能、写作技能、运算技能、解题技能等。与操作技能相比，心智技能有自身特点。首先，动作对象的观念性。与操作活动不同，智力活动的对象是客观事物在人脑中的主观映象，是客观事物的主观表征。其次，动作执行的内潜性。由于智力活动是对观念性对象进行的加工改造，它既不像操作活动那样，以外显的形式通过肢体运动来实现，也不像言语活动那样，可以借助于言语器官或口腔肌肉的运动信号而觉察到活动的存在。最后，动作结构的简缩性。智力活动不像操作活动那样必须实际做出每一个动作，也不像外部言语那样必须把每个动作一一说出，而是不完全的、片段的、高度省略化的。根据适用的不同范围，心智技能可分为一般心智技能和专门心智技能。一般心智技能是指可以广泛应用于各领域的心智技能，如观察技能、思维技能、分析技能和比较技能等。专门心智技能是在专门领域中形成并发展的心智技能，如阅读技能、运算技能和写作技能等。一般心智技能往往通过各种专门心智技能得到体现，而各种专门心智技能又必须建立在一般心智技能的基础之上，二者是在同一智力活动中形成和发展起来的。

（三）操作技能和心智技能的关系

操作技能和心智技能之间既有区别又有联系。二者的特点和表现形式存在区别：操作技能具有物质性、外显性和扩展性，表现为外显的肌肉骨骼的操作活动；心智技能具有观念性、内隐性和简缩性，表现为内隐的思维操作活动。同时操作技能和心智技能又是相辅相成、相互制约、相互促进的，心智技能是操作技能的调节者和必要的组成部分，操作技能又是心智技能形成的最初依据和外部体现的标志。在很多活动中，不仅需要心智技能的参与，也需要操作技能的参与，常常是这二者的有机统一。因此，在确定某种技能到底是属于心智技能还是操作技能时，关键取决于其活动的主导成分。

三、技能的作用

经过学习掌握了的技能，对今后的学习和工作会产生积极影响。研究认为，操作技能的娴熟度对运动有积极影响（专栏 6-2）。技能作为合乎法则的活动方式，对动作起着调节和控制作用。技能不仅可以控制动作的执行顺序，而且可以控制动作的执行方式，从而使个体的活动稳定、灵活，能够适应变化的情境。

已经掌握的技能是获得经验、解决问题的前提。技能是经验获得的手段，它调节着经验的获得过程，决定着经验获得的速度、水平。技能是问题解决的条件，形成问题表征、确定问题性质与类型、探索解决问题的可能的方法、实施解决问题的方案，都要通过技能去实现。

专栏6-2

操作技能娴熟度对运动的影响

问题：是否存在一个临界操作技能娴熟度以便儿童少年参与体力活动？

有学者假设儿童从基本操作技能向复杂运动能力发展（参与游戏及专项运动）的过程中存在一个娴熟度壁垒，相应地，缺乏基本操作技能或未经历过基本技能学习的儿童在尝试更加复杂的活动时会相对困难，由此可以推测，可能存在一个操作技能娴熟度临界点，娴熟度在该水平以上者，会更有可能参与各种不同的体力活动，甚至包括竞技运动，而娴熟度低于该水平则不大可能参与这些活动。

问题：操作技能娴熟度或能力缺乏对肥胖发展有何影响？

通常认为低体力活动水平既是肥胖产生的因，也是肥胖产生的果（例如，体力活动下降导致体重增加，进而导致超重和肥胖，同时，超重和肥胖会进一步降低体力活动）。在此过程中，有限的操作技能娴熟度可能是一个重要的协变量。例如，低水平的操作技能可能会导致体力活动降低，进而导致体重增加和BMI（身体质量指数）增加；反过来，超重和肥胖可能又会阻碍运动表现的发展，随之又进一步降低体力活动。

——资料来源：马利纳．生长发育与体力活动、运动表现及体适能关系研究的10大问题[J]．北京体育大学学报，2015，38（10）：43－57．（有改动）

知识和技能本身不是能力。能力是对活动起到稳定的调节作用的一种心理特性，而这种调节作用需要通过知识与技能的概括化、系统化去实现。技能与能力密切联系，是能力形成和发展的重要基础。

虽然掌握技能对学习很重要，但是在实际教学中，没有掌握技能形成的规律，即使教了所谓的技能，也不能发挥应有的作用。许继忠老师就指出了写作技能培养中教而无用的现象（见“一线课堂”）。

一线课堂

为什么会出现教而无用的现象？

我在批阅学生作文时，经常会感慨：“如果这里用上比喻，就会生动了。如果这里加上细节，不就细腻感人了吗？如果这里能够按照方位顺序介绍，那么作文就会变得条理清晰……”很明显，这些写作方法是教过并练习过的，可是学生却偏偏不会用，非得老师提醒，学生才知道用上这些写作方法。造成这种情况的原因是什么？说明了什么？以“夹叙夹议”为例，我们来看教师教了什么以及学生学了什么。一位老师是这样教学的：

“如学习《再见了，亲人》，可以让学生仿照文章的写法及结构进行练笔。这篇课文前三个自然段，在写法上非常有特色，采用了叙述与抒情相结合的写法。每段都以请求的语句开头，以反问的语句结尾，以回忆的形式进行叙述。教学中，我请同学们大胆想象，然后仿照课文的表达方式，以大娘、小金花或大嫂的口气描写送别的场面。”

在这个例子中，教师教的是“夹叙夹议”，先是认识该表达方式，然后以课文内容为题材，进行练笔。该教学流程是“认识—练习”，这是写作方法技巧教学中常见的模式。

从写作本身看，夹叙夹议的写作手法无所谓好坏，用在恰当的情境中则是好的写作手法，用在不恰当的情境中则是坏的写作手法。写作技能离不开运用的情境。从技能形成的规律看，在上述教学中，教师只教了“夹叙夹议”的辨别、概念和规则，学生只达到规则层级，没有进一步到达加涅智慧技能理论所说的高级规则层级。这正是我们写作技能教学的问题所在，把注意力都集中在习得细小的、片段式的技能。如此学习，只能导致僵化。

——资料来源：许继忠. 写作技能教学的要点：变式练习［J］. 复印报刊资料（小学语文教与学），2017（1）：33－36.（有改动）

思考：为什么会出现教而无用的现象？结合专业谈谈你的看法。

第二节 操作技能的形成

一、操作技能的形成阶段

人自出生起，就开始了操作技能的学习。从抓握到使用筷子、系鞋带，不断习得的操作技能，使得个体更好地生存和发展。进入幼儿园，以手、眼、脑并用，教、学、玩合一方式展开的教学活动，能够促进幼儿能力与个性品质的和谐发展。动手能力和创造力紧密联系。陶行知听闻一位家长把拆了金表的孩子责打一顿，对家长说：“中国的爱迪生被你枪毙了！”片面注重培养学生的智力，忽视学生的动手能力培养，势必抑制创造力，最终也使智力失去用武之地。在世界各国，孩子动手能力的培养愈来愈受到重视。相比之下，德国孩子的动手能力得到更多的锻炼（专栏6-3）。

专栏6-3

培养孩子的动手能力

在德国，孩子的劳动义务明明白白写进了法律：6岁以上的孩子必须帮助父母干家务。

德国人几乎家家都有个“小工厂”。邻居克莱门特家的“小工厂”设在地下室里，大约有十四五平方米大小，中间摆着一个大工作台，工作台下面有许多小抽屉，里面装满各种规格的钉子、螺丝、垫圈、管件、电子元件和其他材料。靠墙摆放的一排工具柜，从简易工具到现代化工具，从木工、瓦工工具到钳工、焊工工具，应有尽有。

“工具多有好处，会促使孩子自己动手，让他们变得能干和勤奋。”克莱门特说。

实际上，克莱门特家的两层小楼除了设计和建造需要请人帮忙外，其余的工程如房屋装修、厨房和卫生间的设计安装，还有刷墙、铺地板、拉电线等都是他们一家三口的“作品”。此外，他们家的汽车、游艇、家用电器或者上下水管道出了问题，也都是他们自己修理。

——资料来源：张可欣. 国外如何培养孩子的动手能力［J］. 妇女生活（现代家长），2011（11）：56－57.（有改动）

随着现代技术的迅猛发展，各国基础教育愈来愈重视学生技术素养的培养。2010年，国际技术教育协会更名为国际技术与工程教育协会，在STEM（Science，Technology，Engineering，Math，即科学、技术、工程、数学）的教育战略下，开发K-12技术-工程教育课程，以更好地促进STEM素养。技术素养离不开技能的掌握，操作技能作为技术素养的一个方面将受到更多关注。

操作技能的学习是分阶段进行的，学习者在不同阶段的动作表现体现出不同的特点。根据这种阶段性特点，研究者提出了各种阶段模型。冯忠良等（2000）针对操作技能形成过程中的动作特点，从教学实际出发，将操作技能的学习分为定向、模仿、整合与熟练四个阶段。

（一）定向阶段

操作技能表现为一系列的操作活动，在形成之初，学习者必须了解做什么、怎么做的有关信息与要求，形成对动作的初步认识。动作定向即了解操作活动的结构与要求，在头脑中建立起操作活动的定向映象的过程。

操作定向是操作技能形成过程中的一个重要环节。准确而清晰的定向映象可以有效调节和控制实际的操作活动。反之，则会陷入盲目尝试、效率低下的困境，难以形成合乎要求的操作活动方式。

定向映象包括两个方面，即操作活动本身的各种信息和与操作技能学习有关的各种内外刺激的有关信息。操作活动本身的各种信息，具体涉及某一操作活动有哪些构成要素，要素间的关系、顺序如何，以及操作的轨迹、方向、幅度、力量、速度、频率、动作衔接等方面的内容。与操作技能学习有关的各种内外刺激的有关信息，具体涉及哪些反馈信息可以利用，哪些刺激容易引起分心等。学习者了解这些信息，在头脑中建立相应的心理表征，即建立了起到定向作用的心理映象。在建立定向映象的过程中，教师要进行示范和讲解，帮助学生形成正确鲜明的动作表象，建立有关动作的基本概念，掌握动作要领。

（二）模仿阶段

个体在定向阶段了解了一些基本的动作机制之后，就会尝试做出某种动作。模仿即实际再现出特定的动作方式或行为模式，其实质是将头脑中形成的定向映象，以外显的实际动作表现出来。通过模仿，把知转变为行，将头脑中各种认识与实际的肌肉动作联系起来。

模仿是在定向的基础上进行的，缺乏定向映象的模仿是机械的模仿。只有通过模仿，才能使这一映象得到检验、巩固与充实。模仿是掌握操作技能的开端，需要以认知为基础。

模仿阶段的动作尚未完善。在动作品质方面，表现为动作的稳定性、准确性、灵活性较差（专栏6-4）。这是由于学习者尚缺乏充分的动觉经验，不能根据动作映象来调控操作动作。在动作结构方面，表现为各个动作要素之间的协调性较差，互相干扰，常有多余动作产生。在动作控制方面，主要靠视觉控制，动觉控制水平较低，不能主动发现错误与纠正错误。经常出现顾此失彼的现象。在动作效能方面，表现为完成一个动作往往比标准速度要慢，要花费较大的体力与精力来从事某项活动，个体经常感到疲劳和紧张。针对这些特点，教师要让学习者有思想准备，提醒学习者不要急躁，要耐心练习。

专栏6-4

“越练越往回缩”

2013年，19岁的河南姑娘朱婷进入女排国家队。朱婷进入国家队之后，主教练郎平对她期望非常高，要求也非常严格。郎平要求每个主攻手都要有接一传的能力，这对身高超过1.95米的朱婷来说是个难题，但是朱婷咬牙坚持了下来。著名记者马寅曾就朱婷初入国家队训练的情况对朱婷进行了专访。从访谈中，一方面可以看出朱婷训练的刻苦，另一方面，也可以看出，主教练郎平深谙运动技能掌握的规律。面对学习中遇到的困难，郎平指导朱婷不要心急，要耐心去练，按教练的要求去做。

马寅：漳州集训时遇到了很多困难，是吗？

朱婷：嗯。那段时间简直是毁了，要什么，什么不行，之前也知道自己一传防守目前要好好练，可是越练越往回缩，心里就毛了。更要命的是，自己一直很有自信的进攻，也拿不下来了，感觉自己的问题特别多，每项技术都不够好，心里特别虚。

马寅：任何一项技术，从不会到会都有一个过程，是不是你对自己要求太高了啊？

朱婷：真不是。已经学会的东西，也掌握不好了。发挥总是起起伏伏的，没个准谱。那些日子练哪项技术都可能出毛病，配合也不顺。想想自己没有什么伤病，体能也没有问题，找不出原因，这心里更急呀。在漳州那段时间如果哪天练得感觉好了，我就不想下课，想一直练，多练点，巩固巩固。生怕回去吃了个饭，睡个觉，那感觉又丢了。

马寅：感觉无助的时候，你没去找过郎导求助吗？

朱婷：哪还用我跟郎导说，她早都看在眼里，而且好像是早就预料到了吧。漳州集训开始的时候她就跟我说，克服困难是一个过程，每个人在进步的过程当中都要经历的。她给我分析我的具体情况：球龄短，接触排球时间少，技术不够扎实。磨炼技术过程当中，出现问题很正常，让我不要心急，只要耐心去练，按教练的要求去做，把眼前的事情做好就行。练哪一项技术就想哪一项技术，不稳定不要紧，她总说，过一段时间就会好的。

（三）整合阶段

整合是把模仿阶段习得的动作固定下来，并使各动作成分相互结合，成为定型的、一体化的动作。

整合阶段是操作技能形成过程中的关键环节。在模仿阶段，学习者只能初步再现定向阶段所提供的动作方式。要掌握各动作间的动态联系，只有在整合阶段才能实现。只有通过整合，各动作成分之间才能协调联系，动作结构才趋于合理，动作的初步概括化才得以实现，个体对动作的有效控制才逐步增强。

整合阶段是动作由模仿到熟练的过渡阶段，动作仍然未达到完善水平。在动作品质方面，当外界条件保持不变的情况下，动作开始表现出一定的灵活性、稳定性和精确性，但当外界条件发生变化时，动作的这些特点都有所变化。在动作结构方面，各个动作成分趋于分化、精确，整体动作趋于协调、连贯，各动作成分间的相互干扰减少，多余动作也有所减少。在动作控制方面，视觉控制逐步让位于动觉控制，肌肉运动的感觉变得比较清晰、准确，并成为动作执行的主要调节器。在动作效能方面，疲劳感、紧张感降低，心理能量不必要的消耗减少，但没有完全消除，表现为完成一个动作时快时慢，不稳定。

（四）熟练阶段

熟练指所形成的动作方式对各种变化的条件具有高度的适应性，动作的执行达到高度的完善化和自动化。自动化并非无意识，而是指它的执行过程不需要意识的高度控制，可以将注意力分配给其他活动。

熟练是操作技能形成的高级阶段，也是由操作技能转化为能力的关键环节。各种技术能力的形成都是以动作的熟练为基础的。熟练阶段，动作的特点体现了已形成的操作技能的关键特征。在动作品质方面，动作具有高度的灵活性、稳定性和准确性，在各种变化的条件下都能顺利完成动作。在动作结构方面，各个动作之间的干扰消失，衔接连贯、流畅，高度协调，多余动作消失。在动作控制方面，动觉控制增强，不需要视觉的专门控制和有意识的活动，视觉注意范围扩大，能准确地觉察到外界环境的变化并调整动作方式。在动作效能方面，心理消耗和体力消耗降至最低，表现为紧张感、疲劳感减少，动作具有轻快感。个体还可以有效地同时从事两种或多种活动。操作技能形成的标志见专栏 6-5。

专栏 6-5

操作技能形成的标志

1. 意识调控感减弱，动作自动化。一旦动作达到熟练程度，能够准确无误地完成时，意识调控会被自动化所取代，这时动作往往是自动进行的。

2. 能利用细腻的线索。任何动作都受情境中诸如看到、听到、触碰到的线索指导。动作熟练后，学习者就能觉察到自己动作的细微差别，仅凭细微的线索就能改进调整自己的动作，做出准确的反应。

3. 动觉反馈作用加强。操作技能熟练掌握时，学习者主要通过动作过程中肌肉活动的本体感觉信息即内部动觉反馈来操作或调节自己的动作。对视觉、听觉等外部信息的依赖减少。

4. 形成运动程序的记忆图式。运动程序的记忆图式，是指经过长期的练习而在长时记忆中形成的关于动作的组织的系统性知识，它使完整的操作流畅地执行。形成运动程序的记忆图式是完成技能的重要条件。

5. 在不利条件下维持正常操作水平。检验动作的熟练程度，更重要的是考察在不利条件下表现出来的操作水平。一般说来，越熟练的动作，越能在外界情况的变化下或面临紧急情况时维持正常操作水平。

——资料来源：张大均. 教育心理学［M］. 2 版. 北京：人民教育出版社，2004：174－176.（有改动）

一线研究

从信息控制看运动技能的形成

从信息控制的角度看，运动技能的形成过程实质上就是某种运动信息系统——动作控制程序，在中枢神经系统中建立与逐步完善的过程。采用这种信息控制的理论，运动技能形成分以下三个阶段。

1. 建立动作模型

教师采用示范、讲解等方法向学生传递运动信息，学生则通过自己的各种感觉器官，来接收有关信息。这些信息经过编码、加工、处理，最后贮存在大脑皮层中，形成了视觉表象和初步的动作概念，即形成了初步的动作模型。

2. 编制初步的动作控制程序

这个阶段要不断地获得动作的有关信息，使动作信息系统的有序程度不断地得到提高，减少控制指令的误差。要达到这个目的，必须靠反复的信息反馈来完成。

3. 完成高度完善的动作控制程序

随着学习次数的增加，各动作信息之间建立了牢固的联系，形成了一个完善的信息网络，即动作控制程序达到了高度完善的水平。在这个精确的控制程序的控制下，动作更加准确和高效率，达到了自动化的程度。

——资料来源：马少龙，季平. 体育训练中运动技能形成过程与信息控制［J］. 西北第二民族学院学报（哲学社会科学版），2001（2）：70－71.（有改动）

思考：从信息控制的角度，说明运动技能的形成阶段。

二、操作技能的教学

操作技能的定向、模仿、整合与熟练四个阶段，说明了操作技能形成的基本规律。操作技能的教学要遵循这一基本规律。当女排队员朱婷在学习中遇到困难，技术学习出现反复甚至退步时，主教练郎平指导朱婷不要心急、要耐心去练，反映出郎平深谙技能掌握的规律。操作技能的教学具体要做好以下方面的工作。

（一）准确地示范与讲解

操作技能形成过程中示范、讲解不可缺少。准确的示范与讲解有利于学习者不断地调整头脑中的动作表象，形成准确的定向映象，进而在实际操作活动中可以调节动作的执行。如“一线课堂”中就教师如何培养学生的实验动作技能提供了几点建议。

一线课堂

实验动作技能的示范和讲解

按照《普通高中生物课程标准（实验）》规定，高中学生要求能正确使用一般的实验器具，掌握采集和处理实验材料、进行生物学实验的操作、生物绘图等技能。为帮助学生掌握实验动作技能，教师的示范和讲解要注意以下几点。

（1）注意操作的准确性和速度。示范操作是学生模仿的范例，如果示范不正确，学生形成错误的表象，将不易改变。

（2）示范与讲解相结合。例如：制作紫色洋葱鳞片叶表皮细胞临时装片时，教师要提示学生“取的是洋葱外表皮，放在水滴中要洋葱外表皮的平滑面朝上，滴清水要适量，水过多盖玻片容易浮动或污染载物台，水过少易产生气泡”等操作细节。

（3）整体与分解示范相结合。例如：观察植物细胞有丝分裂的实验中，对洋葱根尖进行制片是一个难点，教师可以对“镊子压碎根尖→盖上盖玻片→覆盖滤纸片→加盖载玻片→按压载玻片”系列动作的构成要素和要素间的关联顺序进行分解示范。

——资料来源：陈维．如何培养学生的生物实验动作技能［J］．中学生物学，2012，28（4）：55－57．（有改动）

示范者本身及其技能的熟练与否会影响示范的有效性。研究发现，当学生观察熟练的教师的示范操作时，学习效果最好；观察不熟练的同伴的示范的学习效果，比观察不熟练的教师的示范的学习效果好。在某些情况下，示范者的身份会影响学习者的技能掌握。主要原因在于：身份较高的示范者会引起观察者对其示范更多的关注，进而影响观察者从示范中获取的信息；高身份者可能促使观察者产生达到示范者所演示的水平的动机。观察学习的榜样分为优势榜样和应对榜样两种。优势榜样是指一开始就成绩优秀的榜样，而应对榜样是指开始时成绩一般、存在各种不足，但通过自身的努力从而逐步提高自己的榜样。研究发现，观察应对榜样比优势榜样更能提升学习者的自我效能感。

示范的准确性是决定示范效果的关键。为了保证示范的准确性，可以借助于图片、录像、幻灯、影片、计算机模拟等手段。光点图作为一种新的手段，它对操作技能学习的影响见“一线研究”。示范一般在学习者实际进行技能操作之前提供。此外，在技能学习的其他阶段也要根据需要来提供示范，以便进一步充实、矫正学习者的定向映象。

一线研究

光点图使视觉搜索更精确

人体的关节位于骨骼的末端，是运动单位之间的连接点。光点图技术正是通过光点所代表的人体主要关节的运动轨迹来演示肢体的运动。在光点图的教学影片中，唯一可见的就是这些代表人体主要关节的光点。这个技术在最大程度上消除了肢体运动时的静态信息，只保留肢体的运动信息 。

霍恩（Horn）等人（2002）考察了录像和光点图技术在足球技能教学中的应用。实验选取了从未接受过正式足球训练的 21 名女性被试，将她们平均分配到录像组、光点图组和控制组。录像组的被试在每一轮训练之前都会被安排观看示范动作的录像，光点图组的被试则被安排观看示范动作的光点录像。控制组的被试不观看任何教学影像，直接参与训练。被试的任务是将足球踢至 5 米外的目标区域中，在距离目标区域的 2.5 米处有一个高 0.35 米的障碍物。足球需要越过障碍物才能到达目标区域。所有被试进行三轮训练，训练之后进行后测。

实验结果表明，相较于控制组，录像组和光点图组被试所做的动作均与示范动作更加相似。观看示范教学的这两组（录像组和光点图组）的被试更容易获得动作的整体表征，并且动作的节奏更加贴近示范动作。录像组和光点图组比较，光点图组被试注视示范动作上半身的时间相较于录像组被试更短。这表明在使用光点图技术进行技能学习时，被试的视觉搜索更加精确。因为录像组的被试会受到例如头部或面孔这类无关信息的影响而导致分心。而在使用光点图技术时，被试则能更直接地搜索到动作变化的部位。

——资料来源：HORN R R, WILLIAMS A M, & SCOTT M A. Learning from demonstrations: The role of visual search from video and point-light models[J]. Journal of Sport Sciences, 2002, 20(3): 253 – 269.（有改动）

言语讲解在技能形成过程中起着重要的作用。进行讲解与指导时，要注意言语的简洁、概括与形象化。不仅要讲解动作的结构与具体要求，也要讲解动作所包含的基本原理。不仅要讲解动作的物理特性，也要指导学生注意、体验执行动作时的肌肉运动知觉。教师在进行言语讲解时，应鼓励学生应用外部出声的言语或内部言语来描述动作，以充分发挥言语对动作表象所起的支持和调节作用。讲解与示范相结合，能够帮助学习者形成准确的动作概念，使运动感觉、运动表象明确化，有利于准确的、稳定的定向映象的形成。在强调操作的结构及其活动方式的教学中，以示范为主，讲解为辅，以讲解提示观察要点。在强调操作的法则和原理的教学中，则以讲解为主，示范为辅，以示范印证讲解。

（二）必要而适当的练习

练习是形成各种操作技能所不可缺少的关键环节，科学地安排练习量和练习方式，可以使学习者有效掌握某种技能。

一般来说，随着练习次数的增多，动作的精确性、速度、协调性等会逐步提高。练习曲线反映了技能随着练习量的增加而提高的一般趋势。特别是在操作技能学习的最初阶段，练习对技能的改善的作用非常明显。在技能学习中有一个明显的、暂时的停顿期，即高原期。这种一段时间内学习成绩和学习效率停滞不前，甚至出现下降的现象，称为“高原现象”，如图 6-1 所示。

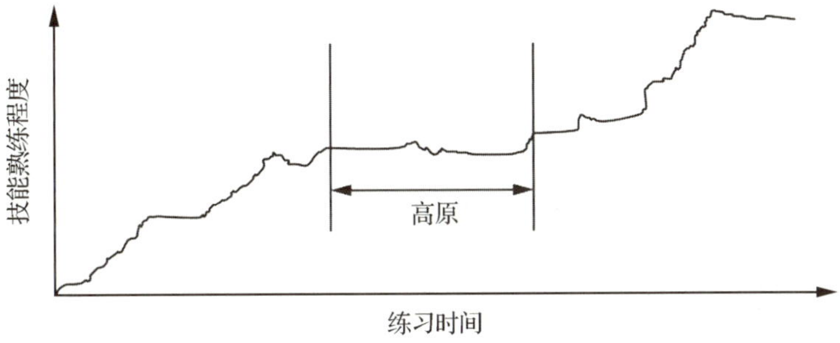

图 6-1　练习中的“高原现象”

过度学习是一种有效的训练方法。它是指实际练习时间超过达到某一操作标准所需的练习时间。对许多操作技能而言，过度学习是必要的。但是，过度学习并非练习的量越大越好。这种方法使用不当，会使学习者疲劳、厌倦，并且造成错误动作定型化。此外，练习不是简单地、机械地重复。练习时，学习者必须调动感知、记忆、思维等多种认知成分积极参与其中。

操作技能的练习方式有多种。根据时间分配可分为集中练习和分散练习，根据内容的完整性可分为整体练习和部分练习，根据练习途径又可分为模拟练习、实际练习与心理练习等。研究表明，面对连续性的操作任务，分散练习的效果优于集中练习；面对不连贯的操作任务，集中练习的效果优于分散练习。当操作任务不太复杂且各动作成分的内在组织性较强时，使用整体练习可以产生较好的学习效果；当操作任务比较复杂且内在组织性较弱时，采用部分练习容易产生良好的学习效果。将实际练习与心理练习、模拟练习相结合，可以有效地促进技能的形成、保持和迁移。

（三）充分而有效的反馈

反馈指在学习与练习过程中信息的返回传递。通过反馈，学习者知晓自己的动作是否达到要求和正确与否。准确的结果反馈可以引导学生纠正错误动作、强化正确动作，并鼓励学生努力改善其操作。根据反馈的来源，可分内部反馈和外部反馈两种。内部反馈，即由操作者自身的感觉系统提供的感觉反馈。这是个体通过自身的视觉、听觉、触觉、动觉等获取的反馈信息，其中以动觉反馈信息最有代表性。外部反馈，即由操作者自身以外的人和事给予的反馈。这是教师、教练、示范者、录像、计算机等外部信息源对学习者的操作过程及其操作结果的反馈。

给学习者提供反馈，应该注意反馈的内容、反馈的频率和反馈的方式。

注意反馈的内容，是指教师要注意反馈的信息能否使学习者的注意指向应改进的动作。有效的信息可以使学习者在下一次操作中将注意力集中于要改善的某一动作或某些动作上。研究认为，所提供的反馈信息能否为学习者利用，这要视个体所处的学习阶段、学习任务、对信息的加工程度等具体因素而定。例如，只有当学习者进行充分的练习之后，较详细而具体的外部反馈信息才有助于学习。

注意反馈的频率，是指教师要注意是否每次练习都必须给予外部的反馈。每次都给予外部反馈，容易增加学习者的工作记忆的负担，而且容易导致学习者过分依赖外界，不利于内部动觉体验的形成，也不利于自我发现错误、纠正错误的能力的形成。研究认为，在几次练习之后给予某种总结性的、简要的反馈信息非常有效。

注意反馈的方式，是指教师要注意在何种情况下给予何种形式的反馈。研究认为，在学习的初始阶段，外部反馈的作用较大，因为个体尚未建立准确的动觉感受，不能从运动分析器获取必要的内部反馈信息。在学习的中期和后期，个体已具有了必要的动觉体验，这时强调内部反馈的作用，可以提高个体对各种肌肉动作的自我调节、控制的能力。

（四）建立稳定清晰的动觉

动觉是复杂的内部运动知觉，它反映的主要是身体运动时的各种肌肉活动的特性，如紧张、放松等，而不是外界事物的特性。这些有关肌肉活动的各种感知觉与视觉、听觉有所不同，如果不经过训练，它们很难被个体明确地意识到，并经常受到外部因素的影响，处于被掩盖的地位。进行专门的动觉训练，可以提高其稳定性和清晰性，充分发挥动觉在技能学习中的作用。

动觉训练有多种方法。视觉遮断法是让学习者尽量避免视觉的参与，充分体验肌肉运动感觉。在教学中，教师不应将学生的注意力过多地引导到动作的外部视觉上，而是应引导学生去感受内部动觉，教师也应将自己的动觉体验描述出来，供学生参考。分解法是让学生去练习分解的个别动作，并体验每个具体动作的肌肉感知觉。通过练习而形成准确的、专门的动觉，能为形成正确而协调的整体动作打下基础。动觉训练中可利用各种辅助手段或器械，帮助学习者体验伴随其动作的运动感觉线索。如初学游泳时利用助泳板、救生圈等。但是，辅助只是一种手段而不是目的，应该注意将辅助条件下的练习和实际动作的练习结合起来，发挥其最大的迁移效果。

动觉训练时，应充分发挥言语的作用。教师通过言语讲解，可以强化学生对动作的理解，使动作的形象明晰化，同时也使各种肌肉感觉在头脑中处于优势地位。学习者本人通过对动作的言语表述，可以加强对动作的自我监控，充分发挥认知对动作的调节作用。完成某种操作技能，不仅需要动觉，而且需要时间节奏感、大小知觉、方位知觉等。因此，动觉训练还应与其他感知觉训练结合。①

世界技能大赛是当今世界地位最高、规模最大、影响力最大的职业技能赛事，被誉为“世界技能奥林匹克”，其竞技水平代表了各领域职业技能发展的世界先进水平。2022 年世界技能大赛特别赛中涌现出一批精益求精、追求卓越的工匠，平均年龄为 22 岁。

家具制作项目的金牌获得者李德鑫手掌和指腹上布满了厚厚的老茧，为了练好基本功，仅燕尾榫这一个部件他就做了上千个，“家具制作需要保持手感，形成肌肉记忆，一天不练就会感到生疏”，在技能提升上李德鑫认为要“敢于天马行空地想，更要脚踏实地地做”。在世界冠军的培养上，教师起到很大的帮助，美容项目金牌获得者王佩称自己的老师为帮她克服技术瓶颈会找来世界上各种前沿的咨询范例，指导她一遍遍练习，老师的耐心使她沉下心认真琢磨复盘然后再训练数千遍。吴鸿宇、杨书明、周楚杰等这次大赛的冠军在采访中都谈到坚持和练习的重要性，刻苦钻研是他们的共同特征，老师的耐心指导给了他们很大的帮助，充分有效的反馈让他们的技能越来越高深。

技能的培养没有捷径可走，大量反复的练习能够帮助我们从模仿、整合走向熟练，从熟练走向精通；同时老师在教学过程中所提供的示范和指导、充分有效的反馈也对技能的培养有重要作用。

第三节　心智技能的学习过程

一、心智技能的形成阶段

心智技能的掌握是学生能力形成发展的前提条件，也是学生有效获得知识和灵活解决问题的重要保证。在心智技能的研究中，苏联教育心理学家加里培林（Halperin）长期致力于探索智慧活动形成的规律，提出了较有影响力的智慧活动按阶段形成的理论（专栏 6-6）。

① 冯忠良等. 教育心理学［M］. 北京：人民教育出版社，2000：416－429.

专栏6-6

加里培林关于智慧活动按阶段形成的理论

加里培林从20世纪50年代开始从事智慧技能形成的研究，他认为智慧活动是外部的、物质活动的反映，是外部物质活动向知觉、表象、概念方面转化的结果。这种转化要经过一系列的阶段实现。在长期大量实验的基础上，加里培林将智慧活动的形成分为五个阶段。

（1）活动的定向阶段。了解、熟悉活动，知道做什么和怎么做，从而在头脑中建立起活动的定向映象。这个阶段教师应向学生提供活动的样本，指出活动的操作程序及关键点，以使学生对活动形成表象。

（2）物质活动或物质化活动阶段。活动的最初形式可以是物质的，也可以是物质化的，它们之间的不同在于操作的客体。前者是实际事物，是对象本身；后者是诸如模型、图解等实际事物的代替物。这个阶段教师应指导学生借助实物、模型或图表等进行学习。这个阶段的关键在于“展开”和“概括”。前者是将心智活动分解为大大小小的操作单元展示给学生；后者是在掌握展开的外部操作的直观水平之上，形成关于智慧活动的较为概括的表象。应指导学生边做边说，将操作和言语结合起来，以促使向下一阶段的转化。

（3）出声的外部言语活动阶段。活动离开了物质或物质化的客体，以出声的外部言语形式来完成实在的活动。这个阶段活动不直接依赖于实物而借助出声言语进行，是外部的物质活动向智慧活动转化的开始，是智慧活动在形式上发生质变的重要阶段。

（4）无声的外部言语活动阶段。智慧活动的完成以不出声的外部言语来进行，由出声言语时眼、口、耳、脑的同时协调活动转变为仅仅是眼、脑的同时活动。

（5）内部言语阶段。是智慧活动的形成阶段，特点是智慧活动的压缩和自动化，似乎不需要意识的参与。一旦掌握了运算技能，运算过程已经简化和自动化，觉察不出运算的过程，只觉察到运算的结果。

除了加里培林智慧活动按阶段形成的理论，著名的认知心理学家安德森（Anderson）运用信息加工观点，把心智技能的形成分成认知、联结、自动化三个阶段。认知阶段的任务是要了解问题的结构，即起始状态、要达到的目标状态、从起始状态到目标状态所需要的步骤和算子。在联结阶段，学习者应用具体的方法来解决问题。主要表现在把某一领域的描述性知识转化为程序性知识，这种转化即程序化的过程。这个阶段个体逐渐产生一些新的法则，以解决具体的问题。在自动化阶段，个体获得了大量的法则并完善这些法则，操作某一技能所需的认知投入较小，且不易受到干扰。下面的“一线课堂”展现了程序性知识的教学模型和实施策略。

一线课堂

程序性知识的教学模型与实施策略

程序性知识的教学，我们不能简单地认为就是让学生识记做某事的操作过程或流程，而是要让学生经历一系列“做”的活动。学生在动手的过程中理解为什么如此做，梳理出做事的相关程序并能学以致用。

程序性知识的教学具有三个教学特征：(1) 示范性：教学过程中的操作示范尤为重要，它有利于学习者形成正确、规范、稳定的操作流程；(2) 生成性：程序性知识是逐步析出、动态生成的；(3) 步骤化：程序性知识的教学呈现出思维路径、操作过程步骤化的特点。

程序性知识的教学要经历说理、示范、实践和梳理等活动环节。说理即学生结合教师的引导对观察的现象、结果或过程进行原理上的解释，能够让即将行动的思想清晰可见；示范即学生能操作演示或表演某一行为动作，或能动手解答某一算法问题；实践即学生能在类似的任务情境中运用所学的方案与步骤解决问题；梳理即学生让操作的程序可见，用流程图的形式或概括性语言把隐含在操作过程中的步骤或“思维”进行小结归纳和外显化，并最终内化到自身的知识结构中去。

程序性知识的教学模型如图 6-2 所示。

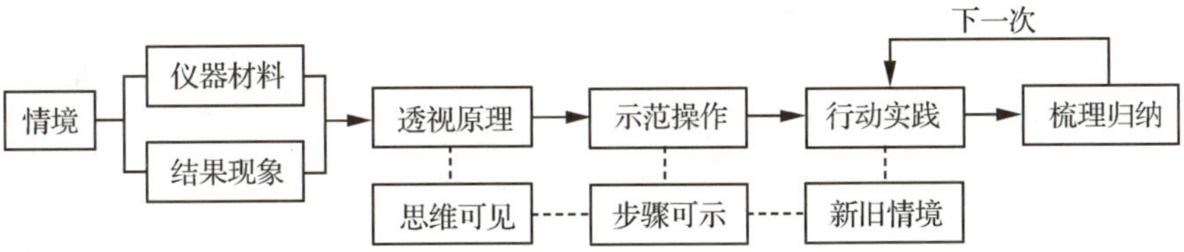

图 6-2　程序性知识的教学模型

针对程序性知识的教学有三点策略：(1) 制造认知冲突，明晰操作原理：在教学过程中，教师需要制造与程序性知识操作结果相反的认知，顺势让学生理解“为什么不能如此操作”，从而让他们挖掘出正确的操作方法；(2) 创设问题情境，分解操作过程：在教学过程中，教师还需要将程序性知识分解在一系列相互关联的“小问题”中。学生在解决每个小问题的过程中，会探索出相应的操作经验，多个操作经验的逻辑组合即构成了解决某一问题的程序性知识；(3) 巧用教学支架，构建操作流程：在教学过程中，教师可提供操作流程的半成品让学生填空，可提供操作流程的要素让学生进行逻辑排序，也可让学生借助教师的板书或同伴的讨论成果把操作流程用思维导图的形式进行可视化的搭建等。

——资料来源：蒋旭华. 透·示·行·结：程序性知识的教学模型与实施策略 [J]. 中国教师，2022 (1)：67－70. (有改动)

我国心理学家冯忠良在吸取加里培林“内化”学说的基础上，经过长期的“结构定向”教学实验研究，提出了心智技能形成的三阶段理论。这一理论已对大中小学的教学和职业技术培训产生了积极影响。

（一）原型定向

对心智活动的认识不能像自然现象那样直接，因为心智活动具有观念性、内潜性与简缩性。心智活动的原型是对一些最典型的智慧活动样例的设想。原型定向就是了解原型的活动结构，从而使主体明确活动的方向，知道该做哪些动作和怎样去完成这些动作。这一阶段是主体掌握程序性知识的阶段，也是心智技能形成的准备阶段。这一阶段相当于加里培林的“活动的定向阶段”。

心智技能是一种合乎法则的活动方式，只有在头脑中建立起这种活动方式的定向映象，才能调节自己的活动、做出相应的动作。心智活动的定向，必须借助于一定的物质形式使这种活动外化为原型（即实践模式）才能进行，如设计应用题解析活动教学卡片帮助原型定向（专栏6-7）。原型定向是心智技能形成不可或缺的一个阶段。在教学条件下，学生的原型定向要通过教师的讲解、示范而获得。

专栏6-7

应用题解析活动教学卡片

小学数学应用题的教学过程中，学生的解析技能的培养十分关键。冯忠良研究了小学数学解析技能的形成及其教学方法。研究发现，学生要正确地解析复合应用题，应从问题出发，去追索条件，按照“一提（提出问题）、二判（判明问题的数量关系和性质）、三选（选择算法）、四找（找出已知数）”的思维模式进行数量关系解析。为此，设计了应用题解析活动教学卡片（图6-3）。它是四张一套的长方形硬纸卡片，每张中间有空框，左侧上角有序号，上方有步骤名称。使用时，按操作顺序把它们摆在一张白纸上，每摆一张卡片，就按该卡片上方标明的步骤思考，并把结果填在空框内。

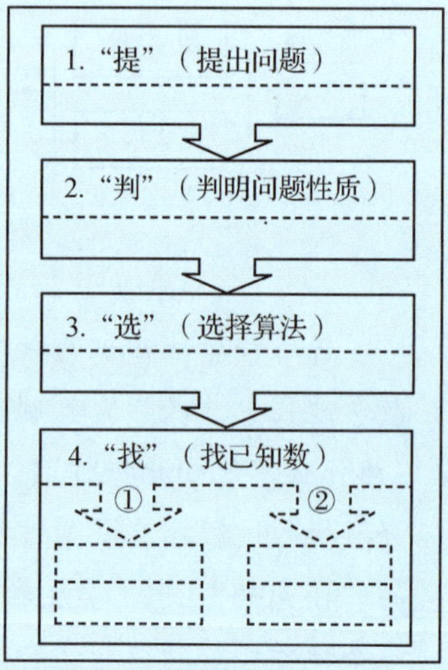

图6-3 应用题解析活动教学卡片

为了帮助学生掌握解析技能，在原型定向阶段，教师针对不同例题，在黑板上利用大型活动卡片，说明解析活动的步骤及要求，并用展开的、连贯的方式向学生演示整个解题过程。同时，伴随着标准的语言讲解与演示，学生可以了解活动，建立起关于活动的初步映象。

——资料来源：冯忠良. 结构—定向教学的理论与实践：改革教学体制的探索 上［M］. 北京：北京师范大学出版社，1992：226－228.（有改动）

（二）原型操作

原型操作是依据心智技能的实践模式，把学生在头脑中已建立起来的活动程序计划，以外显的操作方式付诸实施。这一阶段，教师应要求学生严格遵循活动的所有动作序列，逐一执行。要及时检查、考察操作动作的方式是否正确完成，以及动作执行后对象发生的变化。要让学生边执行动作边口头报告，使活动易于向言语执行水平转化。教师还应向学生提供多种类型的操作对象或变更操作活动对象，使心智活动模式在直觉水平上得以概括，从而形成操作活动或诊断活动的表象。这一阶段相当于加里培林的“物质或物质化活动阶段”。

就上述解析技能的教学而言，这个阶段要指导学生按教师演示的方法，用小卡片进行解析活动，边摆、边想、边说、边填写。对学生的言语不做统一要求，只要求能够基本反映解析过程。学生先在教师的指导下做半独立练习，以后再做独立练习。一一执行“提”“判”“选”“找”，保证没有遗漏或缺失。当学生掌握得较好时，可直接用“提—找”来解，以使解析技能逐渐内化。

（三）原型内化

原型内化，即心智活动的实践模式向头脑内部转化，由物质的、外显的，展开的形式变成观念的、内潜的、简缩的形式的过程。该阶段开始借助言语来对观念性对象进行加工，是原型在学习者头脑中转化为心理结构内容的过程，是心智技能的完成阶段。原型内化阶段包含了加里培林的“出声的外部言语动作阶段”“不出声的外部言语动作阶段”和“内部言语动作阶段”三个阶段。

就上述解析技能的教学而言，这个阶段首先要让学生丢开小卡片，利用口头言语进行活动，边说边想。教师先用大声言语的方式做出解析示范，再让学生用口头言语形式做练习。此时言语表述与上一阶段活动内容相一致，但言语要求规范化、完整化。其次，让学生以不出声的言语进行解析活动，开始可以小声点儿，慢慢转入不出声，最后达到解析活动的自动化，即在审题之后，能够迅速列出算式。

专栏6-8

心智技能形成的特征

心智技能的形成一般要经历一个较长的过程。一旦形成，便会表现出某些特征。依据这些特征可考察相应的心智技能是否已经形成。张大均指出了心智技能形成的三个特征。

（1）对象脱离了支持物。心智技能形成以后，内部言语和有关的概念、表象、规则就成为心智技能活动的工具，心智活动以此来进行，且不再需要借助于直观和明显的支持物，如实物、模型、图示等。

（2）进程压缩。心智技能学习初期，心智活动的展开是全面、完整和详尽的。一旦心智技能形成，各环节联合为一个有机的整体，内部言语概括化、简约化，其操作活动会高度压缩、合理简化。

（3）应用的高效率。心智技能一旦形成，针对特定问题的关于“如何做”的一套规则程序就已内化于学习者的头脑中。这时，学习者就能举一反三、触类旁通，快速高效地解决有关问题。

——资料来源：张大均. 教育心理学［M］. 2版. 北京：人民教育出版社，2004：161.（有改动）

二、心智技能的培养要求

心智技能的培养是学校教育的重要目的之一。在中、小学课堂教学中，教师重视运算、解题、写作等技能的培养，并且，积累了丰富的经验，总结了一些行之有效的教学方法。有关引导学生自主构建运算技能的教学见“一线课堂”。

一线课堂

引导学生自主构建运算技能：以“9＋几”的教学为例

1. 从实物操作转向概念操作

计算“9＋4”时，可以允许学生用摆小棒、掰手指等方法。此时，学生算出的“13”与具体的实物紧密相连。之后，引导学生利用纸片，并告诉学生一张纸片还可以代表一个人或一个苹果。最后，将具体的操作对象“多少”提炼为抽象的数学符号——数字，将操作过程中的合并提炼成为运算符号——“＋”，将具体的操作过程内化为思维活动。

2. 注重简缩，从原生操作走向简约操作

学习“9＋5”时，学生在数小棒或掰手指的过程中，可能从1数到9，接着数5个数。此时，教师引导学生将1数到9的这一过程省略，直接记住9。此外，在学习数的分解时，教师要引导学生整体表示，如表示9可以分解成3和6时，引导学生直接伸出3个手指和6个手指，而不是逐一伸出手指。

3. 关注结构，从操作行为转向思维关系

教师利用树形图显示运算过程。计算“9＋5”时，先把9根小棒记在心里（在图6-4中写“9”），再考虑5根小棒（在图6-4中写“5”），然后数1根小棒（板书①），和前面的9根小棒合起来共10根小棒（板书②），此时还剩4根小棒（板书③），再和前面的10根小棒加起来，一共有14根小棒（板书④）。

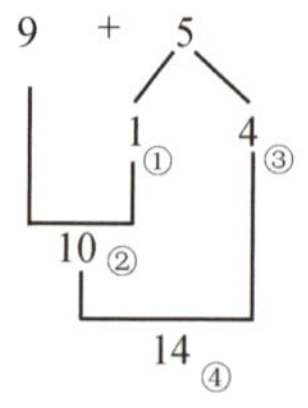

图6-4　树形图显示的运算过程

学生初步掌握“凑十法”后，教师还需要引导学生脱离具体的操作。“现在不要摆小棒，在头脑中想一想‘9+7’应该怎样计算？‘8+7’呢？”这样借助想象和表象，引导学生将外显的操作活动转化为内部的想象活动，即具有心智技能的特征。

——资料来源：钟建林．基于学生自主建构的运算技能教学策略研究：以“9+几”教学为例［J］．教学月刊小学版（数学），2017（9）：36-39．（有改动）

为了做好心智技能培养工作，教师在教学过程中应注意以下方面。

（一）激发学习的主动性与积极性

培养学生心智技能的过程中，教师应采取适当措施，激发主体的学习动机，调动其积极性。心智技能本身难以认知的特点，容易造成学习者对学习任务的必要性不能充分认识、也难以体验。学习者因此缺乏对学习任务的自觉需要，从而影响学习的积极性与主动性。教师应采取适当措施，激发学生的学习动机，调动其学习的积极性。

师：下面我们对本节课的知识做一个小结。

投影1．如果一个函数的表达式为 $y=3x-1$，那么它是________函数。

投影2．（1）要使一个函数是正比例函数，它的表达式就要符合的________形式，如________。

（2）如果要给二次函数和反比例函数下定义，你会怎么做？

生：我觉得不难吧，因为二次函数与一次函数只是一字之差，这让我想到一元二次方程与一元一次方程的定义的联系和区别。

师：很对，大家可以尝试解决这个问题。

在上例中，杨召朋（2016）① 老师在学生学习了一次函数及正比例函数后，让学生尝试定义反比例函数、二次函数。通过设置悬念，激发学生的探索兴趣，从而调动了学生学习的积极性。

（二）注意原型的独立性、完备性与概括性

心智技能的培养，开始于主体所建立起来的原型定向映象。在原型建立阶段，一切教学措施都要考虑到有利于建立完备、独立且具有概括性的定向映象。所谓完备性，指对活动结构（动作的构成要素、执行顺序和执行要求）要有清楚的了解，不能模糊或出现缺漏。所谓独立性，指应从学生的已有经验出发，让学生独立地来确定或理解活动的结构及操作方式，而不是教师给予学生现成的模式。所谓概括性，指要不断变

① 杨召朋．“产生式”对数学概念定义理解教学的启示［J］．中国数学教育（初中版），2016（23）：35-38．

更操作对象，提高活动原型的概括程度，使之具有广泛的适用性，扩大其迁移价值。有关研究表明，定向映象的完备性、独立性与概括性不同，活动的定向基础就有差异，就会影响到心智技能最终形成的水平。

研究认为，心智技能形成的关键是形成条件化知识。为此，教师可以编制“如果……那么……”产生式样例题，让学生进行样例学习。例如，学生学习“9 + 2 = 9 + 1 + 1 = 10 + 1 = 11”这样一个例题，就包含了这样的条件化知识：如果两个一位数相加的和超过10，那么将其中较小的一个加数分成两个数，分出来的一个数要和较大的一个数加起来为10。可见，样例学习是学生通过学习或阅读样例题，从中找出解决问题的条件，根据条件采取行动，最终形成解决问题的产生式系统。通过样例学习，学生能得到一个习得心智技能所必需的信息或步骤，把一些无关的信息排除在知觉范围之外，从而减轻认知负担，促进学生对产生式“条件”的认知与概括，最终掌握一般的产生式规则。

（三）根据培养的阶段特征，正确使用言语

心智技能的掌握需要借助内部言语而实现，言语在心智技能形成中具有十分重要的作用。在不同的阶段，言语的作用是不同的。在原型定向与原型操作阶段，言语的作用在于标志动作，并对活动的进行起组织作用。这时培养的重点在于使学生了解动作本身，利用言语来标志动作，并巩固对动作的认知。而后，在学生熟悉动作的基础上再提出言语要求，以言语来标志所学动作，并组织动作的进行。要防止片面强调言语标志练习而忽视对动作的认识。过于注意言语而忽视动作，对心智技能的形成非但无益，还会起阻碍作用。此外，在用言语来标志动作时，用词要恰当，要注意选择表现力强而学生又能接受的词来描述动作。

在原型内化阶段，言语的作用在于巩固形成中的动作表象，并使动作表象得到进一步概括，从而向概念性动作映象转化。这时言语已转变成为动作的体现者，成为加工动作对象的工具。原型内化阶段培养的重点应放在考察言语的动作效应上，即检查动作的结果是否使观念性对象发生了应有的变化。此外，随着心智技能形成的进展，要不断改变言语形式，如由出声到不出声，由展开到简缩，由外部言语转向内部言语。

除了要注意根据心智技能形成的阶段特点正确使用言语，教师还可以组织各种活动，有意识地训练学生运用准确的语言表述思维过程和结果。对于三年级两步计算应用题，东青松老师（2006）组织了这样的“说思路”训练。A. 求这个问题，必须知道什么条件？B. 给出两个条件，说说能解决的问题。C. 给出一个条件和问题，补充另一个条件。D. 选择条件。通过训练，学生逐步理解并掌握了应用题中条件与问题、条件与条件的关系。[①]

① 东青松. 以说促思 发展思维 形成技能［J］. 中小学教学研究，2006（7）：54.

（四）注意学生的个体差异

在学习过程中存在着个体差异。教师在集体教学中应根据学生的知识掌握情况和能力水平，采取相应的教学措施，培养学生的心智技能。就样例学习而言，教师要掌握样例学习的原理和样例设计的方法，了解学生的特点，在此基础上进行细致有效的样例设计和呈现，满足各种学生的学习需要。这样，不仅领悟能力较强的学生，而且学习能力较差的学生，也能从样例学习中获益，提高心智技能。

本章小结

技能是指个体运用已有知识经验，通过练习而形成的合乎法则的活动方式。它有以下三方面的特点：① 技能是学习得来的，不是本能行为；② 技能是一种活动方式，不同于知识；③ 技能是合乎法则的活动方式，不同于一般的随意活动。技能按其本身的性质和特点，可分为操作技能和心智技能。操作技能是指通过学习而形成的合乎法则的操作活动方式，又叫运动技能、动作技能。而心智技能是指通过学习形成的合乎法则的智力活动方式，也被称为智力技能、认知技能。之所以学习技能，是因为已掌握的技能是获得经验、解决问题的前提，它们会对今后的学习和工作发生积极影响。技能并不等同于能力，但又与能力密切相关，技能是能力形成和发展的重要基础，能力的形成要通过知识与技能的概括化、系统化去实现。在实际教学中，教师运用技能形成的规律去教授技能对学生的技能学习效果至关重要。

不同技能的形成和培养方式也有所不同。操作技能的学习是分阶段进行的，根据学习者表现出的阶段性特点，研究者提出了各种阶段模型。冯忠良等人针对操作技能形成过程中的动作特点，从教学实际出发，将操作技能的学习分为定向、模仿、整合与熟练四个阶段。这四个阶段也说明了操作技能形成的基本规律，操作技能的教学也要遵循这一基本规律。他们指出操作技能的教学具体要做好以下方面的工作：① 准确地示范与讲解；② 必要而适当的练习；③ 充分而有效的反馈；④ 建立稳定清晰的动觉。

心智技能的掌握是学生能力形成发展的前提条件，也是学生有效获得知识和灵活解决问题的重要保证。心智技能可分为特殊心智技能和一般心智技能。不同心理学家对心智技能如何形成提出了不同的理论。教育心理学家加里培林提出了较有影响力的智慧活动按阶段形成的理论。他将智慧活动的形成分为五个阶段：① 活动的定向阶段；② 物质活动或物质化活动阶段；③ 出声的外部言语活动阶段；④ 无声的外部言语活动阶段；⑤ 内部言语阶段。此外，认知心理学家安德森运用信息加工观点，把心智技能的形成分成认知、联结、自动化三个阶段。而我国心理学家冯忠良在吸取加里培林“内化”学说的基础上，经过长期的“结构定向”教学实验研究，提出了心智技能形成的三阶段理论。这三个阶段分别为：① 原型定向；② 原型操作；③ 原型内化。为了做好心智技能培养工作，教师在教学过程中应注意以下方面：① 激发学习的主动性与积极性；② 注意原型的独立性、完备性与概括性；③ 根据培养的阶段特征，正确使用言语；④ 注意学生的个体差异。

本章名词术语

技能是指个体运用已有知识经验，通过练习而形成的合乎法则的活动方式。

操作技能是指通过学习而形成的合乎法则的操作活动方式，也被称为运动技能、动作技能。

心智技能是指通过学习而形成的合乎法则的智力活动方式，也被称为智力技能、认知技能。

能力是指对活动起到稳定调节作用的一种心理特性，这种调节作用要通过知识与技能的概括化、系统化来实现。

优势榜样是指一开始就成绩优秀的榜样。

应对榜样是指开始时成绩一般、存在各种不足，但通过自身的努力从而逐步提高自己的榜样。

高原现象是指学生在技能学习中的一段明显时期内学习成绩和学习效率停滞不前，甚至出现进步暂停或下降的现象。

过度学习是指实际练习时间超过达到某一操作标准所需的练习时间。

反馈指在学习与练习过程中信息的返回传递。

内部反馈是指操作者自身的感觉系统提供的感觉反馈。

外部反馈是指操作者自身以外的人和事给予的反馈。

专门心智技能是指在某种专门的认知活动中形成起来的心智技能。

一般心智技能是指在一般认识活动中形成起来的心智技能，它具有比较概括的特点。

原型定向是指了解原型的活动结构，从而使主体明确活动的方向。

原型操作是指依据心智技能的实践模式，学生将在头脑中已建立起来的活动程序计划以外显的操作方式付诸实施。

原型内化是指心智活动的实践模式向头脑内部转化，由物质的、外显的，展开的形式变成观念的、内潜的、简缩的形式的过程。

第七章 学习动机

“为中华之崛起而读书。”

——周恩来

“对所学知识内容的兴趣可能成为学习动机。”

——赞科夫

第一节 学习动机概述

一、什么是学习动机

动机是指引起和维持个体的活动，并使活动朝一个方向前进的内在心理过程或内部动力。学习动机是指激发个体进行学习活动，维持已引起的学习活动，并使行为朝向一定学习目标的一种心理倾向或内部动力。简言之，学习动机是推动学生学习的内部动力。

学习需要和学习期待是学习动机的两个基本成分。学习需要是指个体在学习活动中感到有某种欠缺而力求获得满足的心理状态。它的主观体验形式是学习者的学习愿望或学习意向，包括学习的兴趣、爱好和学习的信念等。需要具有动力性，因此，学习需要又称为学习的内驱力。学习期待是个体对学习活动所要达到目标的主观估计，是学习目标在个体头脑中的反映。学习目标是个体通过学习活动想要达到的预期结果，而在个体完成学习活动之前，这个预想结果以观念的形式存在于头脑之中。从学生方面看，家长的要求、原来的学习成绩、班级中的成绩排名，以及老师对自己的期望水平，都会影响学习期待（专栏 7-1）。

专栏7-1

教师期待效应

皮格马利翁是古希腊神话中的塞浦路斯国王，他塑造了一座少女像，对它十分钟爱。爱慕之情最终使塑像“活”了起来。受这个神话的启示，美国哈佛大学的心理学家罗森塔尔（Rosenthal）和雅各布森（Jacobson）开展了一项实验研究。

1968年，两位心理学家在加利福尼亚州圣弗朗西斯科市奥克学校进行了实验。实验者对一到六年级（每个年级三个班）的学生进行了一次“预测未来发展的实验”，实际是一种普通的智力测验。然后随机选出20%的学生，告诉任课教师这些学生都有很大的“学业冲刺”潜力。在此后的一年半时间里先后进行过三次同样的测验，结果表明，这些学生的学习成绩果然比其他学生有了更大的提高，一、二、四年级效果尤为明显。

研究者认为，教师的期待能激发学生的潜能，从而使学生取得教师所期望的进步。教师期待所产生的积极效应被称为皮格马利翁效应，又称教师期待效应。

——资料来源：王惠来，汪波．论教师期待效应在素质教育中的意义［J］．天津师范大学学报（社会科学版），1999（5）：22－27．（有改动）

需要和诱因是形成动机的两个必要条件。只有存在某种需要，并有诱因的条件下，人才会产生从事活动的动机。诱因是指能够激起有机体的定向行为，并能满足某种需要的外部条件或刺激物。诱因可以是简单的物体，也可以是复杂的事物。凡是能使个体产生积极的行为，即趋向或接近某一目标的刺激物称为积极的诱因。相反，消极的诱因可以产生负性行为，即离开或回避某一目标。

学习期待就其作用来说就是学习的诱因。外在诱因包括理智诱因，如目标与反馈；情绪诱因，如表扬与批评；社会诱因，如竞赛等。学习需要和学习期待是学习动机心理结构中的两个基本成分，学习需要是个体从事学习活动的最根本的动力，它在学习动机结构中占主导地位。学习期待则指向学习需要的满足，促使个体去达到学习目标。学习需要与学习期待，两者相互作用形成学习的动机系统。

二、学习动机的作用

动机在激发和维持人的活动方面具有十分重要的作用。学习动机在学习活动中具有重要作用，主要表现在三个方面。

（一）对学习行为的选择作用

学习动机会使学生选择特定的行为与目标。例如，当面临如下冲突：是参加志愿活动还是去看电影，是去上课还是在宿舍打游戏，是回家复习还是和朋友出去玩……学习动机会让学生做出选择。一般来说，学习动机高的学生倾向于选择前者而不是后者。

（二）对学习行为和认知过程的维持作用

学习动机对学习行为具有引导作用，当由某种学习动机激起的学习行为出现后，学习动机会维持学生朝向特定目标的学习行为，一直指引着学生的学习行为。学习动机还表现为学生在学习中处于比较强烈的情绪唤醒状态时，注意力会更加集中，会付出更多的努力、投入更多的时间和精力，当学习活动受到外界环境或内在条件的干扰时，他们会在学习动机的控制下克服各种困难，完成任务。

（三）对学习过程的监控作用

在实际的教学情境中，学生的学习动机和学习行为经常受到内在和外界因素的影响，如学习目标的改变、学习兴趣的转移、外界要求的变化、诱因价值的变化等。这些因素都会影响已经出现的学习行为，影响学生的努力程度和注意力，影响学生投入学习的时间和精力等。如果学生具有正确的、合适的学习动机，那么学习过程会受到学习动机监控，能够及时觉察学生的学习行为是否偏离了特定目标，并且调整主体的学习行为，直到实现目标。

三、学习动机的分类

学生的学习动机是在社会生活条件和教育的影响下逐渐形成起来的，不同的社会和教育对学生的学习有着不同的要求，学生的学习动机呈现出复杂而多样的特点。通常依据动力来源、社会意义、作用时间、与学习活动的关系，将学习动机进行分类（表 7-1）。

表 7-1　常见的学习动机分类

分类依据	分类	定义
动力来源	外部动机	将学习结果或学习活动以外的因素作为学习的目标而引发的推动学生学习的动力
	内部动机	将学习活动本身作为学习的目标而引发的推动学生学习的动力
社会意义	高尚动机	核心是利他主义，把当前的学习同国家和社会的利益联系在一起
	低级动机	核心是利己的、以自我为中心的，学习动机只来源于自己眼前的利益
作用时间	近景性动机	近景性动机是指动机行为与近期目标相联系的动机
	远景性动机	远景性动机是指动机行为与长远目标相联系的动机
与学习活动的关系	直接动机	由学习活动本身直接引起，表现为对所学习的学科内容或学习活动的直接兴趣和爱好
	间接动机	与社会意义相联系，是社会观念、父母意愿以及教师期望在学生头脑中的反映

根据学习动机的动力来源，将学习动机分为外部动机和内部动机。外部动机是指将学习结果或学习活动以外的因素作为学习的目标而引发的推动学生学习的动力，学

习活动只是达到目标的手段。例如，为了取得好的分数、排名，以及老师的表扬而学习，就是外部动机的作用。内部动机是指将学习活动本身作为学习的目标而引发的推动学生学习的动力，学习者在学习活动过程中获得满足。例如，有的学生喜爱数学，在课上认真听讲，课下刻苦钻研，就是内部动机的作用。

一线研究

内部动机的结构维度

从认知、情感、人性和社会四个层面，根据内在动机强度由低到高的递进顺序，可以将内在动机的结构维度大致归纳为四个关键成分。

1. 好奇心

这是个体期望探究新异和未知事物的心理倾向，是个体的一种认知冲动，一种对于知识、真理和智慧的追求以及解释宇宙之谜的强烈欲望，是个体行为的初始动机和重要的内部动机之一。

2. 兴趣和乐趣

兴趣和乐趣是内在动机的关键促进因素。兴趣能吸引和集中人的注意力，促使个体探索事物的奥秘。乐趣则提供了参与工作和取得成就的内在报酬。个体在活动中感受到的兴趣和乐趣越多，其内在动机水平和强度就越高。

3. 自我超越

人不同于动物、植物，不会被既定的生存环境束缚和禁锢。相反，个体总是通过发挥自己的潜能，逆转环境与人的关系，使“自然人化”。人的这种渴望超越自我、发挥潜能并从中获得满足的愿望是内在动机的核心内容。

4. 意义与使命感

这是基于人的本质属性“社会性”所形成的内在动机，是人的内在动机中最崇高、力量最为持久的成分。人的“意义与使命感”越强烈，甚至上升到信仰的高度，内在动机所产生的驱动力就越大。

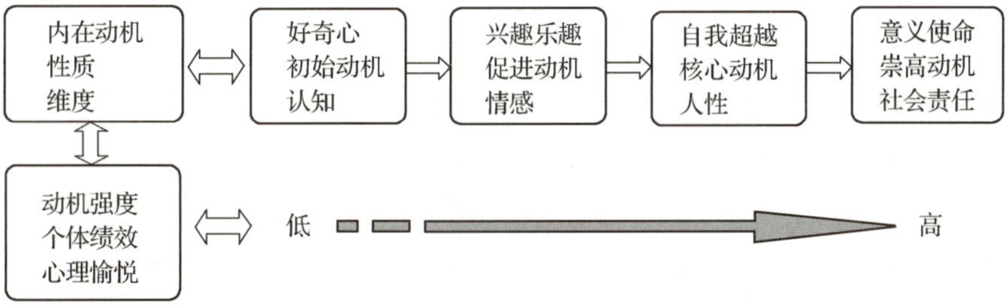

图 7-1　内在动机结构维度与动机强度、个体绩效、心理愉悦的关系

——资料来源：宋君卿，王鉴忠，武姣. 内在动机：演进逻辑、结构维度与未来趋势[J]. 辽宁大学学报（哲学社会科学版），2015，43（4）：122－127.（有改动）

在学习活动中的动力作用，两者是不同的。外部动机离不开学习活动以外的各种诱因，如表扬、奖励、批评、惩罚、考试、评分和升学等，这些外部诱因对学习活动的推动作用可能是巨大的，同时也是容易变化和短暂的，其动力作用会因外部目标（诱因）的满足感而降低。内部动机对学习的推动作用是稳定和持久的，因为由学习需要、求知欲、学习兴趣而引发的学习，学习者以获取知识和学习活动本身作为目标，在学习过程中获得的满足感不但不会使求知欲、学习兴趣降低，相反，求知欲和学习兴趣会更加强烈，成为一种自我强化的内部推动力量。

虽然外部动机与内部动机可作上述区分，但是，实际上并不对立。一个学生努力学习，可能既是因为喜欢学习，同时又是因为希望在班上排名靠前。在这个学生身上，内部动机和外部动机都很高。一个学生努力学习，仅仅为了取得好的名次，就属于外部动机高而内部动机低。外部动机和内部动机既可以同时发挥作用，也可以相互转化。研究表明，受内部动机驱使的学生会比受外部动机驱使的学生取得更高的学业成绩。因此，教师要激发学生的外部动机，更应注重培养学生的内部动机。

根据学习动机内容的社会意义，可以把学习动机分为高尚动机与低级动机。高尚动机的核心是利他主义，学生把当前的学习同国家和社会的利益联系在一起。例如，“为中华之崛起而读书”就属于高尚动机。低级动机的核心是利己的、以自我为中心的，学习动机只来源于自己眼前的利益。

根据动机起作用的时间长短来划分，可以把学习动机分为远景性动机和近景性动机。远景性动机是指动机行为与长远目标相联系的动机。近景性动机是指动机行为与近期目标相联系的动机。例如，学生在确定选修课程时，有的是考虑今后走上社会、踏上工作岗位的需要，有的只是考虑眼下是否容易通过考试，前者属于远景性动机，后者属于近景性动机。

根据学习动机与学习活动的关系，可以把学习动机分为直接动机和间接动机。直接动机由学习活动本身直接引起，表现为对所学习的学科内容或学习活动的直接兴趣和爱好。例如，中国诗词大会冠军武亦姝，年仅 16 岁竟有着 2 000 首的诗词储备量，把背诵诗词当作一种享受，体现的是直接动机。间接动机与社会意义相联系，是社会观念、父母意愿以及教师期望在学生头脑中的反映。

除了上述分类，美国心理学家奥苏伯尔（Ausubel）认为，学校情境中的成就动机包括三方面的内驱力，即认知内驱力、自我提高内驱力、附属内驱力。①

认知内驱力是指一种学生渴望理解，要求掌握知识以及系统地阐述问题并解决问题的倾向。一般来说，这种内驱力是从好奇的倾向中派生出来的。在意义学习中，认知内驱力是最重要而稳定的动机。自我提高内驱力，是学生要求凭自己的才能和学业成就赢得相应地位的愿望。自我提高内驱力与认知内驱力不一样，它并非直接指向学

① 张大均. 教育心理学［M］. 3 版. 北京：人民教育出版社，2015：136－137.

习任务本身。自我提高内驱力把成就看作是赢得地位与自尊心的根源，是一种外部动机。附属内驱力是学生为了保持家长和教师等的赞许或认可而努力学习的一种需要，是一种外部动机。它具有三个条件：第一，学生与长者在感情上具有依附性；第二，学生从长者的赞许或认可中将获得一种派生的地位；第三，享受到这种派生地位乐趣的人，会有意识地使自己的行为符合长者的标准和期望。

在儿童早期，附属内驱力最为突出，他们努力学习获得学业成就，主要是为了实现家长的期待，并得到家长的赞许。到了儿童后期和少年期，附属内驱力的强度有所减弱，而来自同伴、集体的赞许和认可逐渐替代了对长者的依附。在这期间，赢得同伴的赞许就成为一个强有力的动机因素。而到了青年期，认知内驱力和自我提高内驱力则成为学生学习的主要动机，学生学习的主要目的在于满足自己的求知需要，并从中获得相应的地位和威望。认知内驱力、自我提高内驱力和附属内驱力在动机结构中所占的比重并非一成不变，通常随着年龄、性别、个性特征、社会地位和文化背景等因素的变化而变化。

一线研究

学习成果认证对慕课学习者的学习动机的影响

随着信息化社会的不断发展，“互联网＋教育”掀起一股热潮，各大慕课（MOOC）教育平台的注册量破亿。然而注册并完成课程任务取得结业证书的却不到总数的百分之十，这在很大程度上说明了 MOOC 学习者的学习动机不够强烈、持久。自党的十七大以来，教育部多份文件提出对 MOOC 学习成果进行认证，这说明学习成果认证这一因素在慕课学习中是不可或缺的。学习成果认证能证明学生具备某方面的知识和技能，主要分为学分认证和学历认证。

曾丽芳等人（2020）基于“使用与满足”理论，采用调查法，将 MOOC 学习者的学习动机作为因变量，学分认证、学历认证作为自变量，社会认同与学校认同作为两个中介变量，拟探究它们之间的影响关系。结果表明，学分认证、学历认证对慕课学习者的学习动机有着正向影响，学校认同和社会认同在学习成果认证与学习动机之间起到中介作用。

各大高校及教师可采取多样化的认证形式来促进 MOOC 学习成果的转化，从而推动学习者的学习动机。一是开展学分、学位互认。建立高等教育慕课市场，实行区域间乃至国内外各个高等院校的 MOOC 课程学分、学位互认，促进高校人才培养与社会人才需求的有效衔接。二是将学习成果纳入奖学金及其他评优评选活动的评定范围。给予学习者物质奖励或精神激励，认同其学习成果，从而强化其外在学习动机。三是鼓励网络选课，转换第二课堂学分。

——资料来源：曾丽芳，杨同华．学习成果认证对高校慕课学习者学习动机的影响研究[J]．数字教育，2020，6（3）：38－44.（有改动）

四、学习动机与学习效率的关系

学习动机是学习活动顺利进行的支持性条件。学习动机对学习的作用体现在对学习过程、学习效果的影响上。

（一）对学习过程的影响

学习动机对学习过程的影响表现为对学习行为的启动、定向和维持。当对学习有了某些需要时，就可能引发其学习的内驱力，唤起内部状态，激起一定的学习行为。而且，这种学习行为被激起以后，学习动机还可使学习活动稳定和维持在既定的学习任务上，并对学习过程进行调控，以促使学习目标的最终实现。

（二）对学习效果的影响

学习动机直接关系到学习的效果。学习动机对学习效果的影响，一方面是在总体上对整个学习活动的影响；另一方面是在具体的学习活动中对学习效果的影响。

1. 学习动机对整个学习活动的影响

总体而言，学习动机与学习效果的关系是一致的。学习动机越强，学习活动的积极性就越高，学习效果就越好，表现为学习动机可以促进学习，提高成绩。

学习动机对学习效果的促进需要通过中介机制来完成。学习动机所起的作用具体表现为唤醒学习的情绪状态，加强学习的准备状态，集中注意力，提高努力程度和意志力。学习动机必须通过学习行为才能作用于学习结果。学习效果并不只受学习动机的影响，它还受学习基础、教师指导、学习方法、学习习惯、智力水平、个性特点、健康状况等一系列主客观因素的制约。只有把学习动机、学习行为、学习效果三者放在一起加以考察，才能看出学习动机与学习效果之间的关系。

从表 7-2 中可以看出，在四种学习动机与学习效果的关系类型中，有两种类型的学习动机与学习效果的关系是一致的，另外两种类型的学习动机与学习效果的关系则不一致。一致的情况是：学习动机强，学习积极性高，学习行为也好，则学习效果好（正向一致）；相反，学习动机弱，学习积极性不高，学习行为也不好，则学习效果差（负向一致）。不一致的情况是：学习动机不强，但如果学习行为好，其学习效果也可能好（正向不一致）；相反，学习动机强，学习积极性高，学习行为不好，则学习效果差（负向不一致）。因此，学习动机是影响学习行为、提高学习效果的一个重要因素，但不是决定学习活动的唯一条件。在学习中，激发学习动机固然重要，但应当把改善各种主客观条件以提高学习行为水平作为重点来抓。只有抓住这个关键点，才会保持正向一致和正向不一致，消除负向一致与负向不一致。

表 7-2 学习动机与学习效果的关系

	正向一致	负向一致	正向不一致	负向不一致
学习动机	+	−	−	+
学习行为	+	−	+	−
学习结果	+	−	+	−

（注：“+”表示好或积极，“−”表示坏或消极）

2. 学习动机与学习效率的关系

没有学习动机，学习成绩就不好，这是显而易见的。然而，并不是动机强度越高，学习成绩就越好。动机强度与学习效率之间的关系并不是简单的线性关系。研究表明，动机强度与工作效率之间的关系并不是一种线性关系，而是倒 U 型曲线关系。中等强度的动机最有利于任务的完成，即动机强度处于中等水平时，工作效率最高。

耶克斯（Yerkes）与多德森（Dodson）等人的研究均已表明，对于难度适中的学习课题，中等强度为动机的最佳水平，学习效率最高。在学习动机低于最佳水平时，随其强度的增加，学习效率不断提高；而动机强度超过最佳水平时，随其强度的增加，学习效率反而下降。可见，过强的学习动机会降低学习效率。原因在于，在过分强烈的动机状态下，焦虑水平也过高。在焦虑状态下，学习者的注意力和知觉范围会变得狭窄，思维效率降低。因此，正常的学习活动受到限制，学习效率下降。

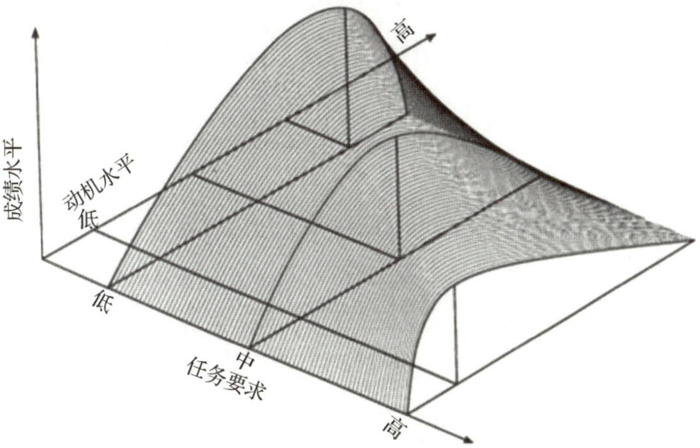

图 7-2 耶克斯—多德森定律（动机水平与工作效率之间的关系）

动机的最佳水平与学习任务的难易程度（任务要求）有关。难易适中的课题，最佳动机水平为中等强度。比较容易或简单的课题，其最佳动机水平为较高的强度。比较复杂或困难的课题，其最佳动机水平为较低的强度。这是因为，同样是较强烈的动机，如果课题容易，则焦虑水平低；如果课题较难，则焦虑水平也随之增高，学习效率反而下降。

3. 学习效果对学习动机的影响

学习效果的好坏对学习动机有增强或削弱的作用。良好的学习效果会反过来推动学习动机。知识增多、成绩提高会进一步激发学习者的好奇心、求知欲，增强学习的自信心，从而提高学习动机。吴桂春在东莞打工 17 年，17 年里没有中断读书，原因就在于此（专栏 7-2）。相反，不良的学习效果会使学生对努力的作用产生怀疑，降低能力的自我评价，失去进一步学习的信心与兴趣，学习动机因而降低。

专栏 7-2

读书的动力

2003 年，为了供孩子读书，吴桂春离开湖北老家来到东莞的鞋厂打工。在合租的房子里，工友们喜欢聚在一堆打牌，吴桂春却喜欢独自在一旁静静地读书。他把《红楼梦》读了四遍，还读了许多历史演义书，尤其喜欢“三言二拍”，“我喜欢看这些书，它们能让我明事理。”一开始，吴桂春只能在地摊上买书看，直到 2008 年，工友告诉吴桂春东莞图书馆可以免费借书。在东莞图书馆，吴桂春第一次发现了《红楼梦》原来不只有 80 回，而是有 120 回。此后，图书馆成了吴桂春在节假日最喜欢去的地方。在东莞打工 17 年，去图书馆看书有 12 年。

2020 年，因为新冠疫情的影响，吴桂春在东莞近半年没有找到工作，准备返回湖北老家。离开之前，吴桂春来到东莞图书馆，交还读者证。他低头凝视着即将递出的读者证，很久才松开手。之后，他写下了一则读者留言：“我来东莞 17 年，其中来图书馆看书有 12 年。书能明理，对人有百益无一害的唯书也。想起这些年的生活，最好的地方就是图书馆了。虽万般不舍，然生活所迫，余生永不忘你，愿你越办越兴旺。”

——资料来源：孙旭，谭翊晨．务工者吴桂春的读书梦（众生相）[N/OL]．人民日报（海外版），(2020－07－23)[2023－08－15]．http://paper.people.com.cn/rmrbhwb/html/2020－07/23/node_869.htm.（有改动）

教师在强调动机对学习的重要作用的同时，也应该看到，学习取得的成绩反过来也可以增强学习的动机。因此，对于那些尚无学习动机或者学习动机不高的学生，尤其是年龄较小的学生，教师应注重使学生获得学习成功的体验，激发学习兴趣，增强学习信心。当学生看到学习后的收获，进一步学习的动机也会随之增强。

第二节　学习动机的理论

不同理论派别对于学习动机的解释不同，同一派别内不同的学者对学习动机的看法也不尽相同。下面介绍行为主义学派、人本主义学派和认知学派的代表性学习动机理论。

一、强化理论

强化理论是行为主义心理学家提出的学习动机理论。认为人的一切行为都是后天在环境中通过条件反射的方式建立和形成的，动机是由外部刺激引起的一种对行为的激发力量。强化是一项必不可少的因素，通过强化的作用行为得到加强或者减弱，强化使外界刺激与学习者的反应之间建立起条件反射，并通过不断的重复使二者的联系进一步加强和巩固，从而达到所谓“学会了”的地步。

行为主义的学习动机理论对学校教育有着广泛的影响。表扬、奖励、批评、惩罚是常用的强化手段，在教学过程中应该合理使用强化提高学习动机水平。强化理论的不足在于只注重外部因素或环境刺激对行为的影响，忽视人的内在因素和主观能动性对环境的作用。

二、需要层次理论

需要层次理论是美国人本主义心理学家马斯洛提出的理论。他认为只有关注人的需要，才能揭示动机的本质。根据出现的先后，需要包括生理需要、安全需要、归属和爱的需要、尊重的需要、认知的需要、审美的需要、自我实现的需要七个层次（图 7-3）。高层次需要建立在低层次需要被满足的基础之上。自我实现是最高层次的需要，代表着个体潜能得到充分实现。底下四个层次的需要称为缺失需要，为个体生存所必需。缺失的需要都得到一定的满足后，个体将继续追求上面三个高层次需要，这些需要称为成长需要，它能够让个体生活得更有质量。在学校中最重要的缺失需要是归属和爱的需要及尊重的需要。

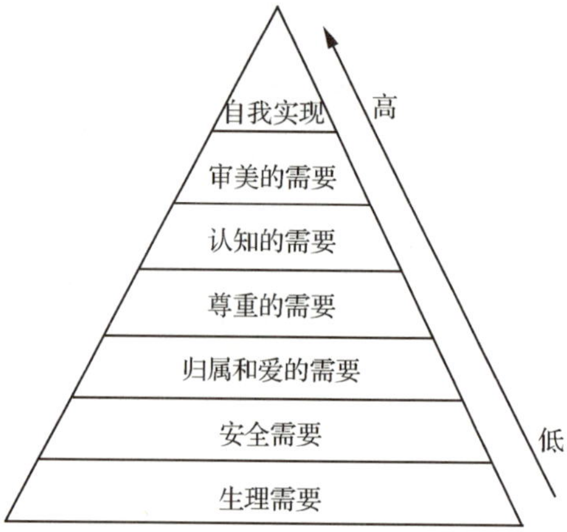

图 7-3　马斯洛需要层次理论

根据需要层次理论，激发学习动机要注意基本需要的满足。家庭不和睦，缺乏关注，可能导致归属和爱的需要得不到满足，从而影响学习。而得到尊重和理解，学习的积极性将会更高。

三、成就动机理论

成就动机理论的主要代表人物是阿特金森（Atkinson）和麦克利兰（McClelland）。成就动机是在人的成就需要的基础上产生的，是激励个体乐意去做自己认为重要的或有价值的工作，并努力达到完善地步的一种内部推动力量。成就动机涉及活动的各个方面，例如，想为祖国做出更多贡献，想获得优良的学习成绩，都是成就动机作用的表现。成就动机是人类所独有的，是后天获得的具有社会意义的动机。在学习活动中，成就动机是一种主要的学习动机。

阿特金森把成就动机分为两类，追求成功的动机和回避失败的动机。追求成功的动机使人产生追求成就任务、追求成功的行为倾向；回避失败的动机使人产生回避成就任务、畏惧失败的行为倾向。一个人追求成功的动机和回避失败的动机同时存在，要预测和理解成就行为，必须把这两种相反的动机同时考虑在内。“追求成功者”倾向于选择成功机会为 50% 的任务，而对成功可能性很高或很低的任务都不感兴趣。“回避失败者”倾向于选择非常容易或者非常困难的任务，选择容易的任务可免遭失败；而选择困难的任务，即使失败，也可找到借口，从而减少失败感，与“追求成功者”相反，他们对成败机会各为一半的任务采取回避的态度。

在教育实践中，教师应给予有挑战的任务，安排竞争性较强的情景，激发“追求成功者”的学习动机。对于“回避失败者”，教师应安排竞争性不强的情境，一旦他们取得成功要及时表扬。

四、成败归因理论

归因是指人们对自己或他人的活动及其结果的原因做出的解释和评价。在工作或学习中，每个人都会经历成功和失败，还会寻找成功和失败的原因，这就是对行为的归因过程。把成败归结为不同的原因，会产生相应的心理变化并影响今后的行为。对学习成败的不同归因，相应地会对将来学习产生不同的激励作用。

归因理论最初是由海德（Heider）提出来的。他指出，人的行为的原因可分为内部原因和外部原因。内部原因是指存在于行为者本身的因素，如需要、情绪、兴趣、态度、信念和努力程度等；外部原因是行为者周围环境中的因素，如他人的期望、奖励、惩罚、指示、命令，天气的好坏和工作的难易程度等。

韦纳（Weiner）将人的行为的原因进一步归纳为三维度六因素（表7-3）。三个维度即稳定性归因和不稳定性归因、内在归因和外在归因、可控性归因和不可控性归因。六因素指成败的六种原因，即能力高低、努力程度、工作难度、运气好坏、身心状况、外界环境。

表7-3　韦纳归因理论中的三维度六因素

因素	成败归因维度					
	稳定性		内外性		可控制性	
	稳定	不稳定	内在	外在	可控制	不可控制
能力高低	√		√			√
努力程度		√	√		√	
工作难度	√			√		√
运气好坏		√		√		√
身心状况		√	√			√
外界环境		√		√		√

对成败的不同归因，将影响接下来学习的动机。当倾向于能力归因时，假如成功就会认为自己能力高，因而信心十足；假如失败就会认为本身能力低，只好听任失败的再次到来。当倾向于努力归因时，假如成功就会认为是努力的结果，就会鼓励自己继续努力；假如失败就会认为是由于不努力造成的，因此会更加努力。当倾向于任务难度归因时，假如成功会提醒自己，今后要认真学习，以应对更困难的任务；假如失败则会埋怨，把今后的成功寄希望于难度较小的任务上。当倾向于运气归因时，假如成功就会认为只不过是自己此次侥幸，并不是自己真有水平；假如失败则自认倒霉，但愿好运气再次降临。

在教学实践中，学生往往存在一些不正确的归因模式，比如将自己的成功归于运气，而将偶尔的失败归于能力的缺乏，进而导致其沮丧甚至抑郁、缺乏趋向成功的倾向，降低了学生对成功的期望，最终回避成就任务。因此，教师应正确引导学生建立积极的具有适应性的归因观。学生达成目标时，应引导他们将成功归于自己的能力和努力，增强自信心和自豪感，提高进一步努力的可能性；当学生暂时失败时，应引导他们将失败归于努力的缺乏而非能力的低下，以减少失败带来的沮丧感，保护他们的自尊心和自信心。这些适当的归因方式能提高学生的自我价值感，提升对成功的期望，使学生继续坚持下去，最终让学生不断取得进步，提高学业成就。

一线研究

高中生数学学习成绩的归因

1. 您喜欢数学吗？（　　）

（A）不喜欢；　　（B）一般；　　（C）喜欢；　　（D）特别喜欢

2. 您认为自己的数学学得怎样？（　　）

（A）很好；　　（B）良好；　　（C）一般；　　（D）不理想

请简单写出其中的原因：________________________。

鉴于国内缺乏对中小学生的学习成绩归因实证的研究，缪雪松老师设计了上面的问题，对高中学生数学学习成绩归因进行了调查。以下是部分调查数据。

表 7-4　高中生数学成绩归因调查

相关原因	A 中学/%	B 中学/%
1. 喜欢理科，数学有趣	44.4	37.17
2. 学习数学认真、仔细	17.9	34.29
3. 数学从小就好，基础好	10.8	11.27
4. 数学好学	6.4	7.43
5. 老师教得好	15.2	10.55
6. 数学太难	13.3	11.75
7. 自己解题能力差	5.1	8.15
8. 基础不好	4.0	7.19

——资料来源：缪雪松. 开发元认知　为思维而教：优化数学学习思维定势的理论与实证研究 [M]. 上海：上海教育出版社，2018：31－35.（有改动）

思考：根据调查结果，说明所调查的高中生数学成绩归因的情况。

五、自我效能感理论

自我效能感理论是美国心理学家班杜拉（Bandura）提出的一种动机理论。其基本观点是，当一个人面对一项挑战性工作时，是否主动地全力以赴，取决于他对自己自我效能的评估。人的行为受行为的结果因素与先行因素的影响。行为的结果因素即通常所说的强化。行为的先行因素指对强化的期待，就是人在认识到行为与强化之间的依存关系之后产生的对下一步强化的期待。具体来说，期待包括结果期待和效能期待。结果期待是指人对自己的某一行为会导致的特定结果的推测，效能期待是指人对自己能够进行某一行为的实施能力的推测或判断，它意味着人是否确信自己能够成功地进行带来某一结果的行为。当个体确信自己有能力进行某一活动时，他就会产生高度的自我效能感，并努力地实施该活动。

自我效能感对学习活动有重要影响，其作用体现在多个方面。自我效能感决定人们对活动的选择及对活动的坚持性。自我效能感高的学生，倾向于选择富有挑战性的任务，在困难面前能坚持自己的行为，而自我效能感低的学生则相反。自我效能感影响人们在困难面前的态度。自我效能感高的学生敢于面对困难，相信通过坚持不懈的努力可以克服困难，而自我效能感低的学生，在困难面前则缺乏自信，畏首畏尾，不敢尝试。自我效能感不仅影响新行为的习得，而且影响已习得行为的表现。自我效能感还会影响活动时的情绪。自我效能感高者表现为情绪饱满、信心十足，低者充满恐惧和焦虑。

对自我效能感影响最大的因素是个人自身行为的成败经验。一般来说，成功的经验会提高自我效能期待，反复的失败会降低效能感。成功经验对效能期待的影响还要取决于个体对成败的归因。个体的许多效能期待还来源于对他人的观察，这种影响因素称为替代经验。如果看到一个与自己一样或不如自己的人成功，自己的效能感就会提高。言语暗示对自我效能感的提高有一定作用，但是，缺乏经验基础的言语暗示效果不会牢固。此外，自我效能感与情绪状态之间存在着相互影响，情绪唤醒也是影响自我效能感的一个因素。上述因素对自我效能感的影响，都要通过个体的认知和评价来实现。

自我效能感是指人对自己能否成功从事某一成就行为的主观判断。通俗地说，当个体觉得“我行!”时就能够积极地投入学习活动之中，相反，则缺乏学习动力。自我效能感对学生的学习行为有显著的影响（见“一线课堂”）。教师应该注重对学生自我效能感的培养，激发学生的学习动机。

一线课堂

听力学习中自我效能感的影响

听力是英语学习中听、说、读、写四项基本技能中的薄弱环节，也是英语学习失败感的主要来源。听力学习中自我效能感的影响可归纳为四个方面。

1. 影响学习任务及目标的设置

自我效能感高的学生倾向于选择具有挑战性的任务，任务完成的预期水平较高。在听力练习中充满信心，敢于挑战具有一定难度的听力材料，不断尝试新的听力练习。自我效能感低的学生则表现为缺乏信心，选择的学习任务比较简单，设置的目标较低。

2. 影响学习的坚持性及努力程度

自我效能感高的学生在困难面前，能够持之以恒地做听力练习，以更大的努力战胜英语听力中所遇到的困难。自我效能感低的学生则表现为遇到困难时容易放弃，认为自己无论如何也不可能听懂英语听力材料，不愿付出更多的努力。

3. 影响学习者的思维模式和情感反应模式

自我效能感高的学生能将注意力集中在任务的要求以及困难的解决上，倾向于保持积极、稳定的情绪和良好的心理状态。自我效能感低的学生则更多地将注意力放在可能的失败和不利的后果上，容易产生焦虑、恐惧等情绪。

4. 影响学习结果的归因方式

自我效能感高的学生倾向于将成功归因为自己的能力和努力，而把失败归因为自己努力程度的不足，从而更加努力。自我效能感低的学生则倾向于将成功归因为外部不可控的情景因素，而将失败归因为自身能力的不足。

——资料来源：肖陈陈. 自我效能感对中学生英语听力学习的影响与教学对策探究［J］. 基础教育外语教学研究，2015（3）：22－25.（有改动）

思考：结合所学专业，评估一下自己的自我效能感，并列举具体的表现。

第三节 学习动机的激发与维持

一、外部动机的激发与维持

（一）提供明确、及时且经常性的反馈

学生及时了解学习的结果，如看到批改后的作业、考试的成绩等，既可及时看到自己的进步，又可通过反馈看到自己的缺点和不足，可以激发起进一步努力学习的动机。关于了解学习结果对动机的激励作用已为许多实验所证明。布克（Bookl）与诺维尔（Norvell）让两组大学生以最快速度和正确性来做练习，连续进行 75 次，每次 30 秒。在前 50 次练习中，甲组知道每次练习的成绩，乙组不知道。自第 50 次练习开始，两组条件对换，结果前 50 次甲组成绩比乙组好，后 25 次甲组成绩降低了，乙组成绩明显提升（图 7-4）。

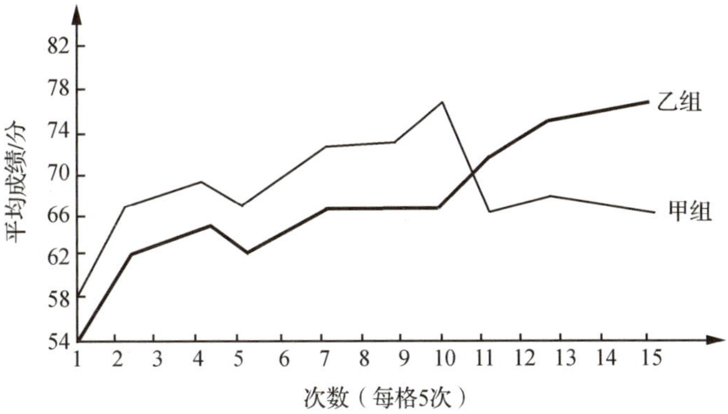

图 7-4　了解结果与不了解结果的成绩比较

值得注意的是，学习结果的反馈必须明确、具体，尤其对年幼的学生。明确、具体的反馈能帮助学生形成有动机效应的努力归因。反馈必须及时，要紧随学习的结果，以免学生再犯类似的错误。此外，反馈必须是经常性的，促使学生付出最大的努力。

（二）正确评价，适当表扬与批评

教师对学生的学习结果进行适当的评价对学习有强化作用。表扬、批评作为学习的外部诱因，能够给学生的学习活动以肯定或否定的强化，从而巩固和发展学生的学习动机。赫洛克（Hurlock）在实验中将 106 名四五年级学生分成四个等组，在四种条件下做加法练习（每天 15 min）。甲组为受表扬组，乙组为受训斥组，丙组为受忽视组（静听甲、乙两组受表扬与训斥），控制组单独练习，不给予任何评价。结果表明：① 对学习结果进行评价，能强化学习动机，对学习起促进作用；② 适当的表扬效果明显优于批评；③ 批评的效果比不做任何评价好（图 7-5）。

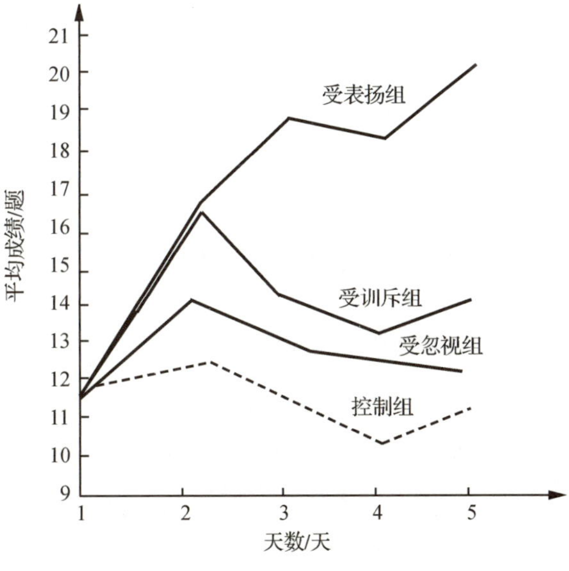

图 7-5　不同诱因（受表扬、受训斥、受忽视与控制）的效果

教师的批评与表扬要考虑到学生的个体差异。对学习成绩较差、自信心较低的学生，要以表扬鼓励为主，使其获得更多的成功机会，逐步树立起学习信心。对于成绩较好，有些骄傲的学生，要提出更高的要求，在表扬的同时还应指出其不足。优秀教师在运用评价这一手段来激发学习动机时，常常从积极的方面把鼓励和批评结合起来运用，在表扬时指出进一步努力的方向，在批评时又肯定其进步的一面。

（三）适当开展竞赛

竞赛是激发学习积极性的有效手段。社会性的竞赛，历来被认为是激发斗志，调动积极性，最终取得优良成绩的有效手段。切拨曼（J. C. Chapman）和费得（R. B. Feder）在实验中，让五年级两个等组的儿童进行为期 10 天（每天 10 min）的加法练习。竞赛组的成绩每天都在墙上公布，并为优胜者贴红星；无竞赛组只做练习，无任何诱因。结果竞赛组的成绩优于无竞赛组（图 7-6）。[①]

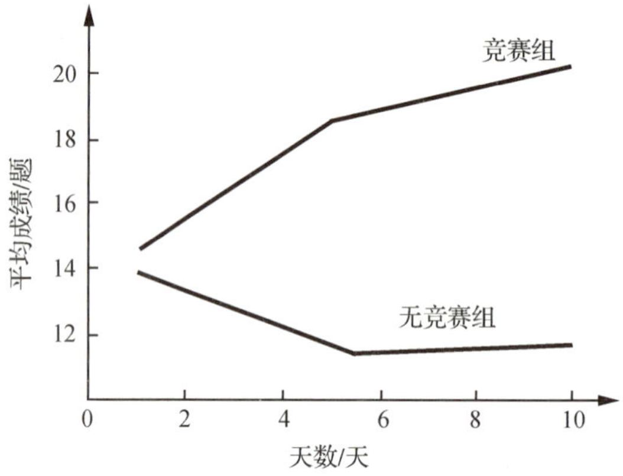

图 7-6　加法练习竞赛成绩比较

然而，竞赛必须适当。过于频繁的竞赛不但会失去激励作用，反而会制造紧张气氛，加重学习负担，有损学生身心健康。学习成绩差的学生常因竞赛失败而丧失学习信心。为使竞赛能对大多数学生起到激励作用，必须慎重、适量，注意方式。竞赛后要对不同类型的学生进行思想教育，以强化其正确的学习动机，纠正错误的学习动机。

二、内部学习动机的激发与维持

（一）创设问题情境，激发兴趣，保持好奇心

兴趣和好奇心是学习的持久动力，是培养和激发学生内部学习动机的基础。课堂教学中，教师要善于激发学生学习兴趣和求知欲。从长远来看，教育要帮助每个人发现自己，找到自己最喜欢、最擅长的事业（专栏 7-3）。

① 潘菽．教育心理学［M］．北京：人民教育出版社，1983：94－96．

专栏7-3

苏霍姆林斯基的教育信念

“对于每个孩子来说，凡能使他在其中表现为一个创造者，一个诗人、画家，使他为自己和自己集体的劳动成果而自豪的那种劳动，都可以变成一种精神创造。我们对此是绝对肯定的，因为这是我们在教育上的基本信念之一。”

为什么苏霍姆林斯基把“让孩子为自己和自己集体的劳动成果而自豪”作为自己的教育信念？这是因为，他发现，一旦孩子真正喜爱上劳动时的幸福，这就“在从许多生活道路中找到更能发挥个人创造力和他个人才能的路上”。教育，不是用一个标准、一个模子塑造一样的人，而是帮助每个人发现自己，找到自己最喜欢、最擅长的事业。所以，我们新教育提出，要让学校成为汇聚美好事物的中心，让学生不断地与美好相遇，与自己相遇，成为更好的自己。

——资料来源：苏霍姆林斯基. 苏霍姆林斯基教育箴言［M］. 朱永新，编. 北京：教育科学出版社，2016.（有改动）

创设问题情境指在教学中提出学生用现有的知识和方法不能立即解决的问题，从而在教材内容和学生的求知心理之间创造一种不协调，引起学生的认知矛盾，把学生引入到与问题有关的情境之中，从而激起学生求知的欲望和积极的思维。创设问题情境是通过“设疑”引起认知矛盾的方法。创设问题情境，题要小而具体，要新颖有趣，要有适当的难度，要富有启发性。

一线课堂

开展主题活动激发写作动机

写作内部动机的产生，既有赖于主体内部对写作的需要，又依靠外部刺激的激发。对于已掌握一定内容材料、渴望表达思想感情的学生，外部的某些现象和提示如丰富多彩的写作活动设计，可以刺激学生心中沉睡的或若隐若现的写作动机。

当学生内心积聚着丰富的材料和感受时，他们会有倾诉的欲望。不同的学生表达的方式又有差异。有的会写在日记中，有的会创作小说、漫画。教师可以整合学生的多种表现方式，开展有趣味的主题写作活动。如举行摄影作品比赛，用镜头记录生活片段，配以优美的文字；开展漫画作品创作活动，用文字讲述心中的漫画乐园。

在课堂教学中，可以结合课文教学，组织读写结合的“主题演讲活动”激发学生的写作动机。例如，在九年级的教学中，组织“白话文主题演讲活动”。让学生自主研读“智取生辰纲”“杨修之死”“范进中举”和“香菱学诗”。在研读的基础上，从人物、情节、主题等方面任选一个角度写感受、评论，或改写故事。写作的展现形式是多个课时的演讲，最后评出“最佳文采奖”“最佳口才奖”“最佳风度奖”“最新观点奖”等奖项，并颁发奖状。因为是为演讲而写作，为展现自我而写作，写作就变得有价值又有趣，所以出现了很多好文章。如审视自我的“生活两点一线——读‘范进中举’”，评论人物的“谈曹操——‘杨修之死’”，分析主题的“心灵的回归——读‘香菱学诗’”等。

——资料来源：李胜男. 激发初中学生写作动机的策略［J］. 教学月刊：中学版（语文教学），2016（Z1）：74－76.（有改动）

（二）设置合适的目标

学习目标具有指引学习的动机作用。长远目标的动机作用时间较长并且稳定，但离开近期具体目标，其功能是无法实现的。所以，在学习的各个环节，教师都要向学生提出明确而具体的目标要求。目标的高低要因人而异，要尽量与个人的学习能力相一致。过高的目标，与学生已有的知识和技能差距较大，学生可望而不可即；过低的目标，又缺乏挑战性。只有在学生能力范围之内，又具有一定挑战性的目标，才能有最佳的动机激发作用。将近期目标与长远目标相结合，也将进一步提高实现目标的动机。自我决定理论认为，人们可能追求本质上不同类型的未来目标，这将导致相当不同的结果。内在目标，如健康、自我发展和共同体意识，与外在目标，如社会认可、财务成功和外表吸引力是不同的。自我决定理论提出内在目标追求对幸福感有积极影响，因为它们促进对基本心理需求的满足。相反，外在目标追求往往是为了获得外在价值指标，以弥补基本需求的不足。因此，外在目标的实现往往伴随紧张的人际比较，可能需要其他人的偶然认可，这两者都可能破坏一个人的幸福感。各种研究表明，内在（相对于外在）的目标追求与获得幸福感相关。根据这一理论，体育老师可以通过引导学生追求内在目标，使学生坚持长期锻炼（见“一线研究”）。

一线研究

自发支持：让行动更持久

范斯滕基斯特（Vansteenkiste）等人（2004）进行了2（社会背景：自发支持情境、控制情境）×4（目标制订类型：未来外在目标、未来内在目标、未来自由目标、控制组）两因素的完全随机实验。将10至12年级的501名学生随机分配到8个小组，同时参加高中体育课上的跆拳道学习。自发支持情境的老师采用“我们建议你”“你可以”或者“你可能”这类词语来引导学生学习，而控制情境的老师使用“你应该”或者“你必须”等词语。未来外在目标的老师会强调跆拳道对于外表或吸引力的影响；未来内在目标的老师会强调跆拳道训练对于健康和体力的益处；未来自由目标的老师会说练习跆拳道对你未来有好处，但不明确说哪方面；控制组则不提任何与未来相关的意义。

老师介绍完之后，请一位专业教练进行训练，这位教练对于实验并不知情。结果显示，自发支持情境下的学生更有意愿参与活动，提供未来内在目标的学生有更好的表现。正如自我决定理论所强调的那样，体育教师可以更好地阐明学生当前锻炼与未来健康的相关性，并以自发支持的方式更好地提供未来内在目标。

——资料来源：VANSTEENKISTE M, SIMONS J, SOENENS B, et al. How to become a persevering exerciser? Providing a clear, future intrinsic goal in an autonomy-supportive way. [J]. Journal of Sport & Exercise Psychology, 2004, 26(2):232－249.（有改动）

（三）培养恰当的自我效能感

在个体拥有了相应的知识技能后，自我效能感就成为个体行为的决定因素。许多学生，尤其是学业成绩不好的学生，由于对自己的学习能力持怀疑态度，表现出很低的自我效能感。在学习中放弃尝试和应有的努力，进而影响其学习成绩。

教师可以通过为他们选择难易合适的任务，让他们不断获得成功体验，进而提高自我效能感。例如，前面肖陈陈老师提到听力是英语学习失败感的主要来源，为了培养学生的自我效能感，肖老师提出首先应了解学生的听力水平，设置符合学生现有水平的听力学习目标与任务。同时，帮助学生根据个人的听力水平设定适合自己的目标，针对不同层次的学生布置不同层次的听力任务。教师还应注意观察学生英语听力水平的变化，由浅入深、从易到难地安排教学任务，保证学生在听力学习的不同阶段都能体验到成功的喜悦，建立对英语听力学习的信心，增强其自我效能感。

除了加强学习者自身的直接经验，教师还可利用学生的间接经验来增强自我效能感。教师可以让学生观看和想象那些与自己差不多的学生的成功操作，通过获得替代性经验和强化来提高他们的自我效能感，使他们确信自己也有能力完成相应的学习行为。间接经验对自我效能感的影响是通过两种认知过程实现的。一是比较，也就是学习者把自己与示范者进行比较，参考示范者的表现来判断自身的效能。二是信息获取，也就是学习者从示范者的表现中学到了有效解决问题的策略、方法，或了解到解决问题的条件，从而增强自我效能感。利用间接经验来增强自我效能感，要注意示范者与学习者的一致性程度要高。示范行为真实、可靠且难度适中，学习者经过努力能成功，示范的行为有价值，能激起学习者模仿的积极性。

教师还可以通过书面或口头说服性的建议、劝告、解释及自我引导等方式，改变学生对自己能力的错误判断，形成正确的自我效能感判断，从而增强学生的自我效能感。采用这种方式，应注意选择在学生心目中有地位、受尊重的人，说服要有可信度，令学生心悦诚服。要用学生的直接经验或间接经验来支持说理。[①]

① 张大均．教育心理学［M］．3版．北京：人民教育出版社，2015：159－160.

一线课堂

提高中学生自我效能感的途径

自我效能感对中学生的成长起着至关重要的作用。适当的自我效能可以弥补学生学习能力的不足，而过高或过低的自我效能则会限制学生学习能力的正常发挥。影响学生自我效能感高低的因素有如下几点。

1. 中学生最初学习行为的成败

成功的体验能够提高个人的自我效能感，多次的失败会降低人们的自我效能感，尤其是在刚刚升入初中或高中时的失败，因其不能反映出努力的不足或不利的环境因素，容易使学生归因于自己能力的不足。

2. 观察别人所得到的替代性经验及他人的评价劝说和自我规劝

看到与自己相近学生的成功能促进中学生自我效能感的提高，增加自我实现同样目标的信心；但看到与己相近学生的失败，尤其是付出很大努力后的失败，则会降低自我效能感。

3. 自身的情绪和生理状态

学生处于紧张、焦虑状态，容易降低其对学习自我效能的判断。愉悦的情绪会促使学生进行积极的自我判断，产生较高的学习自我效能。

下面是提高中学生自我效能感的基本途径。

1. 对学习效果进行直接而及时地反馈

针对相应的问题，让学生能清楚了解自己学习的优劣，在提高学习效能感的同时，使学生在将来的学习中有明确的改进目标。当然，教师要注意不要把对某个学生的评价在其他同学中传播。

2. 体验成功

中学生自我效能感提高的关键是能够体验到学习的成功，让他们感到自己没有白白地付出努力。如一个点头动作、一个微笑、一个鼓励的眼神，对中学生的进步和成长都是至关重要的。因而，在对中学生进行评价时，在指出问题和不足的同时，一定要给予一定的积极评价。

3. 使学生确立学习的掌握目标

戴维克（C. S. Dweck）等人把目标分为掌握目标和操作目标，其中掌握目标的目的是掌握知识和发展自身能力，掌握目标可以促进人们对所从事活动的持久兴趣，促使人们不断地克服行动中的困难，使人们取得更大的成就。因此，中学生在学习中应树立掌握目标。

4. 对学习成败进行积极归因

教师应将学生学习的成功与努力和能力相联系，将学生学习的失败与缺乏努力而不是与无能相联系，这样会使中学生的学习效能感有显著提高。

因此，为了提高中学生的自我效能感，在教学实践中，教师应对学习效果进行直接而及时的反馈，让学生体验成功，使学生确立学习的掌握目标并引导学生对学习成败进行积极归因。

——资料来源：付桂芳. 提高中学生自我效能感的途径探讨［J］. 现代教育科学，2004（6）：6－7＋5.（有改动）

（四）成败归因训练

改变学生不正确的归因，提高学习动机可以从两方面入手。

一是“努力归因”，无论成功或失败，都归因于努力与否。学生将自己的成败归因于努力与否会提高学生学习的积极性，当学习困难或成绩不佳时，一般不会因一时的失败而降低将来会取得成功的期望。

二是“现实归因”，针对一些具体问题引导学生进行现实归因，以帮助学生分析除努力这个因素外，智力、学习方法、家庭环境、教师等因素在多大程度上影响了学习成绩，并尽可能指出解决这些问题的方法，以提高学生克服困难的勇气，增强自信心。事实上，有些学生在学习上的困难，仅靠努力是不能克服的。学生用了最大的努力仍然不能取得进步，就会陷入更大的无助感之中。因此不分条件、对象，把学习上的成败全都归因于努力程度并不合适。研究发现，当学生失败时，引导他们把失败原因归因于学习方法不对，比归因于努力程度不够更能提高学习积极性，因为把失败原因归因于学习方法，既可以使学生继续努力，又能使他们考虑如何提升认知技能，掌握正确的学习方法，使用各种学习策略和养成良好的学习习惯。因此，归因训练要让学生做“努力归因”时又联系现实，做“现实归因”时又强调努力。

归因训练的过程一般分为四个阶段。包括：① 了解学生的归因倾向；② 创设情境，使学生在活动中取得成败体验，特别是要让学生体验到努力就能取得成功；③ 让学生对自己的成败进行归因；④ 引导学生进行积极归因，提高学生对下一次活动成功的期待，引起良性的情绪体验，并由此对下一次行为进行有积极影响的归因。

归因训练不能一蹴而就，对后三个阶段要反复练习，训练时间从三天到两个月不等。在此期间，按照训练程序和训练课程，有针对性地采取说服、讨论、示范（观察学习）、强化矫正等方法进行训练，逐渐使学生形成积极的归因倾向。为了使训练结果长期保持并迁移到其他学习活动中去，还应在训练后找适当的时机进行多次强化训练，才会取得良好的效果。[①]

① 张大均. 教育心理学［M］. 3版. 北京：人民教育出版社，2015：157－158.

本章小结

动机是激励并维持一个人的活动以达到一定目的的内在动力。学生的学习行为也同样受动机支配，这种动机就是学习动机。学习动机是直接推动学生进行学习的内部动力。一个学生是否想要学习，为什么而学习，喜欢学习什么，以及学习的努力程度、积极性、主动性，等等，都能通过学习动机加以说明。学习动机在学习活动中具有重要作用，主要表现为对学习行为和认知活动的选择、维持和监控作用。学生的学习动机是在社会生活条件和教育的影响下逐渐形成的，不同的社会和教育对学生的学习有着不同的要求，所以学生的学习动机也是非常复杂而多样的：根据学习动机的动力来源，可以分为内部动机和外部动机；根据动机起作用的时间长短来划分，可以把学习动机分为远景性动机和近景性动机；根据学习动机与学习活动的关系，可以把学习动机分为直接动机和间接动机；根据奥苏伯尔的分类，学校情境中的成就动机包括三方面的内驱力，即认知内驱力、自我提高内驱力、附属内驱力。学习动机是学习活动顺利进行的支持性条件。学习动机对学习的作用体现在对学习过程、学习效果的影响上。一般而言，学习动机与学习效果是统一的，表现在学习动机可以促进学习，提高成绩，而且学习动机不同，学习效果就不一样。耶克斯与多德森定律表明，对于难度适中的学习课题，中等强度为动机的最佳水平，此时的学习效率最高。由于学习动机的多样性，对动机作用的解释也多种多样，因此延伸出多种不同的动机理论：强化理论、需要层次理论、成就动机理论、归因理论和自我效能感理论。

在实际的教育实践中，教师要学会激发和维持学生的学习动机。要激发和维持外部动机，教师需做到以下几点：① 提供明确、及时且经常性的反馈；② 正确评价，适当表扬与批评；③ 适当开展竞赛。要激发和维持内部动机，教师需要做到：① 创设问题情境，激发兴趣，维持好奇心；② 设置合适的目标；③ 培养恰当的自我效能感；④ 成败归因训练。

本章名词术语

动机是激励并维持一个人的活动以达到一定目的的内在动力。

内驱力是指在有机体需要的基础上产生的一种内部推动力。

诱因是指能满足有机体需要的物体、情境或活动，是有机体趋向或回避的行为目标。

学习动机是直接推动学生进行学习的内部动力。

教师期待效应是教育者的信念和期望会对受教育者发生积极影响的现象，又称皮格马利翁效应。

外部动机是指将学习结果或学习活动以外的因素作为学习的目标而引发的推动学生学习的动力，学习活动只是达到目标的手段。

内部动机是指将学习活动本身作为学习的目标而引发的推动学生学习的动力，学习者在学习活动过程中获得满足。

远景性动机是指动机行为与长远目标相联系的一类动机。

近景性动机是指动机行为与近期目标相联系的一类动机。

直接动机是由学习活动本身直接引起的，表现为对所学习的学科内容或学习活动的直接兴趣和爱好。

间接动机与社会意义相联系，是社会观念、父母意愿及教师期望在学生头脑中的反映。

认知内驱力是指一种学生渴望了解和理解，要求掌握知识及系统地阐述问题并解决问题的倾向。

自我提高内驱力是学生要求凭自己的才能和学业成就赢得相应地位的愿望。

附属内驱力是学生为了保持家长和教师等的赞许或认可而努力学习的一种需要。

耶克斯和多德森定律是反应动机水平和工作效率的理论。在一定限度内，随着动机水平的提高，工作效率会随之提高，动机水平超过一定限度，工作效率反而会随之降低。最佳工作效率的动机水平为中等，但也随工作性质和任务难度的不同而存在差异。

强化理论是行为主义心理学家提出的学习理论。认为人的一切行为都是后天在环境中通过条件反射的方式建立和形成的，动机是由外部刺激引起的一种对行为的激发力量。

需要层次论是美国人本主义心理学家马斯洛提出的理论。他认为只有关注人的需要，才能揭示动机的本质。

自我实现是指个体不断努力开发自身才智与能力，实现个人内在倾向的潜能。

成就动机理论是关于成就动机基础的理论，主要代表人物是阿特金森和麦克利兰。

成就动机是在人的成就需要的基础上产生的，是激励个体乐意去做自己所认为重要的或有价值的工作，并努力达到完善地步的一种内部推动力量。

归因是指人们对自己或他人的活动及其结果做出的解释和评价。

归因理论是关于人们如何做出因果关系解释的理论。

自我效能感理论是美国心理学家班杜拉提出的一种动机理论。其基本观点是，当一个人面对一项挑战性工作时，是否主动地全力以赴，取决于他对自己自我效能的评估。

自我效能感是指人对自己能否成功从事某一成就行为的主观判断。

自我决定理论认为，人们可能追求本质上不同类型的未来目标，这将导致相当不同的结果。

动机迁移是指在学生缺乏学习动力，没有明确的学习目的情况下，把学生从事游戏等其他活动的兴趣和动机转移到学习上来，从而使学生产生对学习的需要。

第八章

学习迁移

“教是为了不教。”

——叶圣陶

第一节 学习迁移概述

一、学习迁移的概念

学习迁移指一种学习对另一种学习的影响。已获得的知识、技能、学习方法或学习态度对学习新知识、新技能和解决新问题所产生的一种影响，或者说将学得的经验有变化地运用于另一情境，都属于迁移。

学会学习是适应未来社会生活的必要条件。其中，能够主动而有效地迁移是最主要的条件。迁移在个体的心理发展及社会适应中，具有重要作用。学习的最终目的是将知识经验应用于各种不同的实际情景之中，解决现实中的各种问题。只有通过广泛的迁移，原有的经验才能得以改造，才能概括化、系统化，从而有效地调节个体的活动，解决实际的问题。迁移是习得的知识、技能与社会规范向能力与品德转化的关键。

通常所说的“举一反三”“触类旁通”都可以看作是迁移。生活中的迁移情景很多，但在教学中，使学生做到学习迁移并不容易。王秀冬等（2012）对初三学生数学学习迁移能力进行了调查，发现学生的学习迁移能力有待提高（见“一线研究”）。

一线研究

初三学生数学学习迁移能力的调查及对策

就数学学习迁移能力对81名初三学生进行调查发现，初三学生在旧知识的迁移能力水平比在新知识上的高。学优生与中等生相比，基础知识牢固，自我监控能力高，知识经验的概括水平高，形成了有利于迁移的认知结构。学困生知识贫乏，认知结构缺乏组织、概括，迁移对他们来说有一定程度的难度。中等生的认知结构、概括水平比学优生弱，他们往往更多地依赖教师的控制，自制力较弱，学习中缺乏计划性，缺乏必要的检验技能。针对这种情况，教师要做好以下工作。

- 改进教材呈现方式，注意知识的纵、横方向上的融会贯通。
- 把策略教学作为教学目标，加强学生学习策略的掌握。
- 指导学生对解题所涉及的知识、方法进行反思。

——王秀冬，赵继源，刁玉梅. 初中生数学学习迁移能力的调查与分析［J］. 数学教学研究，2011（8）：50－52.（有改动）

二、学习迁移的分类

学习迁移现象多种多样。研究者从不同的角度对迁移进行分类，强调迁移的不同方面。迁移通常分为以下类型。

（一）正迁移和负迁移

根据迁移的结果的不同，迁移分为正迁移和负迁移。正迁移是指一种学习对另一种学习起到积极的促进作用。如掌握阅读技能有助于写作技能的形成。正迁移通常可以使学生的学习效率提高。因此，实际的教育工作中所说的“为迁移而教”就是指正迁移在教学中的应用。负迁移是指一种学习对另一种学习产生阻碍作用。如英文打字员学习俄文打字，因字盘的字母位置不同，学习时会受到英文字盘的影响。

（二）顺向迁移和逆向迁移

根据迁移发生的方向的不同，迁移分为顺向迁移和逆向迁移。顺向迁移是指先前学习对后继学习产生的影响。如在物理中学习了“平衡”概念，就会对以后学习化学平衡、生态平衡、经济平衡产生影响。逆向迁移是指后继学习对先前学习产生的影响。如学习了微生物后对先前学习的动物、植物的概念会产生影响等。

（三）一般迁移和具体迁移

根据迁移内容的不同，迁移分为一般迁移和具体迁移。

一般迁移是指在一种学习中所习得的一般原理、方法、策略和态度对另一种具体内容的学习的影响，即将原理、策略和态度具体化，运用到具体的事例中去。张万明（2012）指出，生物学中的“通理、通法、通则”，就是一种一般迁移。如“结构决定功能”这一重要的生物学科思想，可以说在生物学教学中随处可见：小到分子细胞，大到生态系统，无一例外——蛋白质能够成为生命活动的主要承担者与其复杂多变的空间结构有关，DNA 能够成为生命的遗传物质与其碱基千变万化的排序和稳定的双螺旋结构有关，神经细胞之所以能够快速传导兴奋与其导线般的轴突结构有关，生态系统的稳定性与其丰富的物种组成和复杂的营养结构有关。[①]

具体迁移是指学习迁移发生时，学习者原有的经验组成及其结构没有变化，只是将在一种学习中习得的经验要素重新组合并移用到另一种学习之中。如学生在学完整数的加减乘除之后，在四则混合运算的学习中，就可以把已有经验加以重新组合来解决问题，而在后者的学习中并没有增加新的心智动作。

（四）横向迁移和纵向迁移

根据迁移内容的抽象和概括水平的不同，迁移分为横向迁移和纵向迁移。

横向迁移指在难度、复杂程度和概括层次上处于同一水平的先行学习内容与后继学习内容、学习活动之间产生的影响。如通过加、减、乘法学习后获得的一些运算技能会促进除法运算学习等。吴华锋（2017）指出中学地理教学中，“背斜与地表形态”“向斜与地表形态”的地理图式之间的相互迁移就是横向迁移（图 8-1）。[②]

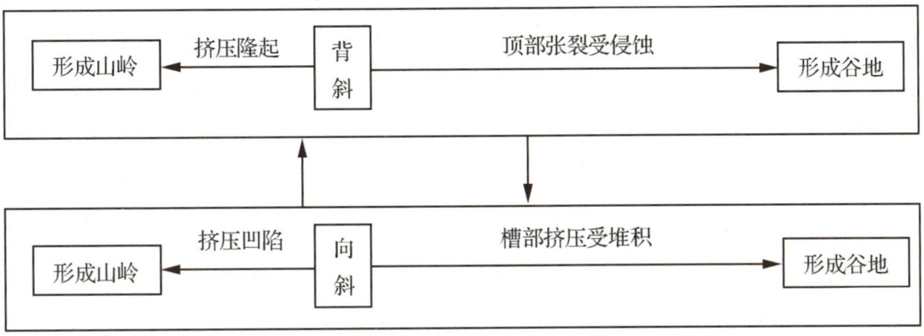

图 8-1　“背斜与地表形态”与“向斜与地表形态”的横向迁移

纵向迁移指先行学习内容与后续学习内容是不同水平的学习活动之间产生的影响。纵向迁移表现在两个方面：一是自下而上的迁移，即下位的较低层次的经验影响上位的较高层次的经验的学习；二是自上而下的迁移，即上位的较高层次的经验影响下位的较低层次的经验的学习。如学了“角”的概念后，再学习“直角”“锐角”等概念。

（五）近迁移和远迁移

根据迁移的不同程度，迁移可以分为近迁移和远迁移。

近迁移是把所学的经验迁移到与原先的学习情境比较相近的情境中。如学生学习了如何解决有关汽车的路程的数学应用题后，能够将所学到的知识迁移到飞机、轮船等情境中解决其路程问题。

远迁移是个体将所学的经验迁移到与原先学习情境极不相似的其他情境中。如学

① 张万明. 在生物学教学中注重对学生知识迁移能力的培养［J］. 生物学通报，2012，47（4）：36－39.
② 吴华锋. 地理图式迁移的设计与应用［J］. 中学地理教学参考，2017（9）：33－34.

生将在数学中学习到的逻辑推理规则运用到其他的学科（物理和化学）中来解决问题。

物理综合题是物理学习中的重点和难点之一，探究物理综合题的有效学习方法一直是教育研究者关注的关键问题。有研究者通过三个实验探究不同学习样例及不同样例设计方法对物理综合题学习迁移效果的影响。在实验的基础上发现，类比比较样例是学习解决物理综合问题的有效方法。类比比较样例是指两个或两个以上解题规则相同、但问题表面特征不同的同构问题的解题样例（见“一线研究”）。

一线研究

类比比较样例对学习迁移效果的影响

研究人员在普通中学筛选出61名符合实验要求的被试，根据普通样例和类比比较样例将被试分为两组，采取单因素被试间实验设计，实验材料为关于密度和浮力的综合样例题。其中普通样例每道题单独呈现在一张A4纸上，类比比较样例每页纸呈现2道例题，要求学生比较2道题之间的相似之处。被试学习之后发放后测材料，包括近、远迁移测试题各1道。之后研究人员又分别对单综、综合概念类比比较样例及开放式提示和支架式提示对学习迁移效果的影响进行了实验。单概念类比比较样例只包含单个概念的同构样例对，综合概念类比比较样例包含两个或两个以上概念的同构样例对；开放式提示将需关注的知识点以开放式提问的方式呈现，支架式提示以填空形式，将重点或者细节信息以空格代替。

研究发现：（1）通过类比比较样例学习物理综合题的效果优于普通样例；（2）相比于单综概念类比比较样例，综合概念类比比较样例能更好地提高物理综合题学习的近迁移成绩，但未提高其远迁移成绩；（3）提示能明显促进类比比较样例在物理综合题学习中的作用，但不同提示类型的影响无显著差异。

教师在进行物理综合题的教学时可以考虑采用类比比较样例的形式，并且综合概念类比比较样例的学习迁移效果最佳，在教学时如果能够给予适当的提示，能够有效促进类比比较样例的学习，开放式提示和启发式提示的效果差异不大。

——于雅迪，杨立娜，曲可佳. 类比比较样例对物理综合题学习迁移效果的影响［J］. 心理发展与教育，2022，38（5）：675－682.（有改动）

（六）高通路迁移和低通路迁移

根据迁移发生的自动化水平，迁移可以划分为高通路迁移和低通路迁移。

高通路迁移是指有意识地将在某种情境中学到的抽象知识运用到新的情境中，如学生应用笔记策略进行阅读。低通路迁移是高度练习过的技能自动迁移，如技能达到自动化之后可以驾驶不同类型的汽车。

（七）同化性迁移、顺应性迁移和重组性迁移

冯忠良等（2000）根据对新旧经验整合过程的实现方式的不同，将迁移划分为同

化性迁移、顺应性迁移和重组性迁移。他们认为迁移是新旧经验的整合过程，这个过程可以通过同化、顺应与重组三种方式实现，其实质是原有认知结构与新学习的相互影响、相互作用，从而形成新的认知结构的过程。

同化性迁移是指不改变原有的认知结构，直接将原有的认知经验应用到本质特征相同的一类事物中去。原有认知结构在迁移过程中不发生实质性的改变，只得到某种充实。例如，已掌握的“三角形”概念对学习新概念“直角三角形”的影响。平时我们所讲的“举一反三”“闻一知十”等都属于同化性迁移。在同化性迁移中，决定迁移的关键成分是在最初的学习中建立起来的，原有的经验结构在迁移过程中不发生实质性的改变，只得到某种充实。同化性迁移是学习迁移中最常见的一种类型。

姚梅林和冯忠良认为，同化性迁移的过程是由审题、联想、认同与赋值这四个相互联系的成分构成的。不同概括水平的已有经验导致了不同水平的同化性迁移，其差异表现在迁移的各成分上，尤其在认同这一成分中表现得最为明显。

审题能够对问题情境和问题性质进行初步辨认，形成该课题的表征，如“已知……，求……”“这道题是求……”的基本表征。联想是一个将已有的经验与眼前的课题沟通的过程。在课题本身的信号作用下，以所形成的表征为线索，去激活已有认知结构中的有关经验，提取与题目有关的一些公式，如“这有点儿像前面学过的……”。认同就是将迁移课题与激活的经验联系起来，逐一分析、比较两者的各种特征，认定它们是相似的或具有某些共同特征，初步建构二者间的关系，把迁移课题归入已有经验系统，并视为已有系统的一个事例；或者认为二者是具有某些相似性的同类课题，如“这道题属于等差数列那类的……”“35 相当于第一项……”。赋值是在认同基础上，产生与原经验系统相一致的解法，或通过适当的变换，建构一个与原有经验相似的或相对应的具体的解题公式，并将迁移课题中的各数值代入公式，如“我试着将它们代入公式，就是 S 等于……”。

顺应性迁移指将原有认知经验应用于新情境中时，需调整原有的经验或对新旧经验加以概括，形成一种能包容新旧经验的更高一级的认知结构，以适应外界的变化。这也表明，迁移并非仅是先前的学习或经验对以后的影响，也包括后面的学习或经验对前面的影响。学生头脑中有一些日常概念，当这些前科学的日常概念不能解释所遇到的事例时，就要建立一个概括性更高的科学概念来解释某一现象或事物，新的科学概念的建立过程也是一个顺应的过程。例如，对于“台灯”“路灯”“日光灯”等概念的掌握对形成“灯”这一概念的影响。顺应性迁移的根本特点是自下而上，原有经验结构是下位结构，新的经验结构是上位结构。在学习过程中，经常要将前后所学的内容进行概括，形成一种更高级的、包容范围更广泛的上位经验结构。顺应性迁移是迁移中比较常见的一种类型。

重组性迁移指重新组合原有认知系统中某些构成要素或成分，调整各成分间的关系或建立新的联系，从而应用于新情境。在重组过程中，基本经验成分不变，但各成分间的结合关系发生了变化，即进行了调整或重新组合。例如，将已掌握的字母进行重新组合，形成新的单词；在操作技能形成过程中，许多不同成分的动作被组合成连续的整体动作，其中不涉及新的动作的增加，只是各动作成分的重新组合、重新排列。通过重组性迁移，可以提高经验的增值性，扩大了基本经验的适用范围。

此外，还可将学习迁移分为直接应用与指向未来学习两类（表 8-1）。直接应用的迁移指熟练技能的自动迁移，例如，驾驶不同的汽车。指向未来学习的迁移指抽象知识在新情境中自觉被应用的迁移，例如 KWL 阅读策略。K 代表 “What I know”，指已有的知识；W 代表 “What I want to know”，指渴望知道的知识；L 代表 “What I Learned”，指学生通过阅读学到的新知识。又如 READS 阅读策略，R 代表 “Review headings”，指审阅标题；E 代表 “Examine boldface words”，指检查重点标注的词；A 代表 “Ask”，指问 “我希望学什么?” 的问题；D 代表 “Do it”，指做，即阅读并用自己的话概括。

表 8-1　直接应用的迁移与指向未来学习的迁移①

种类	直接应用的迁移	指向未来学习的迁移
定义	• 熟练技能的自动迁移	• 抽象知识在新情境的自觉应用 • 认知工具和动机的有效利用
条件	• 大量的练习 • 各种情景和条件 • 过度学习达到自动化	• 专注于提取能够在许多情境下利用的原理、主要思想或程序 • 在有效的教学环境中学习
举例	驾驶不同的汽车	应用 KWL 或 READS 策略

第二节　学习迁移的理论

学习迁移的理论涉及迁移是如何实现的、其基本过程是怎样的这些基本问题。从早期的形式训练说到现在的各种迁移观点，都是围绕着这些基本问题展开的。

一、形式训练说

形式训练说是最早的关于迁移的理论，其心理学基础是官能心理学。形式训练说的基本主张是迁移要经历一个形式训练过程才能产生。其代表人物是 18 世纪德国心理学家沃尔夫（Whorf）。形式训练说假定人类大脑的许多区域代表了各不相同的官能，人的心智由不同的官能组成，不同的官能活动相互配合就构成各种各样的心理活动。

① WOOLFOLK A. Educational psychology [M]. 13th ed. London: Pearson Education Limited, 2016: 386.

各种官能可以通过训练增加力量。在学校教育中，传递知识远不如训练官能重要。知识的价值仅在于作为训练官能的材料。形式训练说认为，迁移是无条件的、自动发生的。

形式训练说重视能力的培养和学习的迁移，强调对有效的记忆方法、学习习惯加以特殊训练，有一定的积极意义。但是，在其思想指导下，实际教学中存在着搞题海战术，把通过大量的练习改进各种心理官能作为教育目标的问题。具体表现为忽视学习的内容，偏重所学东西的难度和训练价值。形式训练说对近代教育曾产生过重要影响。

二、共同要素说

针对形式训练说，心理学家通过实验发起挑战。其中美国心理学家桑代克和伍德沃斯（Wordworth）的研究影响最大。桑代克等人首先在知觉方面进行了一系列的实验，否定了形式训练说。实验以大学生为被试，训练他们判断不同大小和形状的图形面积。实验中先让被试估计大小不同的长方形面积，当达到显著进步后，再对稍大的各种长方形或面积相同而形状不同的三角形、圆形进行测验。结果发现，当面积与练习时相等而形状不同时，所取得的进步仅是练习时进步的 44%；当形状相同而面积不同时，进步只有练习时进步的 30%。显然，被试的知觉估计能力并未因练习而得到提高，也不可能无条件地迁移到其他任务中去。

根据实验，桑代克和伍德沃斯提出迁移的共同要素说。共同要素说认为迁移是有条件的，只有当学习情境和迁移测验情境存在共同成分时，一种学习才能影响另一种学习，即产生迁移。用桑代克的话来说，就是只有当两种心理机能具有共同成分作为因素时，一种心理机能的改进才能引起另一种心理机能的改进。这一理论对学习迁移的研究和实际教学起到了积极的作用，迁移问题从此成为教育心理学研究的焦点之一。应该指出的是，这一理论只看到学习情境的作用，完全忽略了主体因素对学习迁移的影响，否认了迁移过程中复杂的认知活动。

三、概括化理论

美国心理学家贾德（Judd）提出的概括化理论，也称为“经验类化说”。他认为先期学习获得的东西之所以能迁移到后期的学习中，是因为在先期学习中获得了一般原理，这种原理可以部分或全部地运用于两种学习当中。两种学习活动之间存在共同要素仅仅是知识产生迁移的必要前提，而迁移产生的关键是学习者在两种活动中通过概括形成了能够泛化的共同原理。只要一个人对他的经验进行了概括，就可以完成从一种情景到另一种情景的迁移。对原理越了解、概括得越好，在新情境中学习的迁移也就越好。贾德在 1908 年所做的“水下击靶”实验，是概括化理论的经典实验（专栏 8-1）。

专栏 8-1

水下击靶实验

实验以五、六年级的小学生为被试，分成两组，让他们练习用标枪投中水下的靶子。给一组学生充分说明折射原理；另一组学生只能从尝试中获得一些经验。在开始投掷练习时，靶子置于水下 12 英寸处，结果教过和未教过折射原理的学生成绩相同。也就是说，在开始的测验中，理论对于练习似乎没有起作用，因为所有的学生必须学会运用标枪，理论的说明不能代替练习。接着改变条件，把水下 12 英寸处的靶子移到水下 4 英寸处，这时两组的差异便明显表现出来。没有给予折射原理说明的学生表现出极大的混乱，他们投掷水下 12 英寸靶时的练习，不能帮助改进投掷水下 4 英寸靶的练习，错误持续发生。而学过折射原理的学生，迅速适应了靶子位于水下 4 英寸的条件。

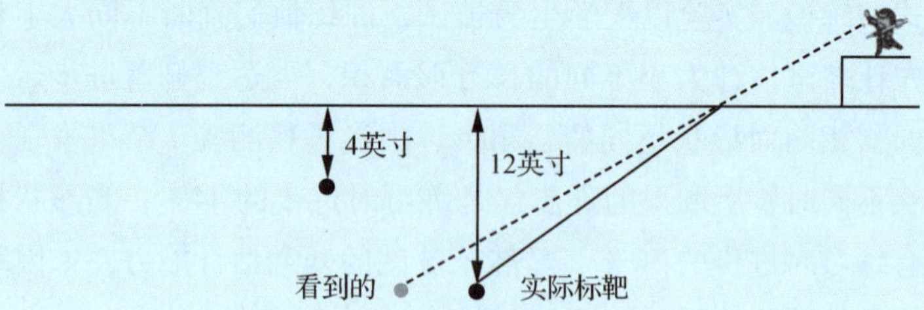

图 8-2 水下击靶实验过程示意图

概括化理论强调概括化的经验在迁移中的作用，认为迁移更多依赖于对一般原理的理解及这种理解在新旧情境的相互关系中的作用，这一点比共同要素说有进步。在实际教学中，通过教师的引导，使学生对核心的、基本的概念进行抽象概括，可以有效地促进学生所学知识的迁移。但是，概括化的经验仅仅是影响迁移成功与否的条件之一，并不是迁移的全部。

四、关系转换理论

格式塔心理学家从理解事物关系的角度对概括化迁移理论进行了重新解释，并通过实验证明迁移产生的实质是个体对事物间的关系的理解。格式塔心理学家强调行为和经验的整体性，认为习得的经验能否迁移，并不取决于是否存在某些共同的要素，也不取决于对原理的孤立的掌握，而是取决于能否理解要素间形成的整体关系，以及原理与实际事物之间的关系。格式塔心理学家苛勒通过“小鸡啄米”实验证明了这种理论（专栏 8-2）。

专栏8-2

“小鸡啄米”实验

实验中给小鸡呈现两张不同颜色的纸，一张是浅灰色的，一张是深灰色的，食物总是放在颜色较深的纸上面。经过400—600次的训练，小鸡都学会了在深颜色纸上找到食物。然后用更深颜色的纸代替原来的浅灰色纸。实验表明，小鸡不是在原来的深色纸上去找食物，而更多的是从更深颜色的纸上寻找食物。

在A纸和B纸的情境中，将食物放在颜色深的B纸上，经过训练，小鸡学会了在深颜色的B纸上找食物。此时，用颜色更深的D纸代替A纸，发现小鸡并非在与B颜色相同的C纸上找食物，而是从颜色更深的D纸上寻找食物。

苛勒认为，个体越能发现事物间的关系，则越能加以概括、推广，迁移越普遍。而对关系的发现、理解又是通过顿悟实现的。对事物之间关系的顿悟是迁移产生的机制。

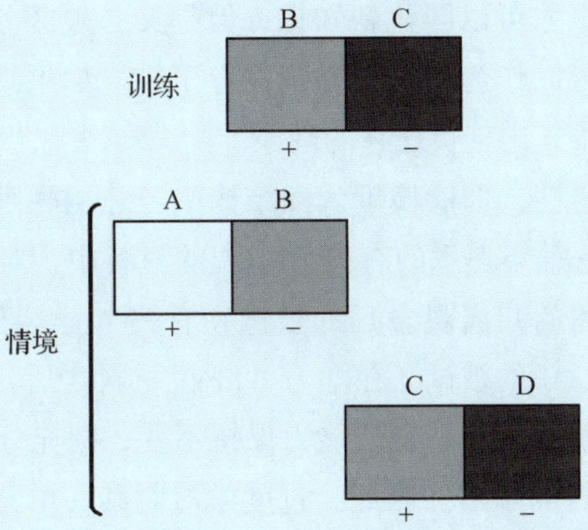

图8-3 “小鸡啄米”实验

五、认知结构理论

现代认知心理学家都重视认知结构，认为认知结构的形成是产生广泛迁移的根本。奥苏伯尔在有意义言语学习理论的基础上提出了认知结构迁移理论。所谓认知结构，指的是学生头脑内的知识结构。这一理论认为，一切有意义的学习都是在原有认知结构的基础上产生的，不受原有认知结构影响的有意义学习是不存在的。一切有意义的学习必然包括迁移，迁移是以认知结构为中介进行的，先前学习所获得的新经验，通过影响原有认知结构的有关特征影响新学习。

奥苏伯尔强调影响学习迁移的认知结构变量。例如，一个主要的认知结构变量——起固着作用的观念的可利用性。奥苏伯尔认为，当学习新的知识时，如果在学生原有知识结构中能找到适当的可以用于同化新知识的原有知识（包括概念、命题或具体例子等），那么该学生的认知结构就具有原有知识的可利用性；反之，当学习新知识时，如果在学生原有知识结构中找不到可以用于同化新知识的原有知识，那么该学生的认知结构就缺乏原有知识的可利用性。奥苏伯尔认为，原有知识的可利用性是影响新的学习和迁移的最重要因素，也是最重要的认知结构变量。他更强调上位的、包容范围大的、概括程度高的原有观念的作用。在学习新知识时，如果学生的认知结构缺乏这样的上位观念，教师就可以从外部给学生的认知结构嵌入这样的上位观念，使之起到吸收与同化新知识的作用，这种从外部嵌入的观念被称为先行组织者。

新的学习材料与认知结构中先前习得的概念之间的可分辨性，是另一个主要的认知结构变量。可分辨性指利用旧知识同化新知识时，学习者能意识到旧知识与新知识之间的异同点。可分辨性是建立在原有知识的巩固性的基础之上的。例如，在物理学中讲到雷达利用无线电波反射对远距离的物体进行侦察和定位时，教师可利用学生已知的回声知识同化新知识。学生必须意识到声波和无线电波之间有相似之处，只有意识到相似之处，原有知识才可以同化新知识，但是又必须区分两者的不同之处。知道不同之处，新的知识才可以作为独立的知识保存下来。如果缺乏可分辨性，学习者在学习新观念时会遇到困难，出现负迁移的现象。

新学习任务的可分辨性，也依赖于认知结构中与之相联系的现有观念的清晰性和稳定性。例如，在学习一篇不熟悉的有关 A 学说的材料中，对 B 学说有更多了解（认知结构中相联系的、相关的归属观念）的被试在有关 A 学说的测试中所取得的成绩，要高于那些不太了解 B 学说的被试。在学习 A 学说材料之后，向学生呈现一则组织类似、有关 A 学说的下属材料，如果言语能力保持不变，则充分了解 A 学说，同样能够促进对 A 学说的下属材料的学习。因此，过度学习对某一单元材料的保持，以及有关联的新材料的学习能产生影响，可能是因为过度学习增强了可分辨性。①

第三节　学习迁移与教学

尽管迁移现象普遍存在，但是，迁移不会自动发生。为迁移而教、促进学习迁移需要研究影响学习迁移的因素，掌握促进学习迁移的具体措施。

---

① 奥苏贝尔．意义学习新论：获得与保持知识的认知观［M］．毛伟，译．杭州：浙江教育出版社，2018：179－180．

一、影响学习迁移的主要因素

（一）相似性

学习材料作为学生学习的对象和知识的主要来源，对学习迁移有着重要的影响。根据桑代克和伍德沃斯学习迁移的共同要素说，迁移发生的条件之一，就是学习材料之间存在共同要素。而在实际的学习中，知识之间的共同要素往往潜藏在内部，这就要求学习者具有一定的辨别能力。培养这种能力，教师要给学习者提供练习认识事物之间同一性或相似性的机会，使学习者逐渐养成寻找材料之间共同之处的习惯。在学习中，辨别学习材料之间的相同点和不同点，是促进迁移的重要条件。这样，既有助于正迁移的发生，也能克服由于学习材料的相似可能带来的负迁移。

此外，相似性还包括学习情境的相似性。任何知识经验的获得和应用都和一定的情境有着密切的关系。从学习迁移的角度来讲，知识经验获得的情境与知识应用的情境在许多方面都密切相关。在两次学习活动之间，如果出现相似的环境、相同的场所、相同的学习者等，学习迁移就很容易产生。

（二）原有认知结构

认知结构是由人们过去对外界事物进行感知、概括的一般方式或经验所组成的观念结构。它的清晰性和稳定性直接关系到新知识学习的效果。一般来说，学习者拥有的相应的背景知识越丰富，越能主动地对这些知识加以应用，越有利于新的学习，即迁移越容易。原有的认知结构的概括水平对迁移起至关重要的作用。根据贾德的概括化理论，经验的概括水平越高，迁移的可能性越大，效果越好；经验的概括水平越低，迁移的可能性越小，效果也越差。学习策略的水平对迁移具有重要影响，学习者是否具有相应的认知技能或策略，是否具有对认知活动进行调节和控制的元认知策略都影响着迁移的产生，掌握必要的认知策略和元认知策略是提高迁移发生可能性的有效途径。

奥苏伯尔通过实验证实了原有认知结构的清晰性和稳定性可以有效地促进知识的迁移。实验中，先让被试学习基督教知识，并根据成绩分成中上和中下水平。然后，又将他们平均分成三组。在学习佛教材料之前，第一组先学习一个比较性组织者（表明佛教和基督教的不同），第二组先学习一个陈述性组织者（介绍一些佛教材料），第三组先学习一些有关佛教历史和传记的材料。实验后第三天和第十天分别进行效果保持测验。结果表明，凡是原先基督教知识掌握较好的被试，其保持效果均较好。[①]

（三）学习的心向与定势

研究表明，迁移不仅取决于两种学习之间固有的同一性或相似性的数量，而且还

① 张大均. 教育心理学［M］. 2版. 北京：人民教育出版社，2004：142.

与形成感知同一性的定势、寻求同一性的态度有关。心向与定势常常指的是同一种现象，即先于一定的活动而又指向该活动的一种动力准备状态。定势的形成往往是由于先前的反复经验，它将支配个体以同样的方式去对待后继的同类问题。正因如此，定势在迁移过程中也起到一定的作用。定势对迁移的影响表现为两种：促进和阻碍。定势既可以成为正迁移的心理背景，也可以成为负迁移的心理背景，或者成为阻碍迁移产生的潜在的心理背景。陆钦斯的“量杯实验”是定势影响迁移的一个典型例证。

以上所述的影响因素主要是从顺向迁移的角度进行的。在逆向迁移中，这些影响因素，如个体能否对比新旧经验、发现经验之间的区别和联系，在一定程度上也决定了逆向迁移的水平和可能性。除了上述所涉及的影响迁移的主要因素外，年龄、智力、学习者的态度、教学指导、外界的提示与帮助等，都在不同程度上影响着迁移的产生。①

二、有效促进学习迁移的措施

（一）创设有效的教学环境

有效促进学习迁移，首先要创设良好的教学环境。埃里克·德·科特（Erik De Corte）（2003）② 指出促进迁移的教学环境的要求包括五项。① 教学环境应支持建构学习。教学一方面强调学生积极、主动学习，另一方面，强调教师的教学，反对放任自流的学习。② 培养和发展学生学习的自我定向。自我定向高的学生更容易建立学习迁移。要使学生逐渐承担起更多的责任，成为自己学习和迁移的主体。③ 注重学习的社会文化环境。互动、合作学习能够促进学习迁移。④ 要使学习者面对具有挑战、富有个人意义的问题，为他们未来的学习提供准备。⑤ 培养课堂文化，使学生在学习和解决问题的过程中反思他们的认知和动机过程，培养学生有意识地这样去做，并且相信它们的价值。兰德·A. 恩格尔（Randi A. Engle）等（2012）从拓展和束缚的角度，对教学情境做了区分，提出了拓展的社会情境观点（见“一线研究”）。

一线研究

拓展的社会情境可以促进迁移

兰德·A. 恩格尔等（2012）综述了先期的迁移研究，从五个方面对拓展的社会情境促进迁移做了解释。研究者指出，教学情境可分为两种，一种是把上课仅作为是一次性事件，学生不会再次利用所学的内容。另一种则是在课堂上对一个

① 冯忠良等. 教育心理学［M］. 北京：人民教育出版社，2000：281.

② DE CORTE E. Transfer as the productive use of acquired knowledge, skills, and motivations［J］. Current Directions in Psychological Science, 2003, 12（4）: 142－146.

问题进行初步讨论，学生就将终身积极地参与其中。前者是束缚的，后者是拓展的。作者在2011年曾做了一个比较拓展的社会情境和束缚的情境的迁移效果的实验。研究发现，事实、概念性原则和学习策略迁移的可能性，前者是后者的两倍。拓展的社会情境与束缚的情境的对比见表8-2。

表8-2　拓展的社会情境与束缚的情境的对比

给定的情境	拓展的社会情境 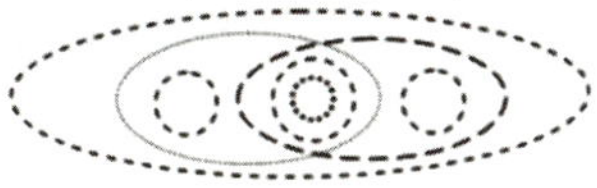 （显示促进迁移）	束缚的情境 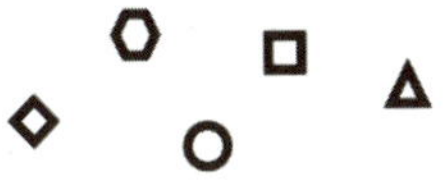 （显示阻碍迁移）
场景	要求学生具体说明可能出现的其他场景	不要求学生具体说明可能出现的其他场景
• 时间	• 将时间作为整体 • 提及其他时间 • 使用现在进行时（“你正在做”）	• 将各阶段作为单独事件 • 不提及其他时间 • 使用过去完成时（“你现在完成了”）
• 地点	• 界定地点为“大学”，并提及其他地点	• 界定地点为“这个教室”，不提及其他地点
• 参与者	• 包括所提到的任何人 • 问学生如何解释他们的想法	• 仅涉及参与者 • 仅让学生解释教材内容
教师的角色	有思想的作者，对教材做出回应	代言人，教材内容的接收者
• 讲授	• 将教材作为资源，解释他们的想法	• 让学生用自己的话解释教材中每句话
• 定位	• 回应学生的解释	• 重新表述教材内容

研究认为，拓展的社会情境促进迁移包括五个方面：

(1) 培养学生对他们此前所学知识的期望，并在后续学习中持续运用此前所学的知识，从而促进迁移。

(2) 在学习和迁移情境之间建立联系，使得先前的学习在可能的迁移环境中看起来是相关联的。

(3) 鼓励学习者在学习过程中利用他们已有的知识，这可能使他们在其他的例子和概括中发生迁移。

(4) 让学习者对他们所撰写的特定内容负责，学生更有可能在迁移情境中使用这些内容。

(5) 使学生认识到他们的作用是面对新问题，他们有自己的解决办法，同时使他们现有的知识适应于迁移情境。

——资料来源：ENGLE R A, LAM D P, MEYER X S, et al. How does expansive framing promote transfer? Several proposed explanations and a research agenda for investigating them. [J]. Educational Psychologist, 2012,47(3): 215－231.（有改动）

（二）关注知识经验，完善认知结构

根据前述认知结构与学习迁移关系的研究，在教学中，教师要关注学生已有的知识经验，完善认知结构。首先，要注意学生原有认知经验的丰富性。教师要关注学生在新学习开始之前，是否具备了必要的知识储备。一般来说，已有的知识经验越丰富，越有利于新的学习，迁移越容易产生。其次，教师要关注学生原有知识经验的概括性与组织性。学生原有的知识经验越概括，越不受事物表面特点的制约，越从结构特性着眼，对新情况、新问题的适应性就越广，就越能产生广泛的迁移。最后，教师要关注学生原有知识经验的可利用性。教师在教学过程中，除了关注学生对知识内容本身的掌握，还需要使学生明白何时、何处、如何迁移某种经验，让学生拥有迁移的心向，沿着正确、合理的程序分析问题，提高已有知识经验的可利用性。结合实际学科的教学来教授有关的学习策略和元认知策略是达到这一目标的有效手段。

数学是一门系统性、逻辑性强的学科，各部分知识组成了一个纵横交错、紧密联系的知识网。一个新知识都是在已有知识的基础上发展的，这就要求教师善于根据具体的教学任务，进行新旧知识的转化，达到触类旁通，实现知识的迁移（见“一线课堂”）。

一线课堂

“分数除法”一课的教学

“分数除法”是小学阶段四则运算学习的最后一个单元，它的学习方法、思路很大程度上和“分数乘法”“整数除法”“小数除法”等是相通的。

1. 引入学习内容

师：从一年级开始，我们就和计算交上了朋友，现在我们和它算是老朋友了。（出示下图）你们看，“数的运算”这棵知识树长得枝繁叶茂！

师：上一单元我们刚刚学习了分数乘法，猜一猜，这节课我们将要学习什么？

生：应该会学习分数的除法吧。

师：对！今天就让我们走进整数、小数、分数四则运算的最后一个单元——分数除法。

（揭示单元课题：分数除法）

师：对于分数除法，可以从哪些方面研究呢？

（学生陷入思考）

师：我们不妨先打开整数除法和小数除法的知识包，看一看有什么启示。

生：我认为可以研究计算的方法。

生：还有运算的意义。

师：真好！这节课我们就从这两个方面来研究分数除法. 学习知识遵循从易到难的顺序，所以我们从“分数除以整数”开始研究吧。

2. 确定研究方法

师：上个单元我们学习了分数乘法，分数乘法的学习中有什么好的方法可以用于分数除法的研究呢?

生：可以举例子。

生：可以折一折、涂一涂。

师：通过举例使问题变得具体，通过动手操作把抽象的问题转化成直观的图形，都是研究问题的好办法。

“数的运算知识树”“整数除法的意义、计算方法及学习方法”“小数除法的意义、计算方法及学习方法”等知识包，唤起学生对已有知识的回忆，引导学生运用同样的思路和方法开展“分数除法”的学习。回顾上一单元“分数乘法”的学习方法（如举例子，利用长方形折、涂等），让学生体会到数学知识不是孤立的，借助已有的学习经验同化新知。

这样的教学，不是就计算讲计算，而是将计算学习的横纵联系、思维脉络清晰地展现出来。促进了学生知识的迁移类推，凸显运算意义。

——资料来源：王钊. 迁移 理解 内化：以“分数除法”为例谈学生运算能力的培养［J］. 小学数学教师，2017（10）：44－48.（有改动）

思考：结合专业，从完善认知结构的角度，设计促进知识迁移的教案。

（三）选择教学内容，安排教学过程

在实际教学中，要根据学习迁移的规律，选择教学内容，安排教学过程。具体来说，要做好以下方面的工作。

精选教材。要想使学生在有限的时间内掌握大量的有用的经验，教学内容就必须精选。精选的标准就是迁移规律，即应选择那些具有广泛迁移价值的科学成果作为教材的基本内容。在选择这些基本的经验作为教材内容的同时，还必须包括基本的、典型的事实材料，并阐明概念、原理的适用条件。随着科学技术的迅速发展，教材的精选还要注意变化和更新，及时吸纳更重要的、迁移范围更广的科学新成果。

合理编排教学内容。精选的教材只有通过合理的编排才能充分发挥其迁移的效能，否则迁移效果小，甚至阻碍迁移的产生。从迁移的角度来看，合理编排的标准就是使

教材达到结构化、一体化、网络化。结构化是指教材内容的各构成要素具有科学的、合理的逻辑联系，能体现事物的各种内在关系。只有结构化的教材，才能在教学中促进学生重构教材结构，进而建构合理的心理结构。一体化指教材的各构成要素能整合为具有内在联系的有机整体。只有一体化的教材，才能通过同化、顺应与重组的相互作用，不断构建心理结构。为此，既要防止教材中各要素之间的相互割裂，支离破碎，又要防止相互干扰或机械重复。网络化是一体化的引申，指教材各要素之间要互相沟通，要突出各种基本经验的联结点、联结线，这既有助于了解原有学习中存在的断裂带及断裂点，也有助于预测以后学习的发展带、发展点，为迁移的产生提供直接的支撑。

合理安排教学程序。合理编排的教学内容是通过合理的教学程序得以体现、实施的，教学程序是使有效的教材发挥功效的最直接的环节。教学程序应从两个方面来考虑。宏观方面，指对学习的先后顺序的整体安排。微观方面，指对具体的每一节课的安排。无论宏观还是微观，都应体现迁移规律。在宏观上，应将基本的知识、技能和态度作为教学的主干结构，并依此进行教学。在微观上，依据从已知到未知、从简单到复杂、由具体到抽象等顺序来沟通新旧经验，进行经验建构。在激发学习动机、引入新内容、揭示重点、难点、反馈等环节都应精心设计，以利于学生真正理解、掌握所学习的内容，并能将所掌握的内容进行适当的迁移。同时，还要注意各堂课所教内容之间的衔接，建立合理的经验结构。对于学生所学内容，教师要帮助他们进行整理、提炼，使之融会贯通。①

简言之，在教学过程中的每一个环节都应努力遵循迁移规律，为迁移而教不是为此设置单一的课程，教师需要在充分理解迁移规律及其影响因素的基础上，通过每一项教育活动为促进学生积极主动地迁移创设环境和条件。

一线研究

“提前告知”对学习和迁移的影响

施瓦尔茨（Schwartz）等人（2011）认为学习者在解决问题之前，被告知程序和概念会无意中破坏物理科目中深层结构的学习，也会影响学生的学习迁移。研究者选取了 128 名八年级学生，分层随机分配到“告知–练习”组（tell-and-practice，T&P），“实例发明-对照”组（invent-with-contrasting-cases，ICC）。

在实验之前，“告知–练习”组被告知相关的概念和公式（例如，密度）。“实例发明–对照”组必须使用相同的实例发明公式。两个组的学生完成三个课程的学习，课程设计涵盖密度和速度离散或连续问题。为了测试两个实验条件对迁移的

① 冯忠良等. 教育心理学［M］. 北京：人民教育出版社，2000：283－285.

影响，给予了立即迁移任务和延迟迁移任务（21 天后）。

结果显示，“实例发明-对照”组更好地学习了物理现象的比率结构，并且能够更频繁、更系统地迁移到具有比率结构的其他物理量上（例如，劲度系数）。21 天后延迟迁移任务结果表明，“实例发明-对照”组的学生比“告知-练习”组的学生取得更好的迁移效果。这有可能是因为“告知-练习”组专注于应用提前被告知的内容，而错过了问题情境中的深层结构。不管是“告知-练习”组还是“实例发明-对照”组，迁移问题的实例越多，迁移效果越好。由此也可以看出学习迁移是建立在学生对深层结构理解的基础之上。

——资料来源：SCHWARTZ D L，CHASE C C，OPPEZZO M A，et al. Practicing versus inventing with contrasting cases：The effects of telling first on learning and transfer［J］. Journal of Educational Psychology，2011，103（4）：759－775.

思考：结合专业与实际情况，谈谈如何安排教学过程可以有效促进学生知识迁移。在人文学科中，提前教授程序或概念对学习和迁移是否会有影响？

本章小结

学会学习是适应未来社会生活的必要条件，其中，能够主动而有效地迁移是最主要的条件。学习迁移是指一种学习对另一种学习的影响。只有通过广泛的迁移，原有的经验才能得以改造，从而有效调节个体的活动，解决实际的问题。迁移现象多种多样，研究者从不同的角度对迁移进行了分类：根据迁移结果的不同，迁移可分为正迁移和负迁移；根据迁移发生方向的不同，迁移可分为顺向迁移和逆向迁移；根据迁移内容的不同，迁移可分为一般迁移和具体迁移；根据迁移内容的抽象概括水平的不同，迁移可分为横向迁移和纵向迁移；根据迁移过程中所需的内在心理机制的不同，迁移可分为同化性迁移、顺应性迁移与重组性迁移。此外，还可将其分为直接应用的迁移与指向未来的迁移。

围绕迁移的基本过程，不同学者提出了不同的学习迁移理论。沃尔夫等人提出了形式训练说，这是最早的关于迁移的理论，其心理学基础是官能心理学。该理论认为人的心智由不同的官能组成，不同的官能活动相互配合就构成各种各样的心理活动，各种官能可以通过训练增加力量，而迁移是无条件的、自动发生的。桑代克和伍德沃斯根据实验否定了形式训练说，提出了共同要素说，该理论认为迁移是有条件的，只有当学习情境和迁移测验情境存在共同成分时，才能产生迁移。贾德进一步拓展了共同要素说，提出了概括化理论，也被称为“经验类化说”。其基本观点是，个体在经验中学到的原理是迁移发生的主要原因，迁移的发生不在于任务间的表面相似性，而在于被试是否获得对有关知识的概括化理解，对原理掌握得越好，在新情境中学习迁移效果就越好。格式塔心理学家从理解事物关系的角度对概括化迁移理论进行了重新解释，并通过实验证明迁移产生的实质是个体对事物间的关系的顿悟，其代表人物是苛勒。奥苏伯尔在有意义言语学习理论的基础上提出了认知结构迁移理论。这一理论认为，一切有意义的学习都是在原有认知结构的基础上产生的，而一切有意义的学习必然包括迁移，迁移是以认知结构为中介进行的，先前学习所获得的新经验，通过影响原有认知结构的有关特征影响新学习；影响学习迁移产生的关键变量是原有认知结构的可利用性、可分辨性和稳定性。

在实际教学中，要使学生做到学习迁移并不容易。首先要研究影响学习迁移的主要因素，进而掌握和采取能够促进学习迁移的具体措施。影响学习迁移的主要因素有：① 学习材料的相似性；② 学习者原有认知结构；③ 学习的心向和定势。此外，年龄、智力、学习者的态度、教学指导、外界的提示与帮助等，也在不同程度上影响着迁移的产生。为了有效促进学习迁移，教师可以采取如下措施：① 创设有效的教学环境；② 关注知识经验，完善认知结构；③ 选择教学内容，安排教学过程。

本章名词术语

学习迁移是指一种学习对另一种学习的影响。

正迁移是指一种学习对另一种学习起到积极的促进作用。

负迁移是指一种学习对另一种学习产生阻碍作用。

顺向迁移是指先前学习对后继学习产生的影响。

逆向迁移是指后继学习对先前学习产生的影响。

一般迁移是指在一种学习中所习得的一般原理、方法、策略和态度对另一种具体内容的学习的影响，即将原理、策略和态度具体化，运用到具体的事例中去。

具体迁移是指学习迁移发生时，学习者原有的经验组成及其结构没有变化，只是将一种学习中习得的经验要素重新组合并移用到另一种学习之中。

横向迁移是指在难度、复杂程度和概括层次上处于同一水平的先行学习内容与后继学习内容、学习活动之间产生的影响。

纵向迁移指先行学习内容与后续学习内容是不同水平的学习活动之间产生的影响。

近迁移是把所学的经验迁移到与原先的学习情境比较相近的情境中。

远迁移是个体将所学的经验迁移到与原先学习情境极不相似的其他情境中。

高通路迁移是指有意识地将某种情境中学到的抽象知识运用到新的情境中。

低通路迁移是高度练习过的技能自动迁移。

自下而上的迁移是指下位的较低层次的经验影响上位的较高层次的经验的学习。

自上而下的迁移是指上位的较高层次的经验影响下位的较低层次的经验的学习。

同化性迁移是指不改变原有的认知结构，直接将原有的认知经验应用到本质特征相同的一类事物中去。

顺应性迁移是指将原有认知经验应用于新情境中时，需调整原有的经验或对新旧经验加以概括，形成一种能包容新旧经验的更高一级的认知结构，以适应外界的变化。

重组性迁移是指重新组合原有认知系统中某些构成要素或成分，调整各成分间的关系或建立新的联系，从而应用于新情境。

直接应用的迁移是指熟练技能的自动迁移。

指向未来的迁移是指抽象知识在新情境中自觉被应用的迁移。

认知结构是指由人们过去对外界事物进行感知、概括的一般方式或经验所组成的观念结构。

心向是指先于一定的活动而又指向该活动的一种动力准备状态，也被称为定势。

第九章

学习策略

"授人以鱼，不如授人以渔。"

——佚名

"一寸光阴一寸金。"

——王贞白

"少壮不努力，老大徒伤悲。"

——《长歌行》

第一节 学习策略概述

一、学习策略的概念特征

教会学生学习、教会学生思考是世界各国关注的焦点问题。学习策略的获得与知识学习、技能形成一样是教学的重要目标。所谓学习策略，是指在学习过程中，学习者为了达到有效学习的目的而采用的规则、方法、技巧及其调控方法的总和，它能够根据学习情境中的各种变量、变量间的关系及其变化，对学习活动和学习方法的选择与使用进行调控。

对于学习策略，学界至今不仅定义不统一，而且定义之间存在明显的分歧。因此，把握其主要特征十分重要。概括而言，学习策略具有四个主要特征。

（1）主动性

学习时，学习者先要分析学习任务和自己的特点，然后根据这些条件，制订适当的学习计划。对于较新的学习任务，学习者总是在有意识、有目的地思考着学习过程的计划。只有反复使用同一学习策略才能达到自动化的水平。

（2）有效性

所谓策略，实际上是相对效果和效率而言的。一个人在做某件事时，使用最原始的方法，最终也可能达到目的，但效果不好，效率也不会高。比如，记忆一列英语单词，如果一遍又一遍地朗读，只要有足够的时间，最终也会记住。但是，保持时间不会长，记得也不是很牢固；如果采用分散复习或尝试背诵的方法，记忆的效果和效率一下子会有很大的提高。

（3）过程性

学习策略是有关学习过程的策略。它规定学习时做什么不做什么、先做什么后做什么、用什么方式做、做到什么程度等诸多方面的问题。

（4）程序性

学习策略是学习者制订的学习计划，由规则和技能构成。每一次学习都有相应的计划，每一次学习的学习策略也不同。但是，相对同一种类型的学习，存在着基本相同的计划，这些基本相同的计划就是常见的一些学习策略。除了上述概括，学习策略的特点还可以从应用角度进行概括，专栏 9-1 是刘电芝、黄希庭（2002）总结的五个学习策略特点。

专栏 9-1

从应用角度看学习策略的特点

- 可指总的学习思路与方法，也可以指具体的活动或技巧。
- 可能是外部行为，即外显的操作程序与步骤，如 SQ3R 阅读法；也可能是内部的心理活动，如内隐的思维过程。
- 对学习的影响，有的是直接影响，例如记忆策略、组织策略；有的是间接影响，如情感策略、社会策略。
- 对策略的运用，可能意识得到，也可能意识不到。高水平的策略使用者，策略的使用已相当熟练，达到了自动化的水平，对策略使用的意识水平即便不高，但当要求描述策略的内容，特别是当要求他们注意自己的活动时，也能意识到所用的策略；低水平的策略使用者，往往是随机地、盲目地使用，对策略的应用通常处于无意识状态。
- 策略的应用有水平层次之别。例如，同是复述策略，有可能是简单地按次序复述，也可能是选择陌生的或重点的内容复述。

——资料来源：刘电芝，黄希庭．学习策略研究概述［J］．教育研究，2002，23（2）：78－82．（有改动）

二、掌握学习策略的意义

（一）学会学习的必然要求

随着科技的迅速发展和知识的不断更新，社会要求每个社会成员成为终身学习者。授人以鱼，不如授人以渔。学会学习是社会对每个社会成员的必然要求。学习策略有助于提高学习质量和学习效率，因此，现代教学应该将学习策略作为教学的重要内容，达到“教是为了不教”的目的。

（二）主体性教学的要求

教学改革的一项重点就是要转变学生的学习方式，由被动学习转向积极主动学习。教师在教学中起着主导作用，引导学生主动掌握有效的学习策略是教师主体性的重要体现。学生是学习活动的主人，他们的学习积极性是保证达到学习目标的基础。学生只有主动地学习、主动地对学习内容进行认识、主动地接受教师的指导和帮助，才能实现自己的发展。无论是要发挥学生发展的主体性还是学习过程的主体性，都涉及学生对学习策略的掌握。

（三）提高学习质量的要求

在众多影响学习质量的因素中，学习策略是最重要的因素之一。学习活动和认知活动都涉及相应的效率问题。学习策略能够提高学习效率，从而提升学习效果。尽管每个学习者通过努力都能够达到掌握学习材料的程度，但这种掌握的效率受到学生学习策略的影响。掌握学习策略有助于提高学习效率，使学习事半功倍。不仅能改进学生的学习，提高学习质量，而且，能促进或改进因学习策略掌握不好或智力发育迟滞学生的学习成效，在一定程度上减轻他们学习的困难。

掌握学习策略现已成为衡量学生学会学习、学会思考的根本标志。学习策略作为指向认知目标的一种心理操作，既是儿童问题解决的重要组成部分，同时也是促进儿童认知发展的重要途径。因此，学习策略的掌握十分重要。研究表明，生成性绘图和合作学习是提升学习效果的学习策略（见“一线研究”）。

一线研究

生成性绘图与合作对学生学习效果的影响

生成性绘图是指学习者将学习内容以图画的形式表达出来，以提高对学习内容的理解从而提升学习效果的一种学习策略。合作学习在日常教学过程中被广泛应用，能够调动学生的主观能动性，增加学生之间的交流与互助。那么，同时使用生成性绘图与合作两种学习策略能否有效提高学习者的学习效果呢？有研究人员对此进行了研究。

研究人员在武汉市某中学选取高一年级学生113人进行了实验，采取2（合作组、个体组）×2（绘图组、阅读组）的被试间设计。实验材料为文字版和图文结合版的“闪电的形成”，如图9-1所示。首先对学生进行前测，根据学生对气象知识的掌握筛选出符合条件的学生进行实验；接着将学生随机分为合作阅读、个体阅读、合作绘图、个体绘图四个组对实验材料进行学习；在学生分组学习时，对各个实验组的学习效果（保持成绩、迁移成绩）和主观评定（认知负荷、学习兴趣）进行测量，从而探究不同组的学习效果、认知负荷和学习兴趣。

研究结果表明，生成性绘图和合作都可以有效促进高中生对科学知识的学习效果；生成性绘图能够降低学习者的内在认知负荷；合作能够降低学习者的内在认知负荷和外在认知负荷，提高学习者的相关认知负荷和学习兴趣。

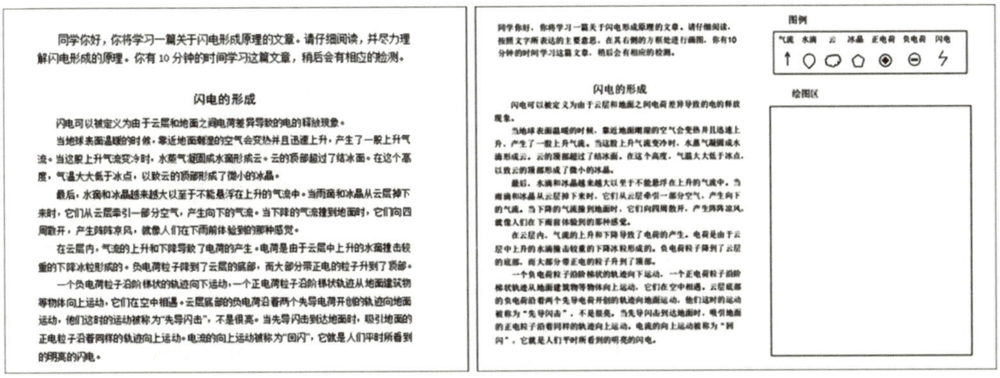
同学你好，你将学习一篇关于闪电形成原理的文章。请仔细阅读，并尽力理解闪电形成的原理。你有10分钟的时间学习这篇文章，稍后会有相应的检测。

闪电的形成

闪电可以被定义为由于云层和地面之间电荷差异导致的电的释放现象。

当地球表面温暖的时候，靠近地面潮湿的空气会变热并且迅速上升，产生了一股上升气流。当这股上升气流变冷时，水蒸气凝固成水滴形成云。云的顶部超过了结冰面。在这个高度，气温大大低于冰点，以致云的顶部形成了微小的冰晶。

最后，水滴和冰晶越来越大以至于不能悬浮在上升的气流中。当雨滴和冰晶从云层掉下来时，它们从云层牵引一部分空气，产生向下的气流。当下降的气流撞到地面时，它们向四周散开，产生阵阵凉风，就像人们在下雨前体验到的那种感觉。

在云层内，气流的上升和下降导致了电荷的产生。电荷是由于云层中上升的水滴撞击较重的下降冰粒形成的。负电荷粒子降到了云层的底部，而大部分带正电的粒子升到了顶部。

一个负电荷粒子沿阶梯状的轨迹向下运动，一个正电荷粒子沿阶梯状轨迹从地面建筑物等物体向上运动，它们在空中相遇。云层底部的负电荷沿着两个先导电荷开创的轨迹向地面运动，他们这时的运动被称为“先导闪击”，不是很亮。当先导闪击到达地面时，吸引地面的正电粒子沿着同样的轨迹向上运动。电流的向上运动被称为“回闪”，它就是人们平时所看到的明亮的闪电。

同学你好，你将学习一篇关于闪电形成原理的文章。请仔细阅读，按照文字所表达的主要意思，在其右侧的方框处进行画图，你有10分钟的时间学习这篇文章，稍后会有相应的检测。

闪电的形成

闪电可以被定义为由于云层和地面之间电荷差异导致的电的释放现象。

当地球表面温暖的时候，靠近地面潮湿的空气会变热并且迅速上升，产生了一股上升气流。当这股上升气流变冷时，水蒸气凝固成水滴形成云。云的顶部超过了结冰面。在这个高度，气温大大低于冰点，以致云的顶部形成了微小的冰晶。

最后，水滴和冰晶越来越大以至于不能悬浮在上升的气流中。当雨滴和冰晶从云层掉下来时，它们从云层牵引一部分空气，产生向下的气流。当下降的气流撞到地面时，它们向四周散开，产生阵阵凉风，就像人们在下雨前体验到的那种感觉。

在云层内，气流的上升和下降导致了电荷的产生。电荷是由于云层中上升的水滴撞击较重的下降冰粒形成的。负电荷粒子降到了云层的底部，而大部分带正电的粒子升到了顶部。

一个负电荷粒子沿阶梯状的轨迹向下运动，一个正电荷粒子沿阶梯状轨迹从地面建筑物等物体向上运动，它们在空中相遇。云层底部的负电荷沿着两个先导电荷开创的轨迹向地面运动，他们这时的运动被称为“先导闪击”，不是很亮。当先导闪击到达地面时，吸引地面的正电粒子沿着同样的轨迹向上运动。电流的向上运动被称为“回闪”，它就是人们平时所看到的明亮的闪电。

图9-1 实验材料：文字版和图文结合版的“闪电的形成”

因此，教师在教学时可以引导学生运用生成性绘图的学习策略，主动对知识进行建构。同时可以将合作与生成性绘图进行结合，有效提高学生学习兴趣的同时，又能够提升学生的学习效果。

——资料来源：张洋，张婉莹，王燕青，等. 生成性绘图与合作对高中生科学知识学习的影响［J］. 心理发展与教育，2022，38（6）：830－838.（有改动）

第二节 学习策略的类别与方法

一、学习策略的分类

学习策略的分类众多，其中有影响的是麦基奇（McKeachie）等人（1990）的分类。学习策略被分为认知策略、元认知策略和资源管理策略三部分。认知策略是信息加工的策略；元认知策略是对信息加工过程进行调控的策略；资源管理策略则是辅助学生管理可用的环境和资源的策略，它对学生的动机具有重要的作用。随着研究的深入，不同的研究者提出了种类繁多、各具特色的学习策略。常用的学习策略及方法见表9-1。成功地使用这些策略及方法，能够帮助学生提高学习效率，帮助教师提升教学质量。

表 9-1　常用学习策略的类别与方法

学习策略	策略类别	策略方法
认知策略	复述策略	及时复习，分散复习，过度学习，运用有意识记和无意识记，排除相互干扰，多种感官参与识记，整体识记与部分识记相结合，复习形式多元化等
	精加工策略	画线法，笔记法，提问，生成性学习，运用背景知识，联系实际等
	组织策略	列提纲，利用图形和表格，概念图等
元认知策略	计划策略	设置目标等
	监控策略	注意跟踪，自我提问，监控时间、速度等
	调节策略	调整速度，重新学习等
资源管理策略	时间管理策略	统筹安排学习时间，高效利用最佳学习时间，灵活利用零碎时间等
	环境管理策略	调节自然条件，设计好学习空间等
	努力管理策略	激发内部学习动机，树立正确的学习信念，选择有挑战性的任务，调节成败的标准，正确归因，自我奖励等
	资源利用策略	利用图书馆、广播电视以及电脑与网络，利用老师的帮助、同学间的合作等

从信息加工的角度看，学习过程实质上是信息的编码、识记、保持、提取等的一系列过程。认知策略是学习过程中对信息进行加工的方式方法。从信息的选择、获得、构建、综合的角度进行分类，可将认知策略分为复述策略、精加工策略和组织策略三类。复述策略是为了在记忆中保持信息，对信息进行重复识记的策略。复述策略的作用主要是保持信息，是一种较低水平的信息加工策略。精加工策略是一种更高水平的精细的信息加工策略，需要学习者在意义理解的基础上进行信息加工，常用的方法有画线法、笔记法等。精加工策略是一种理解性的记忆策略，它和复述策略结合使用可以显著提高记忆效果。组织策略是将经过精加工提炼出来的知识点加以构造，形成更高水平的知识结构的信息加工策略，常用方法有列提纲、概念图等。

元认知是当前教育心理学研究中的热门课题。20 世纪 70 年代，美国心理学家弗拉维尔（Flavell）最先提出这一概念。元认知是对自身认知的认知，认知活动包括感觉、知觉、记忆、思维、想象，元认知则是对这些认知活动的认知。元认知是个人对自己的认知过程及结果的意识与控制。一般认为，元认知主要包括元认知知识、元认知体验和元认知监控三种成分。元认知知识是个体关于自己或他人的认识活动、过程、结果以及与之有关的知识。元认知体验是个体伴随认知活动产生的认知体验或情感体验。元认知监控指个体在认知活动中，对自己的认知活动进行积极的监控和相应的调节，以达到预定目标。元认知策略包括计划策略、监控策略和调节策略。

元认知计划是根据认知活动的特定目标，在一项认知活动之前计划各种活动，预计结果、选择策略、想出各种解决问题的方法，并预估其有效性。一个完整的计划策略包括预测结果、设置学习目标、决策分析、有效分配时间、评估有效性、拟定细则等环节。

元认知监控是在认知活动进行的实际过程中，根据认知目标及时评价、反馈认知活动的结果与不足，正确估计自己达到认知目标的程度、水平；并且根据有效性标准评价各种认知行动、策略的效果。元认知监控策略包括阅读时对注意加以跟踪、对材料进行自我提问、考试时监视自己的速度和时间。

元认知调节是根据对认知活动结果的检查，以及对认知策略的效果的检查，及时修正、调整认知策略。元认知调节策略与监控策略有关。当学习者意识到不理解课程的某一部分材料时，他们就会退回去读困难的段落、在阅读困难或不熟的材料时放慢速度、复习他们不懂的课程材料，测验时跳过某个难题，先做简单的题目等。调节策略能帮助学生矫正他们的学习行为，让他们对理解上的不足进行补救。

资源管理策略是有效地管理和利用资源，以提高学习效率和质量的策略。资源管理策略主要有时间管理策略、环境管理策略、努力管理策略和资源利用策略。时间是稀有资源，是一切活动得以进行的基础。只有珍惜时间，充分利用、有效管理时间才能使学习卓有成效。时间管理要做到统筹安排学习时间，高效利用最佳时间，灵活利用零碎时间。营造良好的学习环境也是学习成功的一项条件。学习时，要注意调节自然条件，做到空气流通、温度适宜、光线明亮、色彩和谐。还要设计好学习的空间，考虑空间范围、室内布置、用具摆放等因素。采用努力管理策略，要注意激发内在动机，树立正确的学习的信念，选择有挑战性的任务，调节成败的标准，做到正确归因、自我奖励。资源利用策略主要包括两方面，一是学习工具的利用，指善于利用参考资料、工具书，图书馆、广播电视及电脑与网络等；二是社会性人力资源的利用，指善于利用老师的帮助及通过同学间的合作与讨论来加深对内容的理解。

二、常用学习策略

（一）复述法

复述策略是为了在记忆中保持信息，对信息进行重复识记的策略。口头重复一个电话号码，使之保持在短时记忆中，这是简单的复述。对于复杂任务，需要根据识记规律，采取多种多样的方式方法，例如，及时复习，分散复习，利用无意识记和有意识记，排除识记材料之间的相互干扰，采用整体识记和分段识记等，来提高复述的效率。此外，复述策略的使用还应结合学科特点。新一轮课程改革倡导一线小学语文教师对复述教学进行再认识与反思，在语文教学中落实对学生复述能力的培养。叶福艳（2018）对如何组织课堂复述进行了探讨（见“一线课堂”）。

一线课堂

给孩子一把口语表达的金钥匙

复述是一种练习说话的方式，也是一种促进书面语言长时记忆的途径。实际教学中的复述，存在着拘泥文本、突出识记、弱化创新和情趣的问题。通过营造复述的语境，配上指导学生复述的有效方法，就可以避免这些问题。例如，可以利用思维导图帮助复述。《蜘蛛开店》一课设计了如下的复述环节。

- 提示学生将故事分为 4 个部分后进行讲述：为什么开店——卖口罩——卖围巾——卖袜子。
- 对故事的后 3 个部分，引导学生抓住 4 个要点来讲：卖什么——写招牌——顾客来了——出现的具体场景。
- 老师给每个小组准备好一张蜘蛛网形思维导图，每人练习讲一个角色。要求学生一边用手指着示意图，一边讲述。
- 创设讲话的语境：今天，我们班就要开一场故事大会。看一看谁能勇夺“最佳故事人”奖。
- 出示思维导图及讲、听的要求。
- 请学生代表上台展示。
- 师生结合“听的要求”进行评奖。

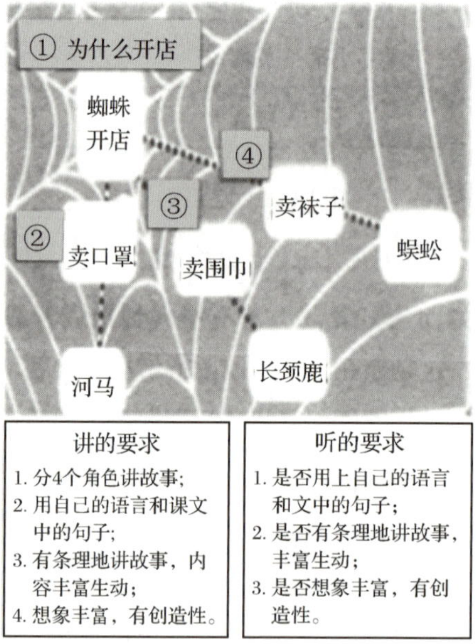

图 9-2　《蜘蛛开店》思维导图

当学生复述时，教师应多一些耐心，即便是学生复述得不尽如人意，我们也依然要多一些等待，多一些方法，让学生意识到复述并不困难。聆听学生的复述时，要多一些表扬，少一些埋怨，要让每个参与复述的学生都能感受到自己的进步与成功。只有这样，学生的复述水平才会越来越高。将复述训练与课文教学紧密结合起来，给每个学生一把口语表达的金钥匙。

——资料来源：叶福艳. 复述，给孩子一把口语表达的金钥匙：部编二年级教材中课文复述的有效方法探究 [J]. 小学语文，2018 (Z2)：27 - 31. (有改动)

(二) 笔记法

记笔记是阅读和听讲中较为普遍运用的精加工策略。从信息加工的角度看，做笔记有助于对材料进行编码，同时还具有外部存储功能。做笔记包括摘抄、评注、加标题、写段落概括语及结构提纲等。研究表明，学生不但可以借助笔记来控制自己的注意和信息加工过程，而且能够发现新知识的内在联系，帮助自己在新旧知识之间建立联系。

教师应该帮助学生记好笔记和复习笔记。在课堂上的讲解，教师应突出重点，逻辑清晰。教师还应传授给学生记笔记的一些技巧，例如，在笔记本的右边留出3—6厘米的空白，除了笔记正文外还要随时记下老师讲的关键词、例子、证据及自己的疑问和感想。在笔记本上，可预先设计出帮助记录和思考的问题。例如，“这一课我已知道哪些”“这一课的要点和关键术语是什么”“用3—5句话概述这一课的要点”“我仍然不解的问题是什么”。教师不仅要督查指导学生做好笔记，而且还应督查学生复习、思考笔记中的观点。

专栏9-2

短小精练的摘录式笔记

在课堂上，老师传授的知识，有时只做提要或提纲式的记录是不够的，还需要摘录老师讲的某些原句、原话。摘录时，一方面要准确无误地记录关键内容，另一方面不能随便改动知识的结论。像历史课中的年代、人名，地理课中的方位、面积、人口等，属于第一种情况。像数学课中讲的定理、定律、公式，政治、语文等课程中的定义和基本规律等，属于第二种情况。这些内容都是不能够出错的，因此要迅速地把老师的原话记下来。

——资料来源：武瑞恒. 状元笔记 高中生版 高中三年快速提高学习成绩的高效学习法 [M]. 武汉：湖北教育出版社，2015：63 - 64. (有改动)

一线研究

电脑抄写笔记策略的作用

一般认为，工作记忆对于记笔记很重要，工作记忆差就不能做好笔记。栋·C. 布伊（Dung C. Bui）等（2012）研究发现，工作记忆不良的学生，如果运用电脑抄写策略，仍然可以有效记笔记。

研究分三个实验。实验一选取 80 名本科生（53 名女生，27 名男生；平均年龄 19.2 岁，标准差 1.2），采用 2（指令：归纳、抄写）×2（方法：手写、计算机记录）被试间实验设计。归纳指令下要求被试尽可能地解释和组织他们的笔记，而抄写指令下要求尽可能多地记录演讲内容。手写条件下为被试提供纸笔，计算机记录条件下要求使用 Word 生成打字文档。实验一的结果表明，使用计算机抄录演讲笔记不仅可以增加笔记的数量，而且对自由回忆和简短回答测试都有好处。

实验二选取 76 名本科生（37 名女生，39 名男生；平均年龄 19.4 岁，标准差 1.3），采用 2（指令：归纳、抄写）×2（测试延迟：立即，延迟）被试间实验设计。结果表明，自由回忆和简短回答测试的结果与实验一中的结果相同，那些用计算机抄写的被试比那些归纳的被试在即时自由回忆和简短回答测试中有更好的表现，在延迟测试（24 小时后）中的表现却与即时测试中相反，归纳后的笔记能产生最好的回忆。这说明归纳后的笔记可能有比试图抄写讲座内容更高的存储强度，因此这些内容在 24 小时的延迟时间内，检索强度几乎没有下降。

实验三选取 72 名本科生（47 名女生，25 名男生；平均年龄 19.0 岁，标准差 0.9 岁）。材料。所用材料与实验一和二中使用的材料相同。采用 2（指令：归纳、抄写）×2（是否学习笔记：学习，不学习）被试间实验设计。讲座结束后，所有的被试都完成了阅读跨度任务（Reading span task）和词汇决定任务（Lexical decision task），之后一半的被试被要求学习笔记 5 分钟。24 小时后，被试返回接受延迟测试。当允许被试学习笔记的情况下，那些试图抄写演讲稿的学生比那些有归纳地做笔记的人表现出更出色的延迟回忆。这些结果表明，在实验一中，如果学生在讲座结束后不久有一个短暂的机会学习他们的笔记，抄写策略的好处可以保持至少 24 小时。

——资料来源：BUI D C, MYERSON J, HALE S. Note-taking with computers: Exploring alternative strategies for improved recall [J]. Journal of Educational Psychology, 2013, 105 (2): 299–309.（有改动）

（三）元认知监控的方法

元认知是对自身认知过程的监控和调整。董奇等（1995）针对学生学习的整个过程，对自我监控进行了探讨，将学习过程中的自我监控分为计划性、准备性、意识性、方法性、执行性、反馈性、补救性和总结性八个方面：① 计划性。指学习活动前对学习活动的计划和安排。② 准备性。指学习前对学习活动做好各种准备。计划性和准备性是学生在具体学习开始之前自我学习监控能力的具体表现。③ 意识性。指在学习活动中清楚学习的目标、对象和任务。④ 方法性。指在学习活动中讲究策略，选择并采用合适的学习方法。⑤ 执行性。指在学习活动中控制自己去执行学习计划，排除有关干扰，保证学习活动的顺利进行。意识性、方法性和执行性是学生在学习活动进行过程中自我学习监控能力的具体表现。⑥反馈性。指在学习活动后对自己的学习状况及效果进行检查、反馈和评价。⑦补救性。指在学习活动后根据反馈结果对学习采取必要的补救措施。⑧ 总结性。指学习活动后的思考以及对学习经验和教训的总结。反馈性、补救性、总结性这三个方面则是学生在学习活动完成之后自我学习监控能力的具体表现。[①] 自我监控的这八个方面，涵盖学习的整个过程，揭示了学习过程中每个阶段自我监控的具体方面，具有实践的指导意义。

对于元认知监控的具体方面，不少研究者指出了方法要点。德文（Devine，1987）就阅读时的领会策略指出了具体措施。

（1）变化速度

对于比较容易的章节读快一点，抓住作者的整体观点；对于较难的章节，则要放慢速度。

（2）容忍模糊

某些内容不太明白，继续读下去，不要中止。作者可能在后文中有明确说明。

（3）猜测

对不明白的内容，养成猜测的习惯。继续读下去，看自己是否猜测正确。

（4）重读

当信息仿佛自相矛盾或模棱两可时，重新阅读较难的段落。[②]

某项学习策略在教师讲解之后，学习者应进行这一策略使用的监控训练。例如，针对5R笔记法，拟订一个包含记录（Record）、简化（Reduce）、背诵（Recite）、反省（Reflect）、复习（Review）五个方面问题的“提问单”。学习了解题策略后，可以拟订这样的自我提问单：① 我用什么方法来表征这个问题？哪种方法最适合？② 解题时，我进行双向推理了吗？③ 我注意分散思维和集中思维了吗？④ 我归纳总结思路了吗？

训练开始时，要强迫对自己问一个问题，进行相应的思考，然后再依次下面的问题。一个问题接一个问题逐个自我提醒。当形成了策略监控的技能后，可以停止自我提问单的使用。为了防止旧习惯的复发，隔一段时间后还要进行一两次自我提问的训

① 张大均. 教育心理学［M］. 北京：人民教育出版社，2005：220.

② 张大均. 教育心理学［M］. 2版. 北京：人民教育出版社，2004：269.

练，直到策略的使用转化为一种稳定的能力和习惯。①

（四）时间管理法

时间管理是重要的资源管理策略。珍惜时间，充分利用、有效管理时间是学习成功的必要条件。美国的管理学家史蒂芬·柯维（Stephen R. Covey）把“要事第一”作为高效能人士的七个习惯之一。他把任务按照“重要”和“紧急”两个维度进行了划分，分为四种类型，即紧急重要型、重要不紧急型、不重要不紧急型、紧急不重要型。② 对应的处理方式是：立刻做、优先、避免、委托（图 9-3）。

重要性（高→低） \ 紧急性（高→低）	高	低
高	1 紧急重要型 (如婴儿哭闹) 立刻做	2 重要不紧急型 (如职业规划) 优先
低	4 紧急不重要型 (如回复电话) 委托	3 不重要不紧急型 (如琐事) 避免

图 9-3　时间管理矩阵

这一方法的关键在于重要不紧急型和紧急不重要型的顺序问题，对此需要做出正确区分。另外，也要注意划分好紧急重要型和紧急不重要型，两者都是紧急的，区别就在于前者能带来价值，实现某种重要目标，而后者不能。

一线研究

有效的时间管理可以提高学业成绩

埃琳娜-西蒙娜·因德里卡（Elena-Simona Indreica）等（2011）对 130 名成绩较低、智力水平高于平均水平（中学毕业会考成绩）的大学生，进行了为期两个月的时间管理干预。研究发现，有效的时间管理会显著提高学生的学业成绩，从而导致学业的成功。

教育顾问根据学生的学习风格、生理节律、饮食节律、生理节奏及每日和每周的努力曲线，为每个参与者制订了个性化和灵活的计划。每天晚上都会列出第二天所有活动的清单。清单包括根据紧急程度确定的优先顺序，每项活动的时间，补充活动。对课程参与、个人学习、娱乐、睡眠、用餐、卫生和其他活动方面的

① 张大均. 教育心理学［M］. 2 版. 北京：人民教育出版社，2004：270.
② 柯维. 培养高效能人士七个习惯的方法［M］. 陈允明，译. 北京：中国青年出版社，2005：67.

时间进行管理。

时间管理的内容包括：设定学习目标；根据学习风格设定成功标准；确定需要完善的方面，并将其纳入明确规定的时间段；强制性活动和学术日程；休息；后补活动；每日学习时间；娱乐活动；睡眠计划（每天 8—9 小时）；饮食计划（没有关于营养的建议）。起床时间是早上 6 点（周末有 1 小时变化），睡觉时间是 22:00—22:30。早餐时间为 06:30—07:00，午餐时间为 13:00—14:00，晚餐时间为 19:00—21:00。智力活动的最佳时间段是 09:00—12:00 和下午 16:00—19:00。

实验组干预前平均分配时间为：个人学习活动 3.41 小时，参加课程 17.33 小时（最多 20 小时），58.12 小时参加娱乐活动（电脑游戏，与朋友一起参加社交活动，看电视），38.54 小时的睡眠，9.37 小时的用餐，17.08 小时的个人卫生，34.15 小时的其他活动（购物等）。干预后：实验组平均分配给学习活动的时间为 27.42 小时，参加课程时间为 15.40 小时，娱乐活动时间为 19.50 小时，睡眠时间为 49.37 小时，吃饭时间为 11.23 小时，个人卫生时间为 18.41 小时，以及 26.67 小时的其他活动时间。

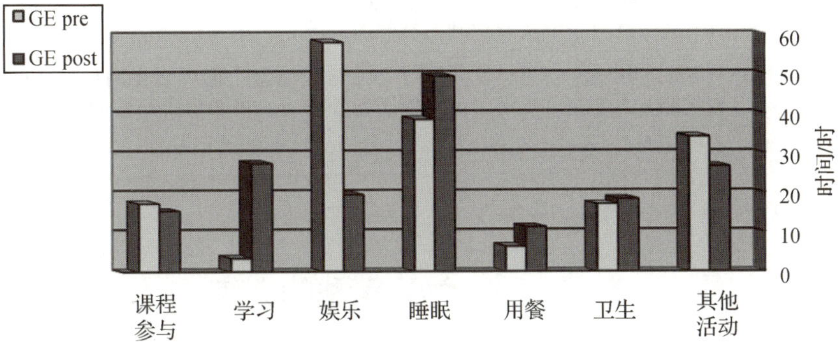

图 9-4　时间管理干预前后比较

（浅色：干预前；深色：干预后）

从图 9-4 可以看到，个体的学习时间从 3.41 小时增加到 27.42 小时，而分配娱乐的时间从 58.12 小时减少到 19.50 小时。通过对学生的时间管理，明显增加个体的学习时间，减少娱乐时间，增加睡眠时间。经过两个月的时间管理，在第二学期的后测中，有时间管理的学生比没有时间管理的学生取得了更好的成绩。该研究的假设得到了证实，时间管理对学业成绩有积极影响。而且，学业上的成功又能够激发学生的学习动机，促使其更好地管理时间。

——资料来源：INDREICA E, CAZAN A, TRUTA C, et al. Effects of learning styles and time management on academic achievement [J]. Procedia-Social and Behavioral Sciences, 2011 (30): 1096 - 1102.（有改动）

（五）PQ4R 方法

PQ4R 方法是一种能够有效帮助学生理解和记忆的学习方法，由托马斯和罗宾逊（Thomas & Robinson，1972）在罗宾逊早期版本 SQ3R（Robinson，1961）的基础上改进形成的。PQ4R 分别代表预览（Preview）、提问（Question）、阅读（Read）、反思（Reflect）、背诵（Recite）和回顾（Review）（表 9-2）。这一方法适用于教材的学习或者针对某一陌生领域的学习。PQ4R 程序的进行可使学生集中注意力、有意义地组织信息、使用其他有效的策略，诸如产生疑问、精细加工、过一段时间后复习等。

表 9-2 PQ4R 方法

步骤	解释
预览	整体浏览材料，了解材料的内容框架。注意标题和小标题，找出你要读的和学习的信息
提问	阅读时自己问自己一些问题。根据标题用“谁”“什么”“为什么”“哪儿”“怎样”等疑问词提问。阅读时以问题为导向
阅读	阅读材料，不要泛泛地做笔记。试图回答自己提出的问题
反思	通过以下途径，试图理解信息并使信息有意义：①把信息和你已知的事物联系起来；②把课本中的副标题和主要概念及原理联系起来；③试图消除对呈现的信息的分心；④试图用这些材料去解决联想到的类似的问题
背诵	通过大声陈述和一问一答，反复练习记住这些信息。你可以使用标题、画了线的词和对要点所做的笔记来提问。可以使用费曼技巧，将知识讲给其他人听
回顾	积极复习材料，主要是问你自己问题，只有当你肯定答不出来时，才能重新阅读材料

第三节 学习策略的训练

一、学习策略的训练原则

21 世纪，终身学习已成为一种重要的生活方式。教会学生学习已成为世界各国教育关注的焦点。教师要重视研究学习策略的掌握和运用的规律。就学习策略掌握和运用的影响因素而言，教师应注意内部和外部两方面。

内部因素是指在学习过程中，学生个体内部对学习策略掌握和运用的影响。包括以下几点。

（1）学习动机

学习动机影响着学习策略的掌握和运用，学生的成就目标、动机归因、自我效能感不同，其学习策略的掌握和运用情况往往不同。

（2）学习者的认知发展水平

学生的认知发展水平是其掌握和运用学习策略的前提。教师要针对不同年龄段学生的认知发展特点，帮助学生发展和运用适合于他们特点的有益的学习策略。

（3）学习者原有的知识经验

丰富的知识经验为学习策略的形成提供了基础，同时又促进着对学习策略的掌握和运用。

外部因素是指在学习过程中，教师、环境等因素对学生学习策略掌握和运用的影响。

（1）学习策略训练

学习策略训练是直接影响学生掌握和运用学习策略的外部因素。从已有的研究来看，策略的训练方式主要有两种，第一种是对学习策略进行直接的专门训练，单独开设学习策略训练课，教授一般的学习方法和思维技巧；第二种是针对特定学科进行学习策略训练，即根据具体的学科内容教授适合特定领域的方法与思维技巧。

（2）教师日常的教学方法

教学过程中，教师教授知识技能的方式间接影响着学生学习策略的掌握水平和运用意识。另外，教师本人在学习和问题解决中体现出来的策略运用风格，为学生提供了很好的模仿对象。

（3）学习氛围

研究表明，强调自主与合作的学习气氛有助于促进学生运用深加工策略和适宜的求助策略。而在一种强调竞争、超越他人，服从教师指令的学习环境中，学生更多地运用表层加工策略，并倾向于回避求助。

让学生学会学习的重要方法之一就是对学生进行有效的学习策略训练。学习策略的学习有其自身特点，每个学习策略又具有各自的适用性。因此，学习策略的教学具有与一般知识的教学的不同特点。优秀教师不仅会结合教学内容教给学生具体的学习策略，而且还会指导学生积极、适时地选用有效的学习策略，并通过教学训练形成适合学生个体的学习策略。在学习策略的训练指导中，教师应遵循以下一些基本原则。

（一）主体性原则

主体性原则是指在学习策略教学中应该发挥和促进学生的主体作用。它既是学习策略训练的目的，又是必要的方法和途径。任何学习策略的使用都依赖于学生主动性和能动性的充分发挥。在教学中提高学生的主体参与性，一方面要向学生阐明策略学习的目的和意义，提高学习的自觉性和主动性。另一方面，要给学生充分运用学习策略的机会，并指导学生分析和反思策略使用的过程与效果。

（二）内化性原则

内化性原则是指在学习策略的学习过程中，学生能够不断实践各种学习策略，逐步将其内化成自己的学习能力，熟练掌握并达到自动化的水平，从而能够在新的情境中灵活应用。内化过程需要学生将所学的新策略与头脑中已有的相关策略整合在一起，形成新的认识和能力。

（三）特定性原则

特定性原则是指学习策略一定要适合于学习目标和学生的类型，即通常所说的具体问题具体分析。同样的策略，不同的学生使用起来的效果是不一样的。教师要针对学生的年龄、已有的知识水平以及学习动机类型，帮助学生选择学习策略或改善对其学习不利的学习策略。

（四）生成性原则

生成性原则是指在学习过程中要利用学习策略对学习的材料重新进行加工，使其产生某种新的东西。学习者应该利用所学策略对学习材料进行生成性加工，而不是简单地利用别人已有的知识和经验。

（五）有效监控原则

有效监控原则是指学生应该把注意力集中在学习结果和学习过程之间的关系上，监控自己使用某种学习策略所产生的学习效果，以便确定所选策略是否有效。经过这样的监控实践，学生就能够灵活地把握何时、何地，以及如何使用某种策略，甚至在这些策略运作时能将它描述出来。

（六）个人效能感原则

个人效能感原则是指学生在执行某一任务时对自己胜任能力的判断和自信程度。它是影响学习策略选择的一个重要动机因素。教师要给学生创造机会使他们感觉到学习策略的效力及自己使用策略的能力。当体会到学习的进步是因为采用了较好的学习策略时，学生会更愿意应用所学的学习策略。

二、学习策略训练的教学模式

在学习策略的训练教学中，只有根据训练原则，应用相应的教学模式才能真正帮助学习者掌握有效的学习策略。

（一）指导教学模式

指导教学模式的基本思想是，学生在教师的引领下学习有关的学习策略。它类似于传统的讲授法，由激发、讲解、练习、反馈和迁移等环节构成。教师要运用各种变式，提供有利于策略使用的各种条件，使学生掌握策略的实质，为知识的迁移和灵活运用奠定基础。教师还应提供大量的练习机会，反复给予强化和指导，让学生对自己应用策略的效果进行评价，不断改进，直至熟练掌握某一学习策略。

（二）程序化训练模式

根据加涅的学习层次理论，程序化训练就是将活动的基本技能分解成若干有条理的小步骤，在其适宜的范围内，作为固定的程序，要求活动主体按此进行活动，并经过反复练习使之达到自动化程度。具体来说，训练分三个阶段：① 将某一活动技能按有关原理分解成可执行、易操作的小步骤，并且使用简练的词语来标示每个步骤的含义；② 通过活动实例示范各个步骤，并要求学生按步骤活动；③ 学生记忆各步骤并坚持练习，直至达到自动化的程度。

（三）完形训练模式

完形训练模式强调学生对策略的整体把握，要求教师在讲解之后，提供不同程度的完整材料，使学生练习策略的某一环节或步骤，在学生熟练之后，逐步降低材料的完整程度，直至完全由学生自己完成所有构成成分。教学中，教师应使学生注意每一个成分或步骤，并给学生以策略应用的整体印象。

（四）合作学习模式

教师组织、安排能力水平不同的学生进行合作学习。在学习过程中，可以把学生分为小组，一般两个学生一组，由一个学生主讲学习材料，另一个学生听，纠正错误和遗漏。然后两人互相变换角色，依次轮流进行，直到学完整个材料。研究表明，合作学习中，两个同学都会受益，主讲者得到的益处较多。

一线研究

“同伴辅导”促进学习

艾伦·瑟斯顿（Allen Thurston）等（2019）研究发现，60 名 8 年级/9 年级学生，作为同伴辅导中的辅导者，与 60 名 6 年级/7 年级学生开展合作学习，句子完成率得到了显著提高。对于合作学习中的辅导者，通过同伴辅导，阅读水平也得到了提升。同伴辅导，不论是被辅导者还是辅导者的学习都能被促进。

“同伴辅导”（Peer tutoring），是指让学生们共同努力促进学习的过程。“配对阅读”（Paired Reading）是同伴辅导的形式之一，在促进学生的阅读发展中尤其有优势。高阅读水平的学生在同伴辅导中扮演辅导者角色，低阅读水平学生扮演学生角色。这要求辅导者和学生之间存在能力水平差异，因为如果学生遇到困难，辅导者应该有经验和能力来帮助。

“配对阅读”有五个主要方面：选择正确的读物、阅读支持、纠错、提问、表扬。在实际学习过程中，首先选择正确的读物，可以是图书馆藏书或是杂志、报纸、故事书。选择双方都有兴趣阅读的内容，注意阅读的内容需要有一定难度，但不能太难。其次，阅读支持，确保每周一次，每次 30 分钟，选择安静、舒适的地点读书，辅导者与被辅导者一起读书（并排坐着），首先需要他们各自独立阅读，直到被辅导者遇到自己无法纠正的错误，辅导者才提供帮助。然后，更正错误，如果被辅导的学生出现错误，等待4—5 秒再更正错误（为了给他们自己纠错的时间），如果出现单词读错，辅导者读出正确的发音，被辅导者重读，鼓励并与他一起朗读。提问，在读书之前，辅导者与被辅导者讨论一下这本书；阅读过程中，辅导者提出问题，帮助学生理解内容；学生也应提出问题，一方面监督辅导者是否在听，另一方面可以讨论书的内容，如果两个人都不明白的问题，可以求助老师。最后是表扬，当学生读出困难的词和复杂句子、被指出错误后可以独立阅读、错误得到纠正，以及达到阅读要求时，应该给予表扬。表扬能使被辅导者了解他们的阅读水平是如何提高的。

——资料来源：THURSTON A，COCKERILL M，CRAIG N. Using cooperative learning to close the reading attainment gap for students with low literacy levels for Grade 8/Year 9 students [J]. International Journal of Educational Research，2019，94(1)：1－10.（有改动）

（五）交互式教学模式

交互式教学一般在教师和一组学生之间进行。在教学活动的起始阶段，教师先给学生进行示范。然后，教师和学生将轮流充当教师角色。例如，阅读策略的教学。教师先朗读一段课文做一个示范，并就其核心内容进行提问，最后概括出本段课文的中心大意。在这里，教师先进行一些榜样性行为，示范四种主要阅读策略：① 提问，即提出与要点有关的问题。提问是为了引起讨论，提问要通过思考，并且要建立在熟悉阅读材料的基础上。② 总结，即总结段落内容。学生在总结的过程中必然要调动、组织原有的记忆。③ 析疑，即明确材料中的难点。析疑进一步把注意力指向文章的难点。④ 预测，即预测下文会出现什么。预测是综合能力的表现，有助于小组成员为阅读下一段课文做准备。然后，教师指定一个学生扮演“教师”，彼此提问，教师改变自己的角色，在学生不会使用策略时给予必要的帮助，起一个促进者和组织者的作用，目的是促进学生练习和掌握这四种阅读策略。

在实际教学中，教师要善于不断探索、优化自己的教学步骤，为学生提供可以仿效的活动程序。同时，要根据学生原有的学习方式来启发学生的思路，让其有意识地内化有效的学习策略。教师还要主动学习、应用学习策略领域的研究成果，学习借鉴策略教学的新模式、新方法（见“一线研究”）。

一线研究

采用学习协议促进学习策略的掌握

海伦·阿斯凯尔-威廉姆斯（Helen Askell-Williams）等（2012）尝试在研究与实践之间建立联结，使学习策略的研究进入一线教师的日常教学之中，为学生掌握学习策略搭建支架。

研究者认为，知识，特别是策略知识，如果不能被检查、提炼，并根据情境的需要有目的地选择使用，那么这些知识将不能有效地指导学习活动。因此，研究者一开始在三所中学收集学生在课堂（不是实验室）实际使用的、有效的学习策略知识，并且编制问卷，对学生的学习策略知识进行调查。结果显示，学生这方面的知识没有达到最优水平。

接着，研究者将书面学习协议作为干预手段，对参与《科学》课程的9年级学生28人，参与心理课程的11年级学生26人，进行了学习策略干预研究。研究者设计的学习协议内容包括选择、关联、组织、检查四种学习策略。选择策略，指注意关键信息。关联策略，指对关键信息精加工。组织策略，指对关键信息进行整合使其形成结构。检查策略，指监控并理解关键信息。在书面的学习协议中，列出这四种学习策略及对应示例（表9-3）。

表9-3　学习协议中的学习策略及示例

	策略定义	策略示例
1	选择策略：注意关键信息	今天这堂课的主题是什么？ 有什么重要的思想？
2	关联策略：对关键信息精加工	关于这个主题，你已经知道哪些？
3	组织策略：对关键信息进行整合，使其形成结构	你会做什么来记住关键的想法？（例如，画图、列表）
4	检查策略：监控并理解关键信息	关于这个主题，有哪些你不理解、不清楚的？

9年级《科学》课程中的干预过程如下。

首先上一堂入门课，内容是关于认知和元认知策略及学习价值的明确指导。在接下来的几周里，要求学生完成单页学习协议的各个部分，这些学习协议在课程开始时分发，并附有支持提示和明确说明。具体过程如下。

（1）选择。给老师提供一个启动脚本，由老师在课程开始时口头讲授。内容为：① 今天的课是关于……；② 今天课程的关键思想将是……；③ 今天课的学习活动将是……；④ 请填写书面协议的“选择”部分。教师的脚本和学生的学习协议每周重复使用一次，以强化进入课程的学习策略。

（2）关联。老师在课上提示学生，注意所要学习的信息与学生已有知识之间的关系。例如，在有关聚合物的课程中，教师要求学生讨论他们日常使用的塑料（例如PVC雨水管）的知识。要求学生在学习协议中记录“他们已经知道的关于这个话题的内容”。

（3）组织。向学生提供组织策略的明确指导，例如画线、列标题。研究人员提供关于画图表、概念图的课程，随后教师在课堂上提供进一步练习的机会。要求学生在学习协议中记录组织知识的各种策略。

（4）检查。课程结束时，要求学生在学习协议中回答关于课程内容理解方面的问题。例如，“在本课中，有什么你没有真正理解？”并且用“你可以提一个问题”这种形式，鼓励学生采取措施，解决任何缺乏理解的问题。

在整个学习期间，研究者与教师定期举行会议，讨论如何将学习协议和学习策略指导融入课程计划之中。随着时间推移，这一工作的责任逐渐从研究者转移到教师身上。

研究结果显示，使用学习协议后，学生的策略知识增加了。学习协议易于使用，省时有效，并能激发对认知和元认知策略的及时觉察。研究认为，给学校教师提供他们自己学生的认知和元认知策略掌握情况的具体信息，是激发教师致力于认知和元认知策略教学的关键的第一步。重要的第二步需要研究者和教师一起在计划干预教学上投入足够的时间。

——资料来源：ASKELL-WILLIAMS H，LAWSON M J，SKRZYPIEC G．Scaffolding cognitive and metacognitive strategy instruction in regular class lessons[J]. Instructional Science，2012，40(2)：413－443.（有改动）

本章小结

所谓学习策略，是指在学习过程中，学习者为了达到有效学习的目的而采用的规则、方法、技巧及其调控方法的总和，它能够根据学习情境中的各种变量、变量间的关系及其变化，对学习活动和学习方法的选择与使用进行调控。

学习策略具有四个主要特征：① 主动性，② 有效性，③ 过程性，④ 程序性。

掌握学习策略的意义：① 学会学习的必然要求，② 主体性教学的要求，③ 提高学习质量的要求。

学习策略的类别。学习策略的分类众多，其中有影响的是麦基奇等人（1990）的分类。学习策略分为认知策略、元认知策略和资源管理策略三部分。成功地使用这些策略及方法，能够帮助学生提高学习效率，提升教学质量。

常用学习策略方法。① 复述法：复述策略是为了在记忆中保持信息，对信息进行重复识记的策略。② 笔记法：记笔记是阅读和听讲中较为普遍运用的精加工策略。③ 元认知监控的方法：元认知是对自身认知过程的监控和调整。④ 时间管理法：时间管理是重要的资源管理策略。珍惜时间，充分利用、有效管理时间是学习成功的必要条件。⑤ PQ4R 方法：是一种能够有效帮助学生理解和记忆的学习技术，包括预览、提问、阅读、反思，背诵和回顾六个阶段。

学习策略的训练原则。21 世纪，终身学习已成为一种重要的生活方式。教会学生学习已成为世界各国教育关注的焦点。教师要重视研究学习策略掌握和运用的规律。就学习策略掌握和运用的影响因素而言，教师应注意内部和外部两方面。内部因素是指学习过程中，学生个体内部对学习策略掌握和运用的影响。外部因素是指学习过程中，教师、环境等因素方面对学生学习策略掌握和运用的影响。在学习策略的训练指导中，教师应遵循以下一些基本原则：① 主体性原则；② 内化性原则；③ 特定性原则；④ 生成性原则；⑤ 有效监控原则；⑥ 个人效能感原则。

学习策略训练的教学模式。① 指导教学模式；② 程序化训练模式；③ 完形训练模式；④ 合作学习模式；⑤ 交互式教学模式。

在学习策略的训练教学中，必须根据训练原则，应用相应的教学模式才能真正帮助学习者掌握有效的学习策略。

本章名词术语

学习策略指在学习过程中，学习者为了达到有效学习的目的而采用的规则、方法、技巧及其调控方法的总和，它能够根据学习情境中的各种变量、变量间的关系及其变化，对学习活动和学习方法的选择与使用进行调控。

生成性绘图是指学习者将学习内容以图画的形式表达出来，以提高对学习内容的理解从而提升学习效果的一种学习策略。

认知策略是信息加工的策略。

元认知策略是对信息加工过程进行调控的策略。

资源管理策略是辅助学生管理可用的环境和资源的策略，它对学生的动机具有重要的作用。

学习过程是信息的编码、识记、保持、提取等的一系列过程。

认知策略是学习过程中对信息进行加工的方式方法。从信息的选择、获得、构建、综合的角度，可将认知策略分为复述策略、精加工策略和组织策略三类。

复述策略是为了在记忆中保持信息，对信息进行重复识记的策略。复述策略的作用主要是保持信息，是一种比较低水平的信息加工策略。

精加工策略是一种更高水平的精细的信息加工策略，需要学习者在意义理解基础上进行信息加工，常用的方法有画线法、笔记法等。精加工策略是一种理解性的记忆策略，它和复述策略结合使用可以显著提高记忆效果。

组织策略是将经过精加工提炼出来的知识点加以构造，形成知识结构的更高水平的信息加工策略，常用方法有列提纲、概念图等。

元认知是对自身认知的认知，认知活动包括感觉、知觉、记忆、思维、想象，元认知则是对这些认知活动的认知。元认知是个人对自己的认知过程及结果的意识与控制。一般认为，元认知主要包括元认知知识、元认知体验和元认知监控三种成分。

元认知知识是个体关于自己或他人的认识活动、过程、结果及与之有关的知识。

元认知体验是个体伴随认知活动产生的认知体验或情感体验。

元认知监控是在认知活动进行的实际过程中，根据认知目标及时评价、反馈认知活动的结果与不足，正确估计自己达到认知目标的程度、水平，并且根据有效性标准评价各种认知行动、策略的效果。元认知监控策略包括阅读时对注意加以跟踪、对材料进行自我提问、考试时监视自己的速度和时间。

元认知计划是根据认知活动的特定目标，在一项认知活动之前计划各种活动，预计结果、选择策略、想出各种解决问题的方法，并预估其有效性。一个完整的计划策略包括预测结果、设置学习目标、决策分析、有效分配时间、评估有效性、拟定细则等环节。

元认知调节是根据对认知活动结果以及认知策略的效果的检查，及时修正、调整认知策略。元认知调节策略与监控策略有关。当学习者意识到不理解课程的某一部分材料时，他们就会退回去读困难的段落，在阅读困难或不熟的材料时放慢速度，复习他们不懂的课程材料；测验时跳过某个难题，先做简单的题目等。调节策略能帮助学生矫正他们的学习行为，对他们理解上的不足进行补救。

资源管理策略是有效地管理和利用资源，以提高学习效率和质量的策略。资源管理策略主要有时间管理策略、环境管理策略、努力管理策略和资源利用策略。

笔记法：记笔记是阅读和听讲中较为普遍运用的精加工策略。从信息加工的角度看，做笔记有助于对材料进行编码，同时还具有外部存储功能。做笔记包括摘抄、评注、加标题、写段落概括语以及结构提纲等。

元认知监控的方法：元认知是对自身认知过程的监控和调整。董奇等对学生在整个学习过程中的自我监控进行了探讨，将学习过程中自我监控分为计划性、准备性、意识性、方法性、执行性、反馈性、补救性和总结性八个方面。

时间管理法：时间管理是重要的资源管理策略。美国的管理学家史蒂芬·柯维把“要事第一”作为高效能人士七个习惯之一。他把任务按照“重要”和“紧急”两个维度进行了划分，分为四种类型，即紧急重要型、重要不紧急型、不重要不紧急型、紧急不重要型。

PQ4R 方法是一种能够有效帮助学生理解和记忆的学习方法，包括预览、提问、阅读、反思、背诵和回顾六个阶段。

学习策略掌握和运用的内部因素是指学习过程中，学生个体内部对学习策略掌握和运用的影响。包括：① 学习动机；② 学习者的认知发展水平；③ 学习者原有的知识经验。

学习策略掌握和运用的外部因素是指学习过程中，教师、环境等方面对学生学习策略掌握和运用的影响，包括：① 学习策略训练；② 教师日常的教学方法；③ 学习氛围。

学习策略主体性原则是指在学习策略教学中应该发挥和促进学生的主体作用。它既是学习策略训练的目的，又是必要的方法和途径。任何学习策略的使用都依赖于学生主动性和能动性的充分发挥。

学习策略内化性原则是指在学习策略的学习过程中，学生能够不断实践各种学习策略，逐步将其内化成自己的学习能力，熟练掌握并达到自动化的水平，从而能够在新的情境中灵活应用。内化过程需要学生将所学的新策略与头脑中已有的相关策略整合在一起，形成新的认识和能力。

学习策略特定性原则是指学习策略一定要适合于学习目标和学生的类型，即通常所说的具体问题具体分析。同样的策略，不同的学生使用起来的效果是不一样的。教师要针对学生的年龄、已有的知识水平及学习动机类型，帮助学生选择学习策略或改善对其学习不利的学习策略。

学习策略生成性原则是指在学习过程中要利用学习策略对学习的材料重新进行加工，使其产生某种新的东西。学习者应该利用所学策略对学习材料进行生成性加工，而不是简单地利用别人已有的知识和经验。

学习策略有效监控原则是指学生应该把注意力集中在学习结果和学习过程之间的关系上，监控自己使用某种学习策略所产生的学习效果，以便确定所选策略是否有效。经过这样的监控实践，学生就能够灵活地把握何时、何地，以及如何使用某种策略，甚至在这些策略运作时能将它描述出来。

学习策略个人效能感原则是指学生在执行某一任务时对自己胜任能力的判断和自信程度。它是影响学习策略选择的一个重要动机因素。教师要给学生创造机会使他们感觉到学习策略的效力以及自己使用策略的能力。当体会到学习的进步是因为采用了较好的学习策略时，学生会更愿意应用所学的学习策略。

指导教学模式：指导教学模式的基本思想是，学生在教师的引领下学习有关的学习策略。它类似于传统的讲授法，由激发、讲解、练习、反馈和迁移等环节构成。教师要运用各种变式，提供策略使用的各种条件，使学生掌握策略的实质，为知识的迁移和灵活运用奠定基础。教师还应提供大量的练习机会，反复给予强化和指导，让学生对自己应用策略的效果进行评价，不断改进，直至熟练掌握某一学习策略。

程序化训练模式：根据加涅的学习层次理论，程序化训练就是将活动的基本技能分解成若干有条理的小步骤，在其适宜的范围内，作为固定的程序，要求活动主体按此进行活动，并经过反复练习使之达到自动化的程度。具体来说，训练分三个阶段：① 将某一活动技能按有关原理分解成可执行、易操作的小步骤，并且使用简练的词语来标示每个步骤的含义；② 通过活动实例示范各个步骤，并要求学生按步骤活动；③ 学生记忆各步骤并坚持练习，直至达到自动化程度。

完形训练模式：完形训练模式强调学生对策略的整体把握，要求教师在讲解之后，提供不同程度的完整材料，使学生练习策略的某一环节或步骤，学生熟练之后，逐步降低材料的完整程度，直至完全由学生自己完成所有构成成分。教学中，教师应使学生注意每一个成分或步骤，并给学生策略应用的整体印象。

合作学习模式：教师组织、安排能力水平不同的学生进行合作学习。在学习过程中，可以把学生分为小组，一般两个学生一组，由一个学生主讲学习材料，另一个学生听，纠正错误和遗漏。然后两人互相变换角色，依次轮流进行，直到学完整个材料。研究表明，合作学习中，两个同学都会受益，主讲者得到的益处较多。

交互式教学模式：交互式教学一般在教师和一组学生之间进行。在教学活动的起始阶段，教师先给学生进行示范。然后，教师和学生将轮流充当教师角色。例如，阅读策略的教学。教师先朗读一段课文做一个示范，并就其核心内容进行提问，最后概括出本段课文的中心大意。

参考书目

1. WOOLFOLK A . Educational Psychology [M]. 13th Edition. Pearson, 2016.

2. 奥苏贝尔. 意义学习新论——获得与保持知识的认知观 [M]. 毛伟, 译. 杭州: 浙江教育出版社, 2018.

3. 陈琦, 刘儒德. 当代教育心理学 [M]. 3 版. 北京: 北京师范大学出版社, 2019.

4. 冯忠良等. 教育心理学 [M]. 北京: 人民教育出版社, 2000.

5. 黄辛隐, 范庭卫. 心理学教程 [M]. 苏州: 苏州大学出版社, 2007.

6. 李彩娜. 中学生认知与学习 [M]. 西安: 陕西师范大学出版社, 2016.

7. 李晓东. 教育心理学 [M]. 2 版. 北京: 北京大学出版社, 2020.

8. 刘启珍, 彭恋婷. 学与教的心理学: 原理与应用 [M]. 2 版. 武汉: 华中科技大学出版社, 2021.

9. 路海东. 中学生认知与学习 [M]. 北京: 高等教育出版社, 2016.

10. 乃斯. 像天才一样思考 [M]. 赵军, 主译. 杭州: 浙江教育出版社, 2022.

11. 潘菽. 教育心理学 [M]. 北京: 人民教育出版社, 1983.

12. 皮连生. 学与教的心理学 [M]. 上海: 华东师范大学出版社, 2009.

13. 王振宏, 李彩娜. 教育心理学 [M]. 2 版. 北京: 高等教育出版社. 2020.

14. 伍尔福克. 教育心理学 [M]. 12 版. 伍新春, 等译. 北京: 机械工业出版社, 2015.

15. 吴荣先. 心理学教程 [M]. 苏州: 苏州大学出版社, 2000.

16. 吴红耘, 皮连生. 学与教的心理学 [M]. 6 版. 上海: 华东师范大学出版社, 2019.

17. 张大均. 教育心理学 [M]. 3 版. 北京: 人民教育出版社, 2015.

18. 张焕庭, 赵兴中. 心理学 [M]. 南京: 江苏教育出版社, 1985.

后　记

“心理学”是师范院校的一门公共必修课。2007 年，黄辛隐教授等主编的《心理学教程》出版，该教材作为苏州大学师范生公共课心理学教材，受到师生好评。

2011 年 10 月，《教师教育课程标准（试行）》颁布实施。该标准明确提出，中学职前教师教育课程要“理解中学生的认知特点与学习方式，学会创建学习环境，鼓励独立思考，指导他们用多种方式探究学科知识”。按照新课程标准，《中学生认知与学习》是教师教育课程设计中的重要学习模块。

我们在学习这部《教师教育课程标准（试行）》之后，开始考虑按课程标准要求编写《中学生认知与学习》，并将其作为师范生学习的一本新教材。

为了编好这本教材，我们曾走访苏州工业园区第一中学，听取中学教师对师范生心理课程的意见。为了反映中小学一线教师的实践及思考，我们在被“中国人民大学复印报刊资料库”转引的中小学一线教师发表的论文中选取相关材料，列入教材“一线课堂”专栏。

2021 年教育部印发的《中学教育专业师范生教师职业能力标准（试行）》和《小学教育专业师范生教师职业能力标准（试行）》中指出，师范生要学会研究，初步掌握教育教学科研的基本方法。针对这一要求，我们结合相关章节内容，选择了国内外的一些研究论文，列入“一线研究”专栏。希望通过研究论文，师范生不仅能够了解中小学教学领域的前沿研究成果；通过指导阅读这些论文，师范生能够掌握学习研究方法。

在“一线课堂”“一线研究”专栏资料的收集、整理中，研究生刘明、刘晓曼、陈泽琳、钱钦悦、夏泽宇、封又文、王星星、曾舒如做了大量工作。

《中学生认知与学习》共九章，其中，第三章由吴铁钧老师编写，第五章由张润来老师编写。研究生刘明、王星星协助补充了内容。

这本《中学生认知与学习》的编写得到学校和学院的关心和帮助。2016 年，本教材获得苏州大学教材培育项目立项资助。在书稿的编辑出版中，苏州大学出版社给予了大力支持和帮助，本书责任编辑为这本教材的出版做了大量的工作。在此，表示深深的敬意和由衷的感谢！

范庭卫

2023 年 11 月